Evolution of a Trader – Trading Basics

Thomas N. Bulkowski

Thomas N. Bulkowski

1

EVOLUTION OF A TRADER

TRADING BASICS –
Das Einsteigerbuch
für den Tradingerfolg
mit Chartmustern

Börsenbuchverlag

Die Originalausgabe erschien unter dem Titel
Trading Basics: Evolution of a Trader
ISBN 978-1-118-46421-2

Übersetzung: Börsenmedien AG, Elke Sabat
Gestaltung Cover: Johanna Wack
Gestaltung, Satz und Herstellung: Anna Lena Schramm
Lektorat: Egbert Neumüller
Druck: GGP Media GmbH, Pößneck

ISBN 978-3-68932-075-1

Bibliografische Information der Deutschen Nationalbibliothek:
Die Deutsche Nationalbibliothek verzeichnet diese Publikation in der Deutschen Nationalbibliografie; detaillierte bibliografische Daten sind im Internet über <http://dnb.d-nb.de> abrufbar.

BÖRSEN MEDIEN
AKTIENGESELLSCHAFT

Postfach 1449 • 95305 Kulmbach
Tel: +49 9221 9051-0 • Fax: +49 9221 9051-4444
E-Mail: info@plassen-buchverlage.de
www.plassen.de
www.facebook.com/plassenverlag
www.instagram.com/plassen_buchverlage

INHALT

VORWORT

Sind Sie wie John?

Er hat früh im Leben gelernt, Geld für schlechte Zeiten zu sparen. Anstatt es auf die Bank zu bringen, investierte er es in den Aktienmarkt. Mitte 1999 kaufte er Cisco Systems zu einem Kurs von 35 und sah zu, wie die Aktie in weniger als einem Jahr auf 82 stieg. „Ich bin auf der Suche nach meinem ersten 10-Bagger", sagte er und behielt die Aktie.

Als 2001 die Tech-Blase platzte, platzte auch die Cisco-Blase und der Kurs fiel wieder auf 35 zurück. John stand wieder bei null, nachdem sich der Kurs zuvor mehr als verdoppelt hatte.

„Der Kurs wird sich erholen", sagte er. „Das ist eine 200-Dollar-Aktie. Du wirst schon sehen."

Die Aktie fiel innerhalb *eines* Monats von 35 auf 30, dann auf 20 und erreichte schließlich ein Tief von 15. Als sie 10 erreichte, verkaufte er sie mit einem Verlust von 70 Prozent.

„Ich hätte sie auf dem Höchststand verkaufen sollen. Buy-and-Hold funktioniert nicht." Aber es funktionierte doch. Cisco hatte sich mehr als verdoppelt, aber er hielt zu lange daran fest.

Als Nächstes versuchte er sich im Positionstrading, um den Ausstieg besser zu timen, und entschied sich für Eastman Chemical. Er kaufte die Aktie 2003 bei 14 Dollar, nur wenige Cent vom Tiefpunkt des Bärenmarkts entfernt, und hielt sie bis zum Anstieg auf 21 Dollar, bevor er sie verkaufte. Er erzielte in einem Jahr 50 Prozent Gewinn. War er zufrieden?

„Ich habe zu früh verkauft." Die Aktie stieg weiter und erreichte 2005 einen Kurs von 30. Er mochte es nicht, wenn die Gewinne nach dem Verkauf weiter stiegen, und wollte von Schwankungen in beide Richtungen profitieren.

Er wechselte 2005 zum Swing-Trading und versuchte es mit seinem alten Favoriten: Cisco. Die Aktie sprang im Laufe des nächsten Jahres von 17 auf 20, dann auf 17 und schließlich auf 22, aber er kaufte immer zu spät und stieg zu früh aus. Er verdiente Geld, aber nicht genug.

Er nahm sich Urlaub von seinem Hauptberuf und beobachtete, wie Applied Materials ihm auf dem Computerbildschirm zuwinkte und ihn zum Day-Trading einlud. Also tat er es. In nur 15 Minuten verdiente er 400 Dollar. „Wenn ich ein Jahr lang jeden Tag 400 Dollar verdienen kann, dann macht das" – er griff nach seinem Taschenrechner und tippte auf die Tasten – „146.000 Dollar! Nein, das stimmt nicht. Wie viele Handelstage gibt es in einem Jahr?"

Er rechnete noch einmal nach und stellte fest, dass er 100.000 Dollar im Jahr verdienen könnte, wenn er jeden Handelstag nur 40 Cent pro Aktie von 1.000 Aktien abknabbern würde. „Wow. Ich bin dabei."

Nachdem er 5.000 Dollar für einen Trading-Kurs und noch mehr für Hardware, Software und Datenfeeds bezahlt hatte, wagte er den Sprung und begann, hauptberuflich Day-Trading zu betreiben.

Es dauerte ein Jahr, bis seine Ersparnisse aufgebraucht waren. Weitere drei Monate später war auch sein Notfallfonds aufgebraucht. Er zog wieder zu seinen Eltern, während er nach einem richtigen Job suchte.

Jetzt spart er wieder und investiert sein Geld im Markt. „Nachdem ich das Manuskript für dieses Buch gelesen hatte", sagte er, „habe ich einen Trading-Stil gefunden, der für mich funktioniert. Ich bin ein

Swinger – ein Swing-Trader. Und ich verdiene auch Geld." Er verwaltet nicht nur sein eigenes Geld, sondern auch das seiner Eltern und Geschwister, verschafft ihnen ein zusätzliches Einkommen und baut ein finanzielles Polster für ihren Ruhestand auf.

Evolution eines Traders

John steht stellvertretend für eine ganze Gruppe von Tradern, die auf der Suche nach einem Trading-Stil sind, den sie ihr Eigen nennen können. Er musste viele erfolglose Trades hinnehmen, bevor er einen Trading-Stil fand, der für ihn funktionierte. Ich habe die Reihe „Evolution of a Trader" geschrieben, um Menschen wie John zu helfen.

„Evolution of a Trader" zeichnet meinen Weg vom Buy-and-Hold-Investor zum Positionstrader, zum Swing-Trader und zum Day-Trader nach, während ich nach Stilen suchte, die bei sich verändernden Märkten am besten funktionierten. Diese Reihe hat jedoch keinen autobiografischen Charakter. Vielmehr handelt es sich um eine Erkundung dessen, was funktioniert hat, was funktionieren sollte, aber nicht funktioniert, und dessen, was in Zukunft funktionieren könnte.

Die Reihe analysiert die vier Trading-Stile und liefert Erkenntnisse, Trading-Tipps, Set-ups und Taktiken, um jeden Stil zu einem profitablen Unterfangen zu machen. Ich habe die Recherchearbeit für Sie übernommen, damit Sie das nicht tun müssen. Ich zeige Ihnen, was nötig ist, damit jeder Stil funktioniert.

Inhaltsübersicht

Die drei Bücher der Reihe „Evolution of a Trader" bieten zahlreiche Tipps, Trading-Ideen und Set-ups, die auf persönlichen Erfahrungen und denen anderer basieren.

Leicht verständliche Tests werden verwendet, um Trading-Weisheiten zu bestätigen und Ideen und Set-ups zu veranschaulichen, und dennoch sind die Bücher unterhaltsam zu lesen und sprechen mit ihrem ansprechenden Stil auch Anfänger an.

Jeder Abschnitt enthält Stichpunkte, die die Bedeutung der Ergebnisse zusammenfassen. Eine Checkliste am Ende jedes Kapitels bietet eine leicht verständliche Zusammenfassung des Inhalts und Verweise auf weitere Informationen.

Am Ende jedes Buches finden Sie eine Themen-Checkliste und Referenzen.

„Trading Basics"

Das erste Buch der Reihe beginnt mit den Grundlagen und schafft eine solide Basis an Begriffen und Techniken. Auch wenn Sie die Grundlagen des Marktes verstehen, werden Sie durch dieses Buch etwas lernen.

Woher ich das weiß? Machen Sie den nachstehenden Test. Wenn Sie die Antworten raten müssen, dann sollten Sie dieses Buch kaufen. Wenn Sie einige davon falsch beantworten, dann stellen Sie sich vor, was Ihnen entgeht. Die Antworten finden Sie am Ende des Tests.

Aus Kapitel 2: Money-Management

1. Richtig oder falsch: Das Traden mit einer konstanten Positionsgröße kann katastrophale Folgen haben.

2. Richtig oder falsch: Eine Marktorder zur Stornierung eines Kaufs kann abgelehnt werden, wenn sie innerhalb von zwei Minuten nach Eröffnung der Nasdaq erfolgt.

3. Richtig oder falsch: Dollar-Cost-Averaging performt unterdurchschnittlich.

Aus Kapitel 3: Funktionieren Stopps?

1. Richtig oder falsch: Fibonacci-Retracements bieten als Wendepunkt keinen Vorteil gegenüber anderen Zahlen.

2. Richtig oder falsch: Ein Chandelier-Stop hängt am Höchstkurs.

3. Richtig oder falsch: Stopps schmälern den Gewinn mehr, als dass sie das Risiko begrenzen.

Aus Kapitel 4: Unterstützung und Widerstand

1. Richtig oder falsch: Spitzen mit unterdurchschnittlichem Volumen zeigen mehr Widerstand.

2. Richtig oder falsch: Die Unterstützung wird mit der Zeit stärker.

3. Richtig oder falsch: Die Mitte einer großen Kerze zeigt nicht mit größerer Wahrscheinlichkeit Unterstützung oder Widerstand als jeder andere Teil.

Aus Kapitel 5: 45 Tipps, die jeder Trader kennen sollte

1. Richtig oder falsch: Fibonacci-Erweiterungen sind nicht genauer als andere Tools, um zu bestimmen, wo sich der Kursverlauf umkehren könnte.

2a. Richtig oder falsch: Nur bullishe Divergenzen (im RSI-Indikator) funktionieren, und nur in einem Bullenmarkt.

2b. Richtig oder falsch: Bullishe Divergenzen (im RSI-Indikator) schlagen den Markt häufiger nicht, als dass sie funktionieren.

3. Richtig oder falsch: Der Kurs fällt schneller, als er steigt.

Aus Kapitel 6: Fehler finden und beheben

1. Richtig oder falsch: Der Branchentrend ist wichtiger als der Markttrend.

2. Richtig oder falsch: Eine Position zu lange zu halten ist schlimmer als zu früh zu verkaufen.

3. Richtig oder falsch: Sell in May and go away.

Alle Aussagen sind richtig.

„Fundamentalanalyse und Positionstrading"

Dieses Buch erklärt und beschreibt die Testergebnisse verschiedener fundamentaler Faktoren wie Buchwert, Kurs-Gewinn-Verhältnis und so weiter, um zu sehen, wie wichtig sie für die Aktienauswahl und -performance sind.

Das Kapitel „Zusammenfassung der Fundamentalanalyse" enthält Tabellen mit fundamentalen Faktoren, basierend auf Haltedauern von einem, drei und fünf Jahren, aus denen hervorgeht, welcher Faktor für die jeweiligen erwarteten Haltedauern am wichtigsten ist. Die Tabellen bieten eine praktische Referenz für Buy-and-Hold-Anleger oder für andere Trading-Stile, die ein Kernportfolio von Aktien auf der Grundlage einer Fundamentalanalyse besitzen möchten.

Kapitel wie „Wie Sie Ihr Geld verdoppeln", „10-Bagger finden" und „10-Bagger handeln" setzen die Fundamentaldaten in die Praxis um. Das Kapitel „Verkaufen bei Buy-and-Hold" hilft bei der Lösung des Problems, wann langfristige Bestände verkauft werden sollten.

Positionstrading

Der zweite Teil von „Fundamentalanalyse und Positionstrading" befasst sich mit Positionstrading. Er führt das Market-Timing ein, um das Risiko des Kaufens und Haltens einer Aktie über Jahre hinweg zu beseitigen.

Haben Sie schon einmal den Ausdruck „Handeln Sie mit dem Trend“ gehört? Wie oft folgt eine Aktie dem Markt nach oben oder unten? Die Antwort darauf finden Sie in Kapitel 19 unter dem Titel „Welchen Einfluss hat der Markt auf Aktien?“.

Dieser Teil des Buches befasst sich damit, wie Chartmuster beim Positionstrading helfen können. Er enthüllt die zehn wichtigsten Faktoren, die Chartmuster funktionieren lassen, und fasst sie dann in einem Bewertungssystem zusammen. Dieses System kann Ihnen helfen, ein profitablerer Positionstrader zu werden, wenn Sie Chartmuster verwenden.

Sechs tatsächliche Trades werden diskutiert, um zu zeigen, wie Positionstrading funktioniert und wann nicht. Betrachten Sie sie als Wegweiser, die Sie warnen, wenn die Straße holprig ist und die Marktpolizei patrouilliert.

„Swing- und Day-Trading“

Das letzte Buch der Reihe befasst sich mit Swing- und Day-Trading. Der erste Teil des Buches beleuchtet Swing-Trading-Techniken, erklärt, wie man Chartmuster für Swing-Trading, Swing-Verkäufe, Ereignismuster (Aktienemissionen, Dutch-Auction-Tender-Angebote, Gewinnveröffentlichungen, Ratingänderungen und so weiter) und andere Trading-Set-ups nutzt.

Es zerlegt ein neues Tool namens Chartmuster-Indikator. Der Indikator ist kein Timing-Tool, sondern ein Stimmungsindikator, der sich hervorragend zur Vorhersage wichtiger Marktwenden eignet.

Day-Trading

Day-Trading behandelt die Grundlagen, darunter die Einrichtung eines Heimbüros, die Kosten des Day-Tradings, Chartmuster für Day-Trading und den Ausbruch aus der Eröffnungsspanne. Es werden die wichtigsten Umkehrzeitpunkte des Tages und die Tageszeit, zu der die Höchst- und Tiefststände des Tages am wahrscheinlichsten sind, untersucht – wertvolle Informationen für Day-Trader.

Ein ganzes Kapitel befasst sich mit der Eröffnungskurslücke und warum es am besten ist, diese Lücke zu schließen. Ein weiteres Kapitel befasst sich mit dem Ausbruch aus der Eröffnungsspanne und hinterfragt, ob dies funktioniert.

Zehn Horrorgeschichten von echten Tradern runden die Reihe ab. Sie wurden aufgenommen, um Ihnen bleibende Albträume zu bescheren.

Zielgruppe

Die drei Bücher dieser Reihe wurden für Menschen geschrieben, die mit den inneren Abläufen des Aktienmarkts nicht vertraut sind – sie werden jedoch auch bei Profis für Gänsehaut sorgen.

Die diskutierten Ideen werden durch Forschungsergebnisse untermauert, aber auf leicht verständliche und unterhaltsame Weise präsentiert. Sie werden feststellen, dass die Bücher ebenso unterhaltsam wie informativ sind und voller Tipps und Ideen zum Geldverdienen stecken. Nutzen Sie die hier vorgestellten Ideen, um Ihren Trading-Stil zu verfeinern und Ihren Erfolg zu steigern.

Ob Sie nun ein Neuling sind, der noch nie Aktien gekauft hat, dies aber gern tun würde, oder ein professioneller Money-Manager, der täglich tradet – diese Bücher sind eine unverzichtbare Ergänzung für das Bücherregal jedes Marktenthusiasten.

DANKSAGUNG

So viele Menschen sind daran beteiligt, ein Manuskript zum Leben zu erwecken, und ich spiele dabei nur eine kleine Rolle. Ich danke allen Mitarbeitern von John Wiley & Sons für ihre Hilfe, insbesondere Evan Burton und Meg Freeborn. Sie haben die Unebenheiten geglättet und die Trilogie präsentabel, ja sogar modisch gemacht.

1

WIE MAN MIT 36 IN RENTE GEHT

Ich stamme nicht aus einer wohlhabenden Familie mit reichen Verwandten, die Glück mit Lottoscheinen haben, und ich habe auch keine Websites entwickelt, die bei ihrem Börsengang Milliarden einbringen, und dennoch bin ich mit 36 in Rente gegangen. Hier zeige ich, wie ich das geschafft habe.

Alles begann, als ich Hand in Hand mit meiner Mutter eine Bank betrat und meine gesamten Ersparnisse – etwas mehr als 100 Dollar – einzahlte, was der Mindestbetrag war, um Zinsen zu erhalten.

Jedes Mal, wenn die Bank mein Sparbuch aktualisierte, verspürte ich ein warmes Gefühl der Zufriedenheit. Je mehr ich sparte, desto mehr zahlte sie mir für meine Ersparnisse, was ein Glaubenssystem in mir bestärkte, das bis heute anhält.

Als mein Vater eine neue Stelle als Verwalter eines großen Apartmentkomplexes antrat, wurde mein wöchentliches Taschengeld massiv von 60 Cent auf 7,60 Dollar erhöht. Ich wurde Müllmann und transportierte Hunderte von stinkenden Müllsäcken aus dem Sammelraum in den Gebäuden auf die Straße. Ich sparte fast jeden Cent, den ich verdiente.

Fünf Tage nach meinem 16. Geburtstag bekam ich meinen ersten Job als Tellerwäscher im Gould Hotel. Ich arbeitete dort mehr als zwei Jahre lang und verdiente 2,05 Dollar pro Stunde. Das waren fünf Cent mehr als der Mindestlohn, also schätzte ich mich glücklich.

Als meine Eltern wegzogen, blieb ich zurück und lebte die letzten fünf Monate meiner Highschool-Zeit in einem Hotelzimmer. Ich arbeitete in Teilzeit als Tellerwäscher und erledigte Gelegenheitsjobs für das Hotel, bis ich meinen Abschluss machte. Dank der Großzügigkeit des Besitzers, George Bantuvanis, zahlte ich nur einen symbolischen Betrag für Unterkunft und Verpflegung und hungerte an den Wochenenden, wenn die Küche geschlossen war. Das Geld, das ich sparte, floss auf mein College-Sparkonto, aber Geld sparen ist ein Thema, das sich durch meine gesamten frühen Jahre zieht.

Ich finanzierte mein Studium, indem ich an einer Tankstelle arbeitete oder Zeitarbeitsjobs annahm, zum Beispiel im Sommer in der Poststelle einer Brauerei. Schade nur, dass ich kein Bier mag.

Innerhalb des ersten Jahres nach meinem Abschluss als Bachelor of Science in Computer Engineering tilgte ich mein Studentendarlehen in Höhe von 600 Dollar und zahlte die 1.000 Dollar „Startkapital", die mir meine Eltern geliehen hatten, mit Zinsen zurück. Dadurch war ich schuldenfrei.

Meine erste Anstellung war bei Raytheon, wo ich als Hardware-Konstrukteur am Patriot-Luftabwehrsystem arbeitete. Ich kam früh zur Arbeit und zeichnete meine Lieblingsaktien auf ein Stück Millimeterpapier, das an der Bürowand hing. Während ich für meine Aktienauswahl eine strenge Fundamentalanalyse verwendete, schloss mein Kollege Bob Kelly die Augen und tippte mit seiner Hand in das *Wall Street Journal*, um seine Auswahl zu treffen.

Ich verfolgte meine Auswahl und seine zufälligen Entscheidungen und stellte nach sechs Monaten zwei Dinge fest: (1) Er war besser als ich, und (2) ich hatte keine Ahnung, was ich tat. Ich setzte das Paper-Trading fort und verwendete das Kurs-Gewinn-Verhältnis und das

Kurs-Umsatz-Verhältnis als meine wichtigsten Auswahlkriterien. Ich vertiefte mich in die Zeitschriften *Forbes* und *Fortune* in der Firmenbibliothek und lernte die Fundamentalanalyse lieben. Value-Investing war das Maß aller Dinge!

Ende 1980 stieg der Leitzins auf 21,5 Prozent, und 1982 wurde der Aktienmarkt zu einem Flugzeug, das zu einer Reise in die Wolken startete. Ich beteiligte mich, indem ich meine Ersparnisse in einen Geldmarktfonds und meine Altersvorsorge-Ersparnisse in No-Load-Investmentfonds investierte.

Vier Jahre nach Beginn des Paper-Tradings eröffnete ich ein Brokerkonto. Ich hatte keine andere Wahl. Das Unternehmen, bei dem ich damals als Software-Ingenieur arbeitete, hatte ein Aktienkaufprogramm, an dem ich teilnahm. Am Ende des Jahres gab man mir ein Aktienzertifikat, und der einfachste Weg, es zu verkaufen, war über ein Brokerkonto.

Die erste Aktie, die ich auswählte, war Essex Chemical. Ich entschied mich für sie, weil mir die Fundamentaldaten gefielen und weil das Unternehmen häufig Dividenden in Form von Bargeld und Aktien ausschüttete. Mit dieser Aktie erzielte ich einen Gewinn von 88 Prozent. Als Nächstes entschied ich mich für Nuclear Pharmacy, hauptsächlich wegen des coolen Namens, aber auch mit Blick auf die Fundamentaldaten. Ich fand das Unternehmen in einem Prospekt eines Investmentfonds, den ich besaß. Da ich es bereits über den Investmentfonds besaß, hätte es keinen Grund gegeben, mehr zu kaufen, aber ich tat es trotzdem. Die Aktie fiel, und Syncor International schnappte sie sich zu einem günstigen Preis, was mir einen Verlust von 25 Prozent einbrachte.

Die nächsten Transaktionen verliefen jedoch gut und stiegen um 195 Prozent (Carter-Wallace), 123 Prozent (ein weiterer Versuch bei Essex Chemical) und 56 Prozent (Rite Aid), bevor es zu einer Reihe von Verlusten kam: -41 Prozent (Dynascan), -39 Prozent (Intelligent Systems) und -30 Prozent (Key Pharmaceuticals).

Nachdem ich etwa ein Jahrzehnt lang Fundamentalanalysen und Value-Investing genutzt hatte, war ich es leid, zu sehen, wie sich eine

Aktie verdoppelte oder verdreifachte und dann um die Hälfte fiel – oder noch schlimmer. Ich fügte Technische Analysen hinzu, um große Verluste zu vermeiden, während ich mich weiterhin mit den Fundamentaldaten beschäftigte.

Abb. 1.1 Die 1990 für 88 Cent gekaufte Aktie wurde für 44 Dollar verkauft.

Dann kam mein erster großer Gewinner: Michaels Stores.

Abbildung 1.1 zeigt Michaels Stores auf Wochenbasis. Suchen Sie nicht im Supermarktregal danach. Das Unternehmen wird nicht mehr gehandelt, und ich werde Ihnen später erklären, warum.

Der erste Kauf erfolgte im März 1989 zu einem splitbereinigten Preis von 1,28 US-Dollar, kurz nachdem die Aktie Mitte Februar nach einem rasanten Einbruch von 26 Prozent innerhalb eines Tages ihren Tiefpunkt erreicht hatte. Analysten bezeichnen solche Einbrüche als „Dead Cat

Bounces“, und sie wurden für die Aktie (18, während ich sie besaß) zur Routine. Der Kurs stieg rasant an und erreichte sein Hoch bei Punkt A. Auf dem Höhepunkt hatte ich mein Geld auf dem Papier verdoppelt (der Höchststand lag bei 2,57 Dollar).

Drei Wochen später wurde die Übernahme des Unternehmens für (splitbereinigt) 3,00 US-Dollar in bar und Vorzugsaktien des Käufers bekannt gegeben. Was ich an dem Angebot ungewöhnlich finde, ist der Zeitpunkt. Es scheint, dass das Smart Money aufgrund des Anstiegs seit dem Tiefstand im Februar 1989, insbesondere aufgrund der starken Bewegung in der Woche, die an Punkt A endete, mit guten Nachrichten gerechnet hatte. Ungewöhnlich ist auch, was mit dem Kurs nach der Ankündigung geschah: Er gab nach. Normalerweise steigt der Kurs bei einer Übernahme sprunghaft an und bleibt dann bis zum Abschluss der Transaktion flach wie ein totes Tier. War dies ein Fall von „Kaufen bei Gerüchten und Verkaufen bei Nachrichten“? Vielleicht.

Die Transaktion scheiterte Anfang Dezember, als der Käufer keine Finanzierung für das Geschäft finden konnte. Der Kurs fiel um 14 Prozent und sank weiter in einem Sog fallender Kurse, bis er schließlich Ende Januar bei 88 Cent seinen Tiefpunkt erreichte. Seit dem Schlusskurs vor dem Scheitern der Transaktion betrug der Rückgang satte 57 Prozent. Anstatt mein Geld auf dem Höchststand zu verdoppeln, musste ich einen Verlust von 31 Prozent hinnehmen. Aus „Kaufen und Halten“ wurde „Kaufen und Pleitegehen“.

In diesem Moment hatte ich einen dieser Aha-Momente. Ich erinnere mich, dass ich dachte, wenn die Aktie gut genug für Robert Bass und seine Arcadia Partners (eine der an der Übernahme beteiligten Gruppen) war, dann war sie auch gut genug für mich. Ich kaufte die Aktie wieder und wieder und wieder (mit *hervorragendem* Timing, wie ich hinzufügen möchte), und sehen Sie, was passiert ist. Ende 1990 begann der Kurs zu steigen. Bis 1992 lag der Gewinn gegenüber meinem niedrigsten Kaufpreis (88 Cent) bei 369 Prozent.

Ich sparte weiterhin jeden Cent und investierte ihn mit guten Ergebnissen in andere Aktien. Als das Unternehmen, für das ich arbeitete, beschloss, seinen Produktionsbereich auszugliedern/zu verkaufen, und es zu Entlassungen kam, war ich vorbereitet. Ich öffnete meine Brieftasche und begann zu rechnen. Wenn ich nicht mehr als 10.000 Dollar pro Jahr ausgeben würde, wäre ich mit 65 völlig pleite. In Rente zu gehen und das zu tun, was ich wollte, klang viel attraktiver, als für andere zu arbeiten, also hängte ich meine Tastatur an den Nagel und ging mit 36 in Rente.

Wenn ich „in Rente gehen“ sage, meine ich, dass ich jahrelang kein Einkommen aus Arbeit hatte. Ich begann, häufiger mit Aktien zu handeln, Artikel und dann Bücher zu schreiben, während ich mir viel Zeit zum Spielen ließ. Ich betrachte mich immer noch als Rentner, weil ich jeden Tag tun kann, was ich will, und genau das tue ich auch.

Wie auch immer, zurück zu Michaels Stores. Im Laufe der Jahre habe ich die Aktie 25 Mal gekauft. Bei acht dieser Transaktionen habe ich mein Geld mehr als verdoppelt, wobei mein bester Gewinn aus den Anteilen stammt, die ich 1990 für 88 Cent gekauft habe. Als das Unternehmen 2007 privatisiert wurde, habe ich für 44 Dollar verkauft, was einem Anstieg von fast 5.000 Prozent entspricht. Mit diesen Aktien habe ich auf jeden investierten Dollar 50 Dollar verdient.

Wenn man sich alle meine Transaktionen im Laufe der Jahre ansieht, habe ich bei 32 davon mindestens das Doppelte meines Geldes verdient. Wenn man das mit einem Lebensstil kombiniert, bei dem ich Markenprodukte meide, weil die Eigenmarken genauso gut sind, aber nur einen Bruchteil kosten, ergibt das alles zusammen eines: mit 36 in Rente gehen.

Kapitel-Checkliste

Wenn Sie eine Checkliste brauchen, wie man jung in Rente geht, sehen Sie hier, wie ich es gemacht habe.

- ☐ Arbeiten Sie hart und sparen Sie jeden Cent, den Sie in einem gut bezahlten Job verdienen.

- ☐ Leben Sie so sparsam wie möglich und investieren Sie Ihre Ersparnisse mit Bedacht.

- ☐ Finden Sie Aktien, bei denen eine Übernahme scheitert. Kaufen Sie, wenn sie ihren Tiefpunkt erreicht haben.

- ☐ Halten Sie diese Aktien langfristig (ich habe einige Aktien von Michaels Stores 18 Jahre lang gehalten).

- ☐ Hoffen Sie, dass sie steigen – und zwar deutlich.

2

MONEY-MANAGEMENT

In Filmen hört man oft den Satz „Folge dem Geld", daher beginnt unsere Reise beim Money-Management.

Sind Sie wie John? Er träumt davon, morgens zwei Stunden lang mit Aktien zu handeln und dann draußen die Sonne zu genießen, während er mit seinem Fahrrad über sanfte Hügel fährt oder mit einem Ruderboot auf dem See herumgondelt und Gänse jagt. Stattdessen sitzt er in einem Job ohne Aufstiegschancen fest, den er einst für spannend hielt, und arbeitet bis zu zwölf Stunden am Tag. Er öffnet sein Scheckbuch, schaut auf den Kontostand und schickt dann eine E-Mail. „Wie viel Geld brauche ich, um mit dem Trading zu beginnen?"

Das ist eine häufig gestellte Frage, auf die es keine einfache Antwort gibt. Warum? Weil es von Ihren Umständen abhängt. Wenn eine wohlhabende Tante Ihnen Millionen hinterlassen hat, dann kommen Sie vermutlich auch so über die Runden. Aber wenn Sie wie ich sind und keine reichen Verwandten oder großzügigen Gönner haben, dann müssen Sie sich auf Ihre eigenen Fähigkeiten verlassen, um Ihr Bankkonto zu füllen. Diese Fähigkeiten zu erwerben braucht Zeit.

Bevor wir weitermachen, wollen wir einige Begriffe definieren.

- Ein *Buy-and-Hold-Investor* oder einfach nur *Investor* handelt langfristig. *Langfristig* kann zu Testzwecken auch nur sechs Monate bedeuten, aber in der Regel sind damit Jahre gemeint. Ein Investor sucht nach Homeruns, also Aktien, deren Kurse sich verdoppeln oder noch stärker steigen werden, wobei er häufig gleichzeitig Dividenden aus diesen Aktien erhält.

- Ein *Positionstrader* ähnelt einem Investor. Er versucht jedoch, auszusteigen, wenn sich der allgemeine Kurstrend ändert. Positionstrades dauern oft Monate, vielleicht bis zu einem Jahr, aber selten länger.

- Ein *Swing-Trader* versucht, die Bewegung einer Aktie vom Beginn eines Trends (Swing Low) bis zum Ende (Swing High) oder umgekehrt zu erwischen. Die Trades dauern in der Regel Wochen bis Monate, aber nicht Jahre.

- Ein *Day-Trader* steigt täglich in jeden Trade ein und aus. Der Begriff ist das, was Menschen wie John meinen, wenn sie *Trader* werden wollen.

In diesem Kapitel geht es um das Money-Management. Es behandelt die Grundlagen, zum Beispiel wie viel Geld Sie für das Day-Trading benötigen, das gestaffelte Ein- und Aussteigen aus Positionen (Scaling-in und Scaling-out) und die Hebelwirkung. Ich würze die Präsentation mit neuen Erkenntnissen und Ideen, die Ihnen gefallen könnten, Ideen, mit denen Sie viel Geld verdienen oder sparen können, während Sie Erfahrung sammeln.

Trading: Wie viel Geld, Schatz?

Ich begann als Aktieninvestor mit genügend Bargeld, um 100 Aktien zu einem Preis von 20 Dollar (etwa 2.000 Dollar) zu kaufen.

Wenn John investieren und nicht traden möchte, kann er den Kaufpreis auf fünf Dollar senken und mit nur 500 Dollar beginnen (oder weniger, wenn er weniger als ein *Round Lot* – 100 Aktien – kaufen möchte). Das ist alles, was man braucht, um Investor zu werden. Sparen Sie weitere 500 Dollar und suchen Sie nach einer zweiten Aktie, die Sie Ihrer wachsenden Liste von Unternehmen in Ihrem Portfolio hinzufügen können.

Irgendwann wird das Portfolio so viele Aktien enthalten, dass es an der Zeit ist, eine Aktie zu verkaufen und mit dem Erlös eine andere zu kaufen. Das nennt man *Umschlag*. Ich habe festgestellt, dass bei einem Bestand von zehn bis zwölf Aktien in meinem Portfolio immer eine davon reif war, mit Gewinn geerntet zu werden, und eine neue darauf wartete, gepflanzt zu werden.

Was ist, wenn Sie wie John hauptberuflich traden möchten? Eine Investition von 500 Dollar reicht nicht aus, um die Treibstoffkosten für mehrere Flugstunden mit Ihrer Cessna Citation zu decken. Sie benötigen mehr Geld. Lassen Sie uns über Zahlen sprechen.

Wie hoch sind Ihre Lebenshaltungskosten? Meine liegen bei etwa 1.000 Dollar pro Monat, Steuern nicht eingerechnet, weil ich sparsam lebe. Rechnet man Steuern, Hypothek oder Miete, Autokosten, Altersvorsorge und Notfallgeld hinzu, können Ihre Kosten auf 2.500 Dollar pro Monat oder 30.000 Dollar pro Jahr steigen. Und das nur, um die Gewinnschwelle zu erreichen.

Wie viel Trading-Kapital würden monatliche Ausgaben in Höhe von 2.500 Dollar aus der Tasche von Mr. (oder Mrs.) Market erfordern? Es gibt etwa 252 Handelstage pro Jahr, was 21 Tagen pro Monat entspricht. Das bedeutet, dass Sie an jedem Handelstag 120 Dollar aus dem Markt ziehen müssen. Einfach, oder? Wenn Sie 200 Dollar pro Tag verdienen können, steigt Ihr Jahreseinkommen auf 50.400 Dollar. Bei einem Nettogewinn von 500 Dollar pro Tag liegt Ihr Einkommen bei 126.000 Dollar. Der Fiskus – und alle anderen, die einen Teil Ihres Gewinns haben wollen – wird Ihnen eine Weihnachtskarte schicken!

Wie oft hat sich Ihr derzeitiges Einkommen verdoppelt oder vervierfacht? Mit dem Trading seinen Lebensunterhalt zu verdienen ist nichts anderes, unterschätzen Sie also nicht die Schwierigkeit.

Diese Einkommenszahlen beflügeln Träume, aber bitte kehren Sie zur Realität zurück. In der folgenden Analyse habe ich den PowerShares QQQs (QQQ), der den Nasdaq 100 Index nachbildet, als Trading-Instrument meiner Wahl verwendet. Der börsengehandelte Fonds (ETF) ist eine beliebte Wahl für das Day-Trading.

Am 8. März 2012 hatte der QQQ eine tägliche Handelsspanne von 35 Cent. Das ist die mittlere Schwankung zwischen Höchst- und Tiefstkurs pro Tag im letzten Jahr. Wenn Sie ein perfekter Trader wären und zum Tagestief kaufen und zum Tageshoch verkaufen würden (oder umgekehrt), könnten Sie durchschnittlich 35 Cent pro Aktie verdienen. Um 120 Dollar zu verdienen, müssten Sie 343 Aktien handeln (120 Dollar ÷ 0,35). Bei einem Schlusskurs von 64,75 Dollar bedeutet dies, dass Sie 22.210 Dollar Trading-Kapital benötigen würden, um diese Aktien zu kaufen, ohne Berücksichtigung von Round-Trip-Kosten, Börsengebühren, Datenfeed-Gebühren und so weiter.

Als ich mit dem Day-Trading begann, war ich nur in 48 Prozent der Fälle profitabel. Runden wir das auf 50 Prozent auf und nehmen wir an, dass Sie an zwei Tagen in der Woche Geld verdienen, an zwei Tagen Geld verlieren und den letzten Tag mit plus/minus null abschließen oder sich entscheiden, nicht zu handeln. Am Ende der Woche möchten Sie 120 Dollar × 5 Tage oder 600 Dollar netto erzielen (vorausgesetzt, der Monat hat 20 Handelstage).

An Gewinntagen müssen Sie mehr verdienen, um die Verlusttage auszugleichen. Wenn wir davon ausgehen, dass Sie eine Stop-Loss-Order setzen, um die Verluste auf 120 Dollar zu begrenzen, bevor Sie für den Tag aufhören, müssten Sie an den Gewinntagen jeweils 420 Dollar verdienen, um dies auszugleichen (420 $ + 420 $ + 0 $ – 120 $ – 120 $ = 600 $). Das bedeutet, dass Sie 1.200 Aktien (420 $

÷ 0,35 $) für 77.720 Dollar kaufen müssen. Autsch! Day-Trading wird teuer.

All dies setzt voraus, dass Sie jeden Tag die gesamte Handelsspanne von 35 Cent ausschöpfen, was unmöglich ist. Möglicherweise können Sie nur 10 Cent davon ausschöpfen, wodurch sich die Anzahl der Aktien, die Sie kaufen müssen, auf 4.200 erhöht, was einem Wert von 271.950 Dollar entspricht. Sie können jedoch mehr als einen Trade pro Tag tätigen. Solange Sie an Ihren erfolgreichen Tagen 420 Dollar netto erzielen und Ihre Verluste auf 120 Dollar begrenzen können, können Sie 30.000 Dollar verdienen (600 Dollar pro Woche × 50 Wochen, ohne zwei Wochen Urlaub).

Ein Gewinn von 10 Cent pro Aktie und Tag ist für Day-Trader realistisch, für Anfänger jedoch wahrscheinlich unerreichbar (sie können sich glücklich schätzen, wenn sie die Gewinnschwelle erreichen). Um einmal pro Tag zu traden und einen Gewinn von 10 Cent pro Aktie zu erzielen, wären 300.000 Dollar Kapital erforderlich, um jährlich 30.000 Dollar zu verdienen. Diese 30.000 Dollar decken jedoch nur Ihre Lebenshaltungskosten, nicht die Trading-Kosten.

Wenn Sie Urlaub machen möchten, müssen Sie das eingesetzte Kapital aufstocken, damit Sie sich Flugtickets, Hotels und Verpflegung leisten und gleichzeitig die zwei Wochen kompensieren können, in denen Sie in den Keys schnorcheln, die Lavaströme auf Hawaii verfolgen oder wie mein Bruder in einem U-Boot Fische jagen.

Als Day-Trader verfügen Sie über eine Margin, sodass Sie den benötigten Kapitalbetrag reduzieren können. Sie müssen die Margin nicht nutzen, aber sie steht Ihnen zur Verfügung. Sie können auch mehrere Trades mit Wertpapieren tätigen, deren High-Low-Spanne größer als 35 Cent ist, sodass Sie vielleicht mehr als 10 Cent pro Aktie erzielen können.

Die Pattern-Day-Trading-Regeln schreiben vor, dass man mindestens 25.000 Dollar benötigt, um Day-Trading betreiben zu dürfen. Ich habe mich mit einem Day-Trader unterhalten, der eine Partnerschaft nutzte und nur 5.000 Dollar aufbringen musste, um mit einem Hebel von 20 zu 1 zu traden (das heißt, er konnte mit nur 5.000 Dollar Aktien im Wert von 100.000 Dollar kaufen); aber die Behörden gehen hart gegen solche Praktiken vor, und er musste sich einen neuen Handelsplatz suchen.

Bei kluger Verwendung sollten 50.000 Dollar Trading-Kapital Ihre Lebenshaltungskosten für ein Jahr decken und noch etwas für Notfälle übrig lassen. Möchten Sie sich neue Unterwäsche kaufen können? Dann erhöhen Sie Ihr Trading-Kapital. Sie können mit den Zahlen spielen und sie nach Belieben schönrechnen, aber doppelt so viel wie die Mindestsumme von 25.000 Dollar zu haben ist eine gute Faustregel. Das gibt Ihnen Flexibilität.

Wenn Sie Day-Trader werden möchten, sollten Sie 50.000 Dollar zur Verfügung haben, die Sie verlieren könnten. Aller Wahrscheinlichkeit nach *werden* Sie sie verlieren, wenn man einigen Quellen glaubt, die ich gelesen habe. Wenn Sie Swing-Trader, Positionstrader oder Buy-and-Hold-Investor werden möchten, empfehle ich Ihnen, genug Geld zu sparen, um 100 Stücke einer 5- bis 20-Dollar-Aktie zu kaufen. Wenn der Wert Ihres Portfolios wächst, verwenden Sie einen Teil davon für Positions-, Swing- oder Day-Trading. Ich habe diesen Weg eingeschlagen.

Eine Studie ergab, dass nur vier Prozent der Trader mehr als 50.000 Dollar pro Jahr verdienen. Glauben Sie wirklich, dass Sie einer von ihnen sein können? Viele sagen „Ja!", nachdem sie sich ein paar Monate lang mit den Märkten beschäftigt haben. Das ist so, als würde man sich nach einem Wochenendkurs für 5.000 Dollar als Chirurg bezeichnen. „Klar, ich kann diesen Gehirntumor entfernen!" Das ist der einfache Teil. Der schwierige Teil ist, den Patienten am Leben zu halten, damit er sich vollständig erholen kann.

- Anleger können mit einem kleinen Betrag (500 bis 2.000 Dollar) beginnen, aber Trader benötigen mehr Kapital: 50.000 Dollar.

Ordertypen: Lesen Sie das Kleingedruckte!

Broker haben sich alle möglichen Arten ausgedacht, um *Kaufen* oder *Verkaufen* zu sagen. Hier sind die gängigsten Ordertypen aufgeführt, aber erkundigen Sie sich bei Ihrem Broker. Ich habe auf die harte Tour gelernt, dass das Kleingedruckte Geld kosten kann.

- *Market-Order* bedeutet *jetzt* zu kaufen oder zu verkaufen! Wenn Sie *zum Marktpreis* kaufen, wird Ihre Order zum niedrigsten Briefkurs ausgeführt, den Verkäufer anbieten. Beim Verkauf wird die Order zum höchsten Geldkurs ausgeführt, den Käufer zu zahlen bereit sind. Hier ist eine Falle, von der ich nichts wusste und die mich 840 Dollar gekostet hat. Ich habe drei Minuten *vor Börsenbeginn* eine Market-Order zum Kauf einer Aktie aufgegeben und dann meine Meinung geändert. Die Order wurde trotzdem ausgeführt! Der Kurs der Aktie fiel um 1,20 Dollar bei 700 Aktien.
  Die Regel lautet: Die Stornierung kann abgelehnt werden, wenn sie innerhalb von zwei Minuten nach Eröffnung der Nasdaq erfolgt (ich habe die Frist um sechs Sekunden verpasst). Erkundigen Sie sich bei Ihrem Broker, ob dies auch für andere Börsen gilt und wie die Fristen sind.

- Bei einer *Limit-Order* wird ein Preis festgelegt, zu dem Aktien gekauft oder verkauft werden sollen. Beim Kauf bedeutet dies, dass Sie nicht mehr als den Limitpreis zahlen. Beim Verkauf akzeptieren Sie nicht weniger als den Limitpreis.

- Verwenden Sie eine *Stop-Loss-Order* (oder *Sell-Stop-Order*) nicht nur, um Verluste zu begrenzen, sondern auch, um Gewinne mitzunehmen. Die Stop-Loss-Order verkauft Aktien unter dem aktuellen *Geldkurs*. Wenn der Geldkurs auf oder unter den Auslösepreis fällt, wird die Stop-Order in eine Market-Order umgewandelt und kann zu einem anderen Preis als dem Stopp-Preis ausgeführt werden.

Beachten Sie, dass die Order beim *Geldkurs* ausgelöst wird, nicht beim letzten *gehandelten* Kurs.

- *Buy-Stop* war eine meiner liebsten Orders. Ich habe sie verwendet, um eine Aktie knapp über dem Ausbruchspreis aus einem Chartmuster zu kaufen. Um die Order zu verwenden, geben Sie einen Preis über dem aktuellen Kurs der Aktie an. Wenn der *Briefkurs* den Auslösepreis erreicht, wird der Auftrag ausgelöst, und die Stopp-Order wird zu einer Market-Order. Sie kann zu einem anderen Preis als dem Stopp-Preis ausgeführt werden.
  Im Kleingedruckten steht Folgendes: Bei Verwendung eines Buy-Stops wird die Order nicht zum letzten Verkaufspreis, sondern zum Angebotspreis (Briefkurs) ausgelöst. Genau das ist mir bei Hudson Highland Group (HHGP) passiert. Ich habe einen Buy-Stop einen Cent über einem früheren Minor High bei 10,61 platziert, nachdem der Markt geschlossen hatte und ich den Gewinnbericht gelesen hatte. Als ich mir am nächsten Tag die Kurse ansah, stellte ich fest, dass die Aktie nach einer Eröffnung bei 8,83 auf 8,80 gefallen war. Als ich mich bei meinem Broker einloggte, um die Kauforder zu stornieren, stellte ich fest, dass meine Order zum Tageshoch von 10,75 ausgelöst worden war. Auf meinem Chart wurde die Aktie nie in der Nähe oder über dem Bereich von 10,61 gehandelt. Mein Broker erklärte mir, dass die Aktie nach der ersten Handelsminute eine Geld-Brief-Spanne von zwei Dollar hatte und jemand einen Briefkurs oberhalb meines Buy-Stop-Preises eingestellt hatte. Das löste meine Order aus und führte zu einem neuen Tageshoch, obwohl zuvor keine Aktie zu diesem Preis gehandelt worden war. Der Kurs fiel anschließend umgehend wieder auf 8,80 Dollar und ich blieb auf einem Verlust von 15 Prozent sitzen.

- *Tagesorder* und *Good till cancelled (GTC).* Hierbei handelt es sich um Modifikationen einiger der oben genannten Orders, bei denen

Zeitlimits für die Ausführung der Orders festgelegt werden. *Tagesorder* bedeutet, dass die Limit- oder Stopp-Order nur für den jeweiligen Tag gilt. GTC bedeutet, dass sie bis zur Stornierung gültig ist, aber in der Regel nach einigen Monaten automatisch verfällt, sofern sie nicht verlängert wird.

- *Market-on-Close-Order (MOC-Order).* Die Order wird so nahe wie möglich am Schlusskurs ausgeführt, es gibt jedoch zeitliche Begrenzungen. Ihre Order muss mehr als 20 Minuten vor Börsenschluss eingegeben werden (die Idee dahinter ist, dass sie abgelehnt *wird*, wenn sie beispielsweise zehn Minuten vor Börsenschluss eingegeben wird). Der Versuch, eine MOC-Order innerhalb von 20 Minuten vor Börsenschluss zu stornieren, *kann* ebenfalls abgelehnt werden.
  Die Platzierung einer MOC-Order nach 15:01 Uhr *kann* abgelehnt werden (der Markt schließt um 16:00 Uhr). Ihr Broker hat möglicherweise andere Zeitlimits. Mit anderen Worten: Wenn Sie den Schlusskurs erhalten möchten, platzieren Sie eine MOC-Order mindestens eine Stunde vor Börsenschluss. Wenn Sie ein Risiko eingehen möchten, bitten Sie Ihren Broker, eine MOC-Order frühestens 20 Minuten vor Börsenschluss zu platzieren. Wenn er *Nein* sagt, verkaufen Sie die Aktie einfach manuell vor Börsenschluss. Denken Sie daran, dass die Kurse in den letzten Minuten oft wie Bälle auf einem Billardtisch hin und her springen.

- *Bedingte Orders.* Hierbei handelt es sich um Modifikationen von Orders wie zum Beispiel OTA, bei der eine Order eine andere auslöst (one triggers another). Wenn Sie beispielsweise einen Buy-Stop verwenden, um eine Aktie zu kaufen, möchten Sie möglicherweise eine zweite Order auslösen, um einen Sell-Stop für den Kauf festzulegen. OCA bedeutet, dass eine Order die andere storniert (one cancels another). Wenn Sie nur 2.000 Dollar für eine Aktie ausgeben können, aber zwei Kaufkandidaten haben, können Sie eine OCA verwenden. Die Kauforder, die zuerst ausgelöst wird, storniert die andere, sodass Sie nur eine Aktie statt zwei kaufen. Ich verwende bedingte Orders, um die zuvor beschriebenen Probleme zu vermeiden.

Positionsgröße bestimmen: Meine Geschichte

Als ich mit dem Trading begann, machte ich mir keine Gedanken über die Positionsgröße, da ich nicht genug Geld hatte, um mir darüber Sorgen zu machen. Ich habe jeder Position 2.000 Dollar zugewiesen und hatte nur wenige Aktien in meinem Portfolio.

Tabelle 2.1 zeigt den durchschnittlichen Betrag jedes Trades basierend auf tatsächlichen Trades. Im Laufe der Jahre habe ich Positionen in derselben Aktie aufgestockt, sodass eine Investition von 2.000 Dollar pro Trade manchmal bedeutete, dass ich den Wert des Bestands auf deutlich mehr als nur 2.000 Dollar erhöht habe.

Zwölf Jahre lang handelte ich mit Aktien im Wert von etwa 2.000 Dollar pro Trade und profitierte dabei von dem Bullenmarkt, der 1982 begann. Ich besaß zwar schon vor 1983 Aktien, aber diese stammten aus einem Aktienkaufprogramm meines Arbeitgebers, daher schließe ich sie aus.

1995 verdreifachte ich den für jeden Trade verfügbaren Betrag auf 6.000 Dollar. Wenn man sich den Chart des S&P 500 Index auf der logarithmischen Skala ansieht, begann der Markt 1995, einen steileren Anstieg zu verzeichnen. Damals hatte ich keine Ahnung, was auf mich zukommen würde, aber die Erhöhung des Einsatzes war eine gute Entscheidung.

Die 6.000 Dollar pro Trade blieben fünf Jahre lang bestehen, bis ich sie im Jahr 2000 auf 10.000 Dollar erhöhte. Das war genau zu Beginn der Baisse (März 2000). Überraschenderweise habe ich die Positionsgröße nicht reduziert, um das Risiko zu verringern.

Jahr	Durchschnittsbetrag	Dauer (in Jahren)	Kommentare
1983	2.000$	12	Bullenmarkt beginnt im August 1982
1995	6.000$	5	Markttrend verstärkt sich
2000	10.000$	4	Bärenmarkt beginnt im März 2000
2004	15.000$	2	Bullenmarkt beginnt im Oktober 2002
2006	20.000$	2	Bärenmarkt beginnt im Oktober 2007
2008	10.000$	1	Bärenmarkt hält an
2009	5.000$	1	Bullenmarkt beginnt im März 2009
2010	13.500+$	2+	Bullenmarkt hält an

Tab. 2.1 Positionsgröße im Laufe der Zeit.

Vier Jahre später erhöhte ich die Positionsgröße auf 15.000 Dollar und danach auf 20.000 Dollar. Trades mit einem *Mindestwert* von jeweils 20.000 Dollar machten mich nervös, und das aus gutem Grund. Ich schreibe *Mindestwert,* weil ich die Aktienmengen so berechnet habe, dass ich auf die nächsten 100 Aktien aufgerundet habe, um sicherzustellen, dass ich mindestens 20.000 Dollar pro Trade ausgab. Auch hier kaufte ich mehrere Positionen in derselben Aktie, insbesondere in Versorgungsunternehmen.

Der Bärenmarkt von 2007 bis 2009 begann im Oktober 2007. Ich halbierte die Positionsgröße und halbierte sie dann noch einmal auf 5.000 Dollar, während ich darauf wartete, dass der Markt seinen Tiefpunkt erreichte. Ich erinnere mich, dass ich gegen Ende dieses Zeitraums die Positionsgröße noch einmal auf nur 2.500 Dollar reduziert habe, aber der Durchschnitt blieb bei 5.000 Dollar.

Jetzt, da der Bullenmarkt wieder eingesetzt hat, sind Trades in der Größenordnung von 2.500 oder 5.000 Dollar zu klein. Sie haben mich dazu gezwungen, über viele Aktien zu diversifizieren und jede Position aufzubauen, sobald sich die Gelegenheit ergibt. In letzter Zeit, da der Bullenmarkt fest etabliert ist, habe ich die Positionsgröße erhöht und gleichzeitig die Diversifizierung beibehalten.

- Passen Sie den Betrag, den Sie für jeden Trade ausgeben, an die Marktbedingungen an.

Positionsgröße nach Marktbedingungen bestimmen: Bulle oder Bär?

Tabelle 2.1 veranschaulicht eine interessante Idee: Beginnt ein Bärenmarkt, sollte bei jedem Rückgang des S&P 500 Index um zehn Prozentpunkte die Positionsgröße halbiert werden. Auf diese Weise kaufen Sie weiterhin Aktien, wenn der allgemeine Markt nach einem Tiefpunkt sucht, jedoch in immer geringeren Mengen.

Diese Technik ermöglicht eine größere Diversifizierung der Bestände (kleine Positionen in vielen Aktien, von denen einige dem Bärenmarkt trotzen und steigen) und verringert das Risiko, bei neuen Positionen ernsthafte Verluste zu erleiden (geringere Investitionssummen pro Position). Die Idee besteht nicht darin, fünfmal 5.000 Dollar in *eine einzige Aktie* zu investieren, sondern fünf *verschiedene* Aktien im Wert von jeweils 5.000 Dollar zu kaufen. Mehrere Positionen in einer Aktie sollten die Ausnahme sein, nicht die Regel.

Tabelle 2.2 zeigt, wie diese Idee funktioniert. Angenommen, ich habe ein Portfolio im Wert von 200.000 Dollar und möchte zehn Aktien besitzen, dann würde ich für jede der zehn Positionen 20.000 Dollar einplanen.

Wenn der Markt gegenüber dem Höchststand des Bullenmarkts um 20 Prozent fallen würde (und damit definitionsgemäß in einen Bärenmarkt eintreten würde), würde ich die Positionsgröße um die Hälfte auf 10.000 Dollar reduzieren. Anstatt 20.000 Dollar für eine neue Aktie auszugeben, würde ich nur die Hälfte davon ausgeben.

Für jeden weiteren Rückgang um zehn Prozentpunkte würde ich die Positionsgröße um die Hälfte reduzieren, bis sie 2.500 Dollar erreicht, was ich als Minimum betrachte.

Wenn Sie nicht 20.000 Dollar für jeden Trade zur Verfügung haben, nehmen Sie natürlich eine Dezimalstelle weniger, also 2.000 Dollar (oder einen anderen Betrag, der Ihrem Budget entspricht), aber befolgen Sie die gleiche Vorgehensweise, indem Sie die Positionsgröße halbieren, während sich der Bärenmarkt weiter nach unten arbeitet.

Marktrückgang	Betrag pro Trade	Erörterung
0–19 %	20.000 $	Nichts unternehmen. Rückgänge dieser Größenordnung sind normal.
20–29 %	10.000 $	Bärenmarkt beginnt. Positionsgröße halbiert.
30–39 %	5.000 $	Positionsgröße halbiert.
40–99 %	2.500 $	Positionsgröße halbiert.

Tab. 2.2 Positionsgröße in Abhängigkeit vom Marktindex.

Der Bärenmarkt von 2007 bis 2009 hat mir gezeigt, dass dieses System funktioniert. Im Jahr 2008 habe ich 14,5 Prozent verloren, aber das ist nichts im Vergleich zu dem Einbruch des S&P 500 Index, der um 38,5 Prozent gefallen ist.

Wenn sich der Markt zu erholen beginnt, verdoppelt sich die Einsatzgröße. So geben Sie in einem steigenden Markt mehr aus und in einem fallenden Markt weniger.

- Nachdem ein Bärenmarkt begonnen hat, halbieren Sie den Betrag, den Sie für neue Positionen ausgeben, bei jedem Rückgang des S&P 500 um 10 Prozentpunkte, gemessen vom Höchststand des Bullenmarkts.

Wenn Sie herausgefunden haben, wie viel Sie für jede Aktie ausgeben möchten, passen Sie die Position entsprechend der Volatilität an. Hier ist eine Formel, um dies zu tun:

Aktien = PositionsWert × (MarktVolatilität ÷ AktienVolatilität) ÷ AktienKurs

PositionsWert ist der *Betrag pro Trade* aus Tabelle 2.2, angepasst an die Marktbedingungen.

MarktVolatilität ist die tägliche High-Low-Spanne (oder ATR) über 22 Handelstage, gemittelt und geteilt durch den letzten Schlusskurs.

AktienVolatilität ist die tägliche High-Low-Spanne über 22 Handelstage (etwa einen Kalendermonat), gemittelt und geteilt durch den letzten Schlusskurs.

AktienKurs ist der letzte Schlusskurs.

- Die Formel zur Positionsgröße berücksichtigt die Markt- und Aktienvolatilität sowie die Marktbedingungen (Bullen- oder Bärenmarkt).

Nehmen wir beispielsweise an, ich habe ein Portfolio im Wert von 100.000 US-Dollar, das ich in 10 Positionen zu je 10.000 US-Dollar aufteilen möchte. Da der S&P 500 Index nur wenige Punkte von seinem Bullenmarkt-Hoch entfernt ist (weniger als 1 Prozent), kann ich laut Tabelle 2.2 den gesamten Betrag investieren.

Ich entscheide mich, Gap-Aktien (GPS) zum Schlusskurs von 21,19 Dollar zu kaufen. Wenn ich die Differenz zwischen dem Tageshöchst- und dem Tagestiefstkurs für 22 Handelstage berechne, den Durchschnittswert erhalte und diesen durch den Schlusskurs teile, erhalte ich einen Wert von 0,0213. Die gleiche Berechnung für den S&P 500 Index ergibt 0,009.

Wenn ich die Werte in die Formel einsetze, erhalte ich: Aktien = (10.000 $ × (0,009 ÷ 0,0213)) ÷ 21,19, also 200 Aktien (ich runde das Ergebnis auf die nächsten 100 auf). Das würde 4.238 Dollar kosten, sodass mir 5.762 Dollar bleiben, die ich zu einem anderen Zeitpunkt für Aktien ausgeben kann.

Nach der Platzierung des Trades würde ich einen Volatilitätsstopp (siehe Kapitel 3) unterhalb des Kaufpreises setzen. Nehmen wir an, ich habe die Aktie zu 21,19 US-Dollar gekauft, dann würde ich meinem Broker einen Stop-Loss-Auftrag bei 20,15 US-Dollar oder fünf Prozent unter dem Kaufpreis der Aktie erteilen.

- Legen Sie den Betrag, den Sie für jeden Trade ausgeben möchten, entsprechend den Marktbedingungen fest (Tabelle 2.2).
- Passen Sie den Betrag, den Sie für die Aktie ausgeben möchten, an die Marktvolatilität an (verwenden Sie die Formel).
- Verwenden Sie einen Volatilitätsstopp (oder eine andere Methode), um Verluste zu begrenzen.

Sie können natürlich die Positionsgrößenformel Ihrer Wahl verwenden, aber die Idee, den Betrag jedes Trades entsprechend den Marktbedingungen zu reduzieren, ist eine Überlegung wert.

Dieser Gedanke bezieht sich natürlich auf den Kauf von Aktien, nicht auf den Bestand eines Portfolios. Wenn eine Baisse einsetzt, wird der Wert eines 200.000-Dollar-Portfolios sinken. Die oben beschriebene Technik hilft Ihnen, wenn Sie bei fallenden Kursen den Drang verspüren, zu kaufen. Der Kauf von Aktien ist oft ein Fehler, bis der Bärenmarkt vorbei ist. Diese Methode hilft, den Schaden zu begrenzen.

Wie viele Aktien sollte man halten?

In den ersten Jahren variierte die Anzahl der Aktien, die ich hielt, aber es waren nie mehr als ein Dutzend. Oft waren es nur vier oder fünf. In der Literatur wird oft die Zahl 10 als optimale Größe für Kleinanleger empfohlen. Sie ist groß genug für eine Diversifizierung und dennoch überschaubar. Mark Vakkur (September 1997) schrieb, dass eine Diversifizierung von 85 Prozent bereits mit nur sieben oder acht Aktien erreicht wird.

Das bringt mich zu zwei kurzen Anekdoten. Als ich bei Tandy arbeitete, besuchte ich in meiner Freizeit die Bibliothek im Erdgeschoss. Ich erinnere mich, dass ein älterer Mann einmal sagte, er besitze über 40 Aktien und könne den Überblick nicht mehr behalten. Kein Wunder! Im Umkleideraum des Fitnesscenters erzählte mir ein anderer Mann, er besitze nur eine Aktie und setze damit alles auf eine Karte, indem er eine riesige Position einnehme. „Behalte diese Karte einfach im Auge", sagte er.

Nachdem der Bärenmarkt von 2007 bis 2009 vorbei war, begann ich wieder, Aktien zu kaufen. Ich legte 10.000 Dollar hin und kaufte eine Aktie. Dann tat ich das Gleiche mit einer anderen Aktie und fügte der ersten Aktie vielleicht noch weitere 10.000 Dollar hinzu. Ich halte 25 Aktien und einen börsengehandelten Fonds, ohne drei weitere Investmentfonds in meinem staatlich geförderten Altersvorsorge-Konto mitzuzählen.

Im Wesentlichen betreibe ich meinen eigenen Investmentfonds, der in 14 Branchen aufgeteilt ist (einige sind miteinander verwandt, wie zum Beispiel Versorgungsunternehmen im Osten, in der Mitte und im Westen oder verschiedene Arten von Versicherungsgesellschaften). Fast alle sind Positionen, die ich langfristig halten möchte, daher handle ich nur selten. Das macht das große Portfolio einfach zu verwalten. Wenn ich aktiv traden würde, würde ich in Betracht ziehen, die Anzahl der Positionen auf etwa ein Dutzend zu reduzieren. Von diesem Dutzend wären einige Kernpositionen – Buy-and-Hold-Aktien wie Versorgungsunternehmen, die wegen der Dividenden und langfristigen Gewinne gehalten werden – und ein oder zwei könnten spekulative Anlagen sein, während der Rest aus den von mir aktiv gehandelten Aktien bestehen würde.

Während der Baisse von 2007 bis 2009 habe ich viele meiner Aktien verkauft und bin auf Bargeld umgestiegen. Ich behielt jedoch Kernpositionen wie Versorger-Aktien. Als ich anfing, Aktien hinzuzufügen, wurde die Diversifizierung zu einem Problem. Ich besaß große Anteile an Versorger-Aktien, sodass etwa 45 Prozent meines Portfolios darin enthalten waren. Ich reduzierte die Positionen oder verkaufte sie ganz und nutzte das Bargeld, um vielversprechendere Aktien zu kaufen. Jetzt macht die größte Position, die ich besitze, nur noch sieben Prozent meines Portfolios aus, und es handelt sich um eine Versicherungsgesellschaft.

- Halten Sie so viele Positionen, wie Sie bequem verwalten können, und achten Sie dabei auf Diversifizierung.

Ein besserer Weg? Portfoliozusammensetzung

Das Vorstehende ist das, was ich über die Jahre hinweg angewendet habe, indem ich mein Portfolio in guten Zeiten ausgebaut und in schlechten Zeiten die Trade-Größe reduziert habe. Mein Stil änderte sich von „Kaufen und Halten" zu „Positions-" zu „Swing-" zu „Day-Trading" und wieder zurück zu „Kaufen und Halten". War das der beste Ansatz? Um diese Frage zu beantworten, wollen wir uns die Positionsgröße und das Money-Management genauer ansehen.

Wie viele Aktien sollten Sie besitzen? Die Antwort hängt von vielen Faktoren (wie Alter, Vermögen, Anlageziel) und Ihrem Trading-Stil ab. Meine Empfehlungen finden Sie in **Tabelle 2.3**.

Wer Aktien **kauft und hält**, handelt selten mit seinen Beständen, sodass das Portfolio weniger Aufmerksamkeit erfordert. Das bedeutet, dass man mehr Wertpapiere im Portfolio halten kann. Aus Diversifizierungsgründen sollte man mit mindestens acht Positionen beginnen, aber das kann auf ein oder zwei Dutzend anwachsen, vielleicht sogar mehr, wenn man sich damit wohlfühlt, so viele Aktien zu halten.

Wenn Investmentfonds-Manager Hunderte von Aktien halten können, dann können wir Normalsterblichen auch 25 verwalten. Ich halte 20 für eine gute Anzahl, was einem Anteil von fünf Prozent an jedem Wertpapier entspricht. Auf diese Weise wird der Rest des Portfolios nicht übermäßig beeinträchtigt, wenn eine Aktie einbricht. Das bedeutet jedoch auch, dass eine Aktie, die wie ein Feuerwerk in den Himmel schießt, dem Portfolio ebenfalls nicht viel nützt.

Trading-Stil	Anzahl der zu erwerbenden Wertpapiere
Buy-and-Hold	So viele, wie Sie bequem bewältigen können. Das bedeutet 8 bis Dutzende.
Positionstrader	Kernportfolio plus bis zu ein Dutzend Positionstrades.
Swing-Trader	Kernportfolio plus 6 bis 12 Aktien für das Swing-Trading.
Day-Trader	Kernportfolio plus 2 Aktien für das Day-Trading, die sich bei steigenden Märkten gut entwickeln, und 2 Aktien, die sich bei fallenden Märkten am besten entwickeln.

Tab. 2.3 Portfoliogröße nach Trading-Stil.

Wenn die Anzahl der Aktien in einem Buy-and-Hold-Portfolio auf über ein Dutzend ansteigt, sollten Sie die Problemfälle herausfiltern. Konzentrieren Sie sich auf diese. Nicht nur die von Kursverlusten bedrohten Aktien, sondern auch diejenigen, die sich ihrem Kursziel nähern, sollten hinzugefügt werden. Wenn Sie beispielsweise ein Kursziel von 35 für ABC Gum Company haben und die Aktie bei 33 steht, sollten Sie sie auf Ihre Watchlist setzen. Wenn GonnaDrop, Inc. so aussieht, als bräuchte sie einen Defibrillator („300 Joule. Zurücktreten!"), dann fügen Sie sie ebenfalls zur Watchlist hinzu.

Für **Positionstrader** empfehle ich ein Kernportfolio aus Aktien. Dabei handelt es sich um Buy-and-Hold-Positionen, die Sie im Tagesgeschäft ignorieren können. Vier bis acht Wertpapiere wären gut, vielleicht bis zu einem Dutzend. Sie repräsentieren Aktien, von denen Sie langfristig profitieren werden. Vielleicht besitzen Sie einige Versorger-Aktien, um Dividenden zu kassieren. Möglicherweise wäre ein börsengehandelter Fonds für Edelmetalle zusammen mit einigen Investmentfonds, die sich auf internationale Beteiligungen spezialisiert haben, von Vorteil. Mit anderen Worten: Diversifizieren Sie die Wertpapiere über verschiedene Branchen, Standorte und Arten (Einzelaktien, ETFs, Investmentfonds, Bargeld). Ich besitze beispielsweise vier Versorger-Aktien, zwei davon in der Mitte der Vereinigten Staaten, eine an der Ostküste und eine an der Westküste. Auf diese Weise werden hoffentlich nicht alle vier durch ein Erdbeben, einen Hurrikan oder einen Waldbrand vernichtet.

Als Positionstrader habe ich festgestellt, dass ich eine gute Rotation erzielen konnte, sobald mein Portfolio auf etwa zehn bis zwölf Aktien angewachsen war. Ich verkaufte ein Wertpapier, wenn es an der Zeit war, und verwendete den Erlös, um eine neue Position zu kaufen. Ich musste die Anzahl der gehaltenen Wertpapiere nicht erhöhen, sondern rotierte einfach die schwachen heraus.

Swing-Trader müssen ihrem Portfolio mehr Aufmerksamkeit schenken als Positionstrader oder Buy-and-Hold-Anleger. Das bedeutet, dass die Anzahl der Wertpapiere für das Swing-Trading begrenzt werden muss. Ich habe festgestellt, dass ich bis zu ein Dutzend Wertpapiere problemlos handhaben kann.

Für **Day-Trader** gilt: Begrenzen Sie die Anzahl der Aktien auf zwei, die sich gut entwickeln, wenn der Markt oder die Aktie einen Aufwärtstrend verzeichnen, und zwei weitere, die sich gut entwickeln, wenn der Markt/die Aktie fällt. Wenn Sie diese vier Aktien genau kennen, wird das Day-Trading einfacher. Sie bekommen ein *Gefühl* dafür, wie sich die Aktie verhält, und das ist wertvolles Wissen.

Das *Kernportfolio* von Day-, Swing- und Positionstradern sollte auf der nächsthöheren Ebene angesiedelt sein. Das Kernportfolio für einen Day-Trader kann aus Swing-Trades bestehen. Für Swing-Trader kann das Kernportfolio mit Positionstrades gefüllt werden. Und so weiter.

- Die Anzahl der Positionen in einem Portfolio kann je nach Trading-Stil variieren.

- Beginnen Sie mit einem Kernportfolio aus Aktien und fügen Sie je nach gewähltem Trading-Stil weitere Aktien hinzu.

Haltedauer: Wie lange ist lange genug?

Ich habe in einer Zeitschrift gelesen, dass mit zunehmender Haltedauer die Wahrscheinlichkeit steigt, dass ein Trade Geld einbringt. Ist das der Grund, warum Day-Trader solche Schwierigkeiten haben, Geld zu verdienen? Ich habe mir den S&P 500 Index von Januar 1950 bis April 2010 angesehen und die Anzahl der sich überlappenden Perioden gezählt, in denen der Index von Periode zu Periode höher schloss. **Tabelle 2.4** zeigt die Ergebnisse.

Beispielsweise schloss der Index in den über 50 Jahren in 53 Prozent der Fälle auf Tagesbasis höher, ohne Berücksichtigung von Provisionen, Slippage und anderen Kosten. Wenn Sie den Index am Ende jedes Tages gekauft und einen Tag lang gehalten hätten, hätten Sie in 53 Prozent der Fälle einen Gewinn erzielt. Wenn Sie am Ende jedes Monats gekauft und einen Monat lang gehalten hätten, hätten Sie in 59 Prozent der Fälle Geld verdient.

Nehmen wir ein weiteres Beispiel, um zu zeigen, wie ich die Zahlen berechnet habe. Wenn Sie den Index gekauft und zehn Jahre lang gehalten hätten, hätten Sie in 92 Prozent der Fälle Geld verdient.

Zeitraum	Höherer Schlusskurs
Täglich	53 %
Wöchentlich	56 %
Monatlich	59 %
1 Jahr	71 %+
2 Jahre	79 %
3 Jahre	83 %
4 Jahre	84 %

Zeitraum	Höherer Schlusskurs
5 Jahre	83 %
6 Jahre	86 %
7 Jahre	90 %
8 Jahre	91 %
9 Jahre	92 %
10 Jahre	92 %
11 Jahre	95 %
12 Jahre	99 %
13 Jahre	99 %
14 Jahre	100 %
15 Jahre	100 %

Tab. 2.4 Anzahl der Fälle, in denen der S&P 500 Index höher schloss.

Ich habe in der Analyse monatlich überlappende Schlusskurse verwendet. Damit meine ich, dass Sie, wenn Sie im Januar gekauft haben, zehn Jahre später, im Dezember, verkaufen würden. Dann habe ich die Haltedauer von Februar bis Januar, wiederum mit einem Abstand von zehn Jahren, berechnet und so weiter, wobei in jedem Monat eine neue 10-jährige Haltedauer beginnt. Das meine ich mit überlappenden Perioden. Alle Zeilen in Tabelle 2.4 basieren auf monatlich *überlappenden* Perioden – mit Ausnahme der täglichen Daten, die keine überlappenden Perioden verwenden, und der wöchentlichen Daten, die wöchentliche Überlappungen nutzen.

Ich habe festgestellt, dass bei Haltedauern von 14 Jahren oder länger jede Periode profitabel blieb. Wenn Sie den Index zum Ende eines beliebigen Monats seit 1950 gekauft und 14 oder mehr Jahre gehalten hätten, hätten Sie Geld verdient. Diese Ergebnisse könnten sich natürlich in Zukunft ändern.

- Je länger Sie eine Aktie halten, desto einfacher ist es, einen Gewinn zu erzielen.

Haltedauer: Meine Trades

Ich habe mir die Häufigkeitsverteilung meiner eigenen Trades angesehen, sowohl für Gewinner als auch für Verlierer. Anhand des durchschnittlichen prozentualen Gewinns oder Verlusts über die jährliche Haltedauer lässt sich sagen, dass ich den größten Gewinn erzielt habe, wenn ich mindestens zwei Jahre, aber weniger als vier Jahre gehalten habe. Während dieser Zeit erzielte ich durchschnittlich 28 Prozent pro Jahr bei Haltedauern zwischen zwei und drei Jahren und 36 Prozent pro Jahr bei Haltedauern zwischen drei und vier Jahren. Diese Aufgliederung enthält keine Day-Trades, die die Ergebnisse verzerren würden.

Führen Sie die gleiche Art von Analyse für Ihre Trades und Ihre Märkte durch.

- Meine beste Haltedauer liegt zwischen drei und vier Jahren.

Die Money-Management-Matrix

Peter Nilsson (Dezember 2006) diskutierte die „Money-Management-Matrix". **Tabelle 2.5** zeigt meine Version der Matrix. Diese richtet sich nicht an die Buy-and-Hold-Anleger, sondern an andere Arten von Tradern. Sie gilt für das Kernportfolio und hilft Buy-and-Hold-Anlegern, den richtigen Zeitpunkt für den Markteinstieg zu finden, um bessere Ergebnisse zu erzielen.

Aktien und Märkte im Aufwärtstrend: Wenn die Aktien oder Märkte höhere Hochs und höhere Tiefs erreichen oder wenn Ihr bevorzugter gleitender Durchschnitt (z. B. ein gleitender Durchschnitt von 150 Tagen/30 Wochen) nach oben tendiert, dann befinden sich die Aktien/Märkte in einem Aufwärtstrend.

Wenn Sie an den meisten Tagen lächeln, nachdem Sie den Wert Ihres Portfolios überprüft haben, oder es kaum erwarten können, zu sehen, wie viel Geld Sie jeden Tag an den Märkten verdient haben, dann ist der Trend wahrscheinlich aufwärtsgerichtet.

Trend	Markt im Aufwärtstrend	Markt im Seitwärtstrend	Markt im Abwärtstrend
Aktien im Aufwärtstrend	Kaufen. Bei positiver Relativer Stärke Position aufstocken	Kaufen oder Halten.	Halten. Keine neuen Positionen. Auf eine Trendwende des Aufwärtstrends, auf bearishe Divergenzen und bearishe Failure Swings achten. Teilposition verkaufen?
Aktien im Seitwärtstrend	Halten. Auf mögliche Fortsetzung des Aufwärtstrends achten.	Halten.	Halten. Auf einen Abschwung achten.
Aktien im Abwärtstrend	Halten, aber verkaufen, wenn sich der Abwärtstrend nicht umkehrt. Auf bullishe Divergenzen und bullishe Failure Swings achten.	Verkaufen oder Verkauf einer Teilposition.	Sofort verkaufen und in Bargeld bleiben.

Tab. 2.5 Money-Management-Matrix für Long-Positionen.

Aktien und Markt im Seitwärtstrend: Ein Seitwärtstrend bedeutet, dass sich die Aktie horizontal bewegt, wobei der gleitende Durchschnitt eine flache oder fast flache Steigung aufweist (kürzere gleitende Durchschnitte können wie die scharfe Kante einer horizontal gehaltenen Metallsäge aussehen).

Aktien und Markt im Abwärtstrend: Abwärtstrends bedeuten niedrigere Spitzen und Tiefpunkte sowie sinkende gleitende Durchschnitte. Wenn Sie nach der Überprüfung Ihres Portfolios an den meisten Tagen Ihre Hände zu Fäusten ballen und die Zähne zusammenbeißen oder wenn Sie das Interesse daran verlieren, den Aktienmarkt zu überprüfen, dann ist der Trend wahrscheinlich rückläufig.

- Bestimmen Sie anhand der Aktien- und Markttrends, wann Sie kaufen, verkaufen oder halten sollten.

Im Folgenden werden die drei Trends näher erläutert.

Aktien im Aufwärtstrend

Wenn sich **Aktien und Märkte im Aufwärtstrend** befinden, ist dies der richtige Zeitpunkt, um mit Long-Positionen am Markt zu sein. Wenn die Relative Stärke (ein Vergleich der Aktie mit dem S&P 500 Index oder Ihrem bevorzugten Marktindex) im Aufwärtstrend ist, sollten Sie Ihre bestehende Position aufstocken, da die Aktie besser abschneidet als der Markt. Wenn die Relative Stärke sinkt, sollten Sie Ihre bestehende Position *nicht* aufstocken, da die Aktie schwächer als der Markt ist. Suchen Sie sich stattdessen eine vielversprechendere Aktie.

Wenn der **Markt seitwärts oder nach unten tendiert**, seien Sie vorsichtig, da sich der Aufwärtstrend der Aktie umkehren könnte. Eine Aktie folgt in 64 Prozent der Fälle dem Markt (siehe „Fundamentalanalyse & Positionstrading", Kapitel 19, Abschnitt „Welchen Einfluss hat der Markt auf Aktien?"). Wenn der Markt fällt, sollten Sie erwägen, Teilgewinne aus bestehenden Positionen mitzunehmen. Wenn der Markttrend rückläufig ist, sollten Sie *keine* neuen Positionen hinzufügen (da die Aktie häufig dem rückläufigen Markt folgt). Überprüfen Sie mit Ihrem bevorzugten Indikator (ich verwende den Wilder Relative Strength Index – RSI), ob eine bearishe Divergenz vorliegt, und suchen Sie nach kleinen M-förmigen Failure Swings im Indikator-Chart (siehe Kapitel 5 dieses Buches, Abschnitt „Gute Eier: Failure Swings bei Indikatoren").

Aktien im Seitwärtstrend

Wenn die Aktie seitwärts tendiert, ist es an der Zeit, abzuwarten und zu beobachten, was passiert. Da die Aktie oft dem Markt folgt, beobachten Sie die Entwicklung des Marktindex. Achten Sie auf Divergenzen beim Wilder Relative Strength Index oder anderen Indikatoren sowohl bei der Aktie als auch beim Marktindex. Das könnte Ihnen einen Hinweis auf den sich abzeichnenden Trend geben.

Aktien im Abwärtstrend

Wenn die Aktie einen Abwärtstrend aufweist, sollten Sie keine neuen Positionen kaufen und auch keine bestehenden Positionen aufstocken. Wenn der **Markt ebenfalls einen Abwärtstrend** aufweist, sollten Sie bestehende Positionen verkaufen und in Bargeld bleiben. Wenn der **Markt einen Aufwärtstrend** aufweist, die Aktie jedoch fällt, sollte sich die Aktie umkehren (denken Sie daran, dass dies in 64 Prozent der Fälle der Fall ist) und dem Markt folgen, es sei denn, es liegt ein ernsthaftes Problem mit dem Unternehmen vor. Recherchieren Sie, warum die Aktie einen Abwärtstrend aufweist. Es ist hilfreich, wenn die Branche, zu der die Aktie gehört, ebenfalls einen Aufwärtstrend aufweist.

Wenn sich der **Markt seitwärts bewegt**, ist es wahrscheinlich ein guter Zeitpunkt zum Verkauf, es sei denn, Sie glauben, dass die Aktie kurz vor einer Trendwende steht. Überprüfen Sie Ihren bevorzugten Indikator auf Anzeichen einer bullishen Divergenz oder von Failure Swings (in diesem Fall ein kleines W-förmiges Muster im Indikator-Chart). Erwägen Sie, einen Teil Ihrer Bestände zu verkaufen.

- Handeln Sie immer mit dem Trend. Der allgemeine Markt, die Branche und die Aktie sollten alle denselben Trend aufweisen.

Sollten Sie Ihre Positionen gestaffelt ausbauen?

Ted ist ein unerfahrener Positionstrader, der wissen möchte: „Wie viel soll ich kaufen?" Ein Buy-and-Hold-Anleger würde sein Geld in gleiche Dollarbeträge (Buckets) aufteilen und jeden Bucket für eine Aktie ausgeben. Ein Portfolio im Wert von 100.000 Dollar könnte 10 Positionen zu je etwa 10.000 Dollar oder 20 Positionen zu je 5.000 Dollar enthalten.

Ted hat sein *Kernportfolio* auf die gleiche Weise aufgebaut, möchte sein Trading-Portfolio jedoch auf wenige große Positionen konzentrieren. Sein Portfolio hat einen Wert von 200.000 Dollar, wobei die erste Hälfte für Kernpositionen vorgesehen ist und die anderen 100.000 Dollar auf vier Positionen zu je 25.000 Dollar aufgeteilt sind.

Er plant, zu kaufen, wenn der Kurs über dem einfachen gleitenden 40-Wochen-Durchschnitt (200 Tage) schließt, und zu verkaufen, wenn er darunter schließt. Er beschließt, 25.000 Dollar in diesen Trade zu investieren, möchte aber nicht alles ausgeben, bevor er weiß, wie sich die Aktie entwickelt. Daher kauft er feste Aktienmengen (konstante Positionsgröße), wenn der Kurs um 1 Dollar steigt, bis er die gesamten 25.000 Dollar ausgegeben hat. **Tabelle 2.6** zeigt die Trades, und **Abbildung 2.1** zeigt den Positionstrade (A, B, C, D sind die ungefähren Kaufpunkte für die Trades 1 bis 4).

Wenn der Kurs steigt, sammelt er weitere Aktien, jeweils 1.000 Stück, und steigert so den *aktuellen Wert* seines Bestands nach Trade 3 von 3.890 Dollar auf 27.560 Dollar. Dann gibt es ein Problem. Er möchte mehr kaufen, aber die Kosten in Höhe von 21.560 Dollar (Zeile „Kumulierte Kosten") liegen fast an seiner Ausgabenobergrenze von 25.000 Dollar. Bei Trade 4 kauft er 430 Aktien und behält ein paar Dollar für Provisionen, Gebühren und so weiter zurück. Er hat fast 25.000 Dollar für Wertpapiere ausgegeben, die jetzt fast 35.000 Dollar wert sind, was einen nicht realisierten Gewinn von 10.000 Dollar ergibt.

Die Aktie steigt weiter, wie Abbildung 2.1 zeigt, aber er hat kein Geld mehr. Er bleibt untätig, während der Kurs einen Höchststand von 9,20 erreicht und der Buchgewinn auf 15.800 Dollar anwächst.

Dann beginnt die Aktie zu fallen, aber er macht sich keine Sorgen. Er vertraut seinem System und wartet auf das Crossover-Ausstiegssignal. Dieses kommt etwa 2,5 Monate später, als der Kurs unter dem einfachen gleitenden 40-Wochen-Durchschnitt schließt. Zur Eröffnung des nächsten Handelstags verkauft er und erhält einen Erlös von 5,06 Dollar.

Das Kaufsignal lag bei 3,89 Dollar und das Verkaufssignal bei 5,06 Dollar, was einen potenziellen Gewinn von 30 Prozent bedeutet. Wie hat Ted abgeschnitten? Er hat 2.537 Dollar verloren! Wie kann das sein? Zwei Trades lagen unter dem Verkaufspreis, drei jedoch nicht. Diese drei Trades kamen ihn teuer zu stehen, da er hoch gekauft und niedrig verkauft hatte.

- Das Traden mit einer konstanten Positionsgröße kann katastrophale Folgen haben.

	Kauf	Trade1	Trade 2	Trade 3	Trade 4	Verkauf
Preis	3,89 $	4,89 $	5,89 $	6,89 $	7,89 $	5,06 $
Anteile	1.000	1.000	1.000	1.000	430	4.430
Kosten	3.890 $	4.890 $	5.890 $	6.890 $	3.393 $	0 $
Kumulierte Kosten	3.890 $	8.780 $	14.670 $	21.560 $	24.953 $	24.953 $
Aktueller Wert	3.890 $	9.780 $	17.670 $	27.560 $	34.953 $	22.416 $
Nicht realisierter Gewinn	0 $	1.000 $	3.000 $	6.000 $	10.000 $	(2.537 $)

Tab. 2.6 Money-Management für Teds Trade: konstante Positionsgröße.

Abb. 2.1 Ein einfacher gleitender Durchschnitt über 40 Wochen signalisiert Trades (Wochenchart).

Ted verwendete feste Aktienmengen – jeweils 1.000 Stück. War das das Problem? Beantworten wir diese Frage, indem wir uns ansehen, wie Alice beim gleichen Trade abgeschnitten hat, jedoch verwendete sie feste Dollarbeträge. Ihre Trades sind in **Tabelle 2.7** aufgeführt.

Alice möchte fünf Käufe zu je 5.000 Dollar tätigen, also teilt sie die Kosten der Aktien durch 5.000 Dollar, um die Anzahl der zu kaufenden Aktien zu erhalten. Da sie das Internet nutzt, ist der Kauf von ungeraden Stückzahlen (Aktien, die *nicht* auf die nächsten 100 gerundet sind) kein Problem. Sie hätte die Aktien genauso gut abrunden können, aber ich wollte die beiden Beispiele ähnlich halten. Am Ende von Trade 4 beträgt ihr Wert 35.600 Dollar, während Ted 34.950 Dollar erzielt hat. Wenn der Kurs am Verkaufstag fällt, ist ihr Verlust – und es handelt sich immer noch um einen Verlust – geringer: 2.148 Dollar im Vergleich zu Teds 2.537 Dollar.

	Kauf	Trade1	Trade 2	Trade 3	Trade 4	Verkauf
Preis	3,89 $	4,89 $	5,89 $	6,89 $	7,89 $	5,06 $
Anteile	1.285	1.022	849	726	634	4.516
Kosten	5.000 $	5.000 $	5.000 $	5.000 $	5.000 $	0 $
Kumulierte Kosten	5.000 $	10.000 $	15.000 $	20.000 $	25.000 $	25.000 $
Wert	5.000 $	11.285 $	18.593 $	26.750 $	35.632 $	22.852 $
Nicht realisierter Gewinn	0 $	1.285 $	3.593 $	6.750 $	10.632 $	(2.148 $)

Tab. 2.7 Money-Management für Alices Trade: feste Dollarbeträge.

Allein durch die Änderung der Kaufmethode hat sie ihren Verlust reduziert. Wenn Ihnen also jemand sagt, dass die Positionsgröße keine Rolle spielt, erzählen Sie ihm von Ted und Alice!

- Das Traden mit festen Dollarbeträgen verbessert die Ergebnisse, aber nicht wesentlich.

Man könnte meinen, dass nur wenige wie Ted mit konstanter Positionsgröße handeln, aber Day-Trader handeln oft mit Mengen von 1.000

Aktien. Wie das Beispiel zeigt, ist für andere Arten von Tradern (Swing, Position, Buy-and-Hold), bei denen mehrere Positionen in demselben Wertpapier zu erwarten sind, ein konstanter Dollarbetrag besser – zumindest in diesem Beispiel.

Pete hat eine andere Idee. Er ist ein Mathegenie und möchte die Anzahl der gekauften Aktien je nach Volatilität der Aktie variieren. Er verwendet die folgende Formel.

Positionsgröße = (Portfoliowert × Risiko) ÷ Volatilität

Der Portfoliowert ist der aktuelle Wert des Portfolios zum Zeitpunkt des Kaufs. Für das Risiko erwog er, zwei Prozent des Portfoliowerts zu verwenden, wollte aber eine zweite Meinung einholen. Er fragte seinen Freund Jacob, der seit Anbeginn der Zeit mit Wertpapieren handelt, wie hoch sein historischer Verlust im Verhältnis zu seinem aktuellen Portfoliowert war. Jacob hatte einen durchschnittlichen Verlust von 1.300 Dollar und einen Portfoliowert von 390.000 Dollar, was einer Risikobewertung von 0,33 Prozent entspricht (1.300 ÷ 390.000; dies ist ein tatsächlicher Wert eines Händlers). Pete entschied sich, den niedrigeren Wert (0,33 Prozent) in der Formel zu verwenden.

Pete berechnete die Volatilität der Aktie anhand des 22-Handelstage-Durchschnitts (etwa ein Monat) der täglichen Handelsspanne zwischen Tageshoch und Tagestief. Einige verwenden die Average True Range (ATR), aber er bevorzugt den Hoch-Tief-Wert. **Tabelle 2.8** zeigt seine Ergebnisse.

Am Tag des Kaufs hatte die Aktie eine durchschnittliche Volatilität von 0,245 Dollar über 22 Tage, was bedeutet, dass die durchschnittliche Schwankung zwischen Höchst- und Tiefstkurs der Aktie in den letzten 22 Handelstagen ein Viertel betrug. Das Einsetzen der Zahlen in die Formel (Positionsgröße = (200.000 × 0,0033) ÷ 0,245) ergab, dass er 2.694 Aktien kaufen sollte, was er auch tat.

Bei Trade 1 verdoppelte sich die Volatilität fast, wodurch sich die Anzahl der gekauften Aktien verringerte, aber der Wert des Portfolios war zu diesem Zeitpunkt gestiegen. Bei Trade 2 empfahl ihm sein Programm, weitere Aktien zu kaufen, aber er war gezwungen, die Anzahl zu begrenzen, da er nicht mehr als 25.000 Dollar in diese Position investieren wollte. Daher stellte er den Kauf der Aktie nach Trade 2 ein.

	Kauf	Trade 1	Trade 2	Verkauf
Preis	3,89 $	4,89 $	5,89 $	5,06 $
Volatilität	0,245 $	0,45 $	0,435 $	N/A
Anteile	2.694	1.486	1.231	5.411
Kosten	10.479 $	7.269 $	7.251 $	0 $
Kumulierte Kosten	10.479 $	17.748 $	24.998 $	24.998 $
Wert	10.479 $	20.442 $	31.873 $	27.381 $
Nicht realisierte Gewinne	0 $	2.694 $	6.874 $	2.383 $
Portfoliowert	200.000 $	202.694 $	206.874 $	202.383 $

Tab. 2.8 Money-Management für Petes Trade: basierend auf Volatilität.

Als die Aktie auf den Verkaufspreis fiel, hatte nur Trade 2 einen höheren Preis als den Verkaufspreis, sodass er einen Gewinn von 2.383 Dollar erzielte.

Haben Sie hier einen Trend bemerkt? Je mehr Aktien zu einem niedrigeren Preis gekauft werden, desto profitabler ist der Trade. Was wäre, wenn Sie die gesamten 25.000 Dollar zum Kaufpreis ausgeben und zu 5,06 Dollar verkaufen würden? Sie würden 6.426 Aktien kaufen und einen Gewinn von 7.518 Dollar erzielen. Wow!

Vielleicht denken Sie jetzt, dass wir den Weg zum Reichtum entdeckt haben! Wir müssen nur die gesamten 25.000 Dollar im ersten Trade ausgeben und dann unseren mit Gewinnen beladenen Sattelzug zur Bank fahren.

Nicht so schnell.

Stellen Sie sich vor, wir kaufen dieselbe Aktie zu 3,89 Dollar, aber diesmal fällt sie um 1 Dollar auf 2,89 Dollar, bevor wir sie verkaufen. Die letzte Methode liefert die schlechteste Performance. Der Verlust beträgt 6.426 Dollar! Mit anderen Worten: Das beste System hat sich zum schlechtesten gewandelt.

Wenn die Aktie steigt, gilt: Je mehr Aktien wir zu einem niedrigeren Preis besitzen, desto besser ist unser Ergebnis. Wenn die Aktie fällt, gilt: Je mehr Aktien wir besitzen, desto schlechter ist unser Ergebnis. Das ist nur gesunder Menschenverstand, aber unsere Beispiele beweisen es.

Wenn Ihnen das Vorstehende zu einfach ist und Sie eine Herausforderung suchen, dann lesen Sie Ralph Vinces Buch „The Handbook of Portfolio Mathematics". Darin werden Optimal f, der Aufbau eines Portfolios und das Leverage-Space-Modell behandelt. Nachdem ich das Manuskript gelesen hatte, war ich von der Arbeit so begeistert, dass mein Empfehlungstext auf dem Umschlag abgedruckt ist. Bringen Sie Popcorn mit und sagen Sie ihm, dass Tom Sie geschickt hat.

- Verwenden Sie eine volatilitätsbasierte Positionsgröße, um in Aufwärtsmärkten die besten Ergebnisse zu erzielen.

Testen des schrittweisen Einstiegs (Scaling-in)

Sollten Sie einen Trade skalieren? Das klingt wie etwas aus einem Horrorfilm, bezieht sich aber darauf, eine Teilposition zu kaufen, anstatt Ihr gesamtes Kapital auf einmal zu investieren. Um die Frage zu beantworten, habe ich mich auf einen Artikel von Howard Bandy (Oktober 2009) gestützt.

Der Testzeitraum erstreckte sich vom ersten Handelstag im Januar 2004 bis zum letzten Handelstag im Oktober 2008. In diesem Zeitraum stieg der S&P 500 Index um 41 Prozent, fiel um 42 Prozent und schloss 13 Prozent unter seinem Ausgangswert.

Test 1

Tabelle 2.9 listet die Tests auf, beginnend mit Test 1, der Benchmark. Das für alle Tests verwendete System ist eine Variation des Grundkonzepts, das wie folgt funktioniert. Am ersten Handelstag des Monats werden Aktien im Wert von 10.000 Dollar gekauft (Bruchteile von Aktien sind zulässig) und am letzten Handelstag des Monats verkauft. Im darauffolgenden Monat beginnt der Prozess erneut, und bis zum Ende des Testzeitraums wird fortlaufend gekauft und verkauft. Dies wird für jede der 571 Aktien in der Datenbank durchgeführt. Es werden keine Anpassungen für Provisionen, Gebühren, Slippage und Steuern vorgenommen, und ungenutztes Bargeld wird nicht verzinst.

Gewinne werden nicht in den nächsten Trade reinvestiert. Das bedeutet, dass bei jedem Trade Aktien im Wert von 10.000 Dollar gekauft werden. In Tabelle 2.9 ist der **Durchschnitt pro Trade** die Differenz zwischen 10.000 Dollar und dem Restbetrag am Ende jedes Trades, gemittelt über alle Trades und alle Aktien im Test. **Gewinne** sind das Verhältnis der gewinnbringenden Trades zu allen Trades. Die Spalte **„kleine Verluste"** gibt an, wie oft Verluste von 10 Prozent oder weniger auftreten. Je größer der Prozentsatz kleiner Verluste, desto besser.

Nach dieser Methodik gewinnt Test 1 in 52 Prozent der Fälle, wobei 74 Prozent der Verluste kleiner als 10 Prozent sind. Das Risiko beträgt 10.000 Dollar, also den gesamten pro Trade investierten Betrag.

Test	Durchschnitt pro Trade	Gewinne	Kleine Verluste
1. Benchmark, 10.000$ investiert	14,92$	52%	74%
2. 10%-Trailing-Stop, 10.000$ investiert	(12,43$)	44%	98%
3. Zukauf bei 5% Gewinn, 5.000$, 10%-Trailing-Stop	(6,29$)	39%	98%
4. Zukauf bei 10% Gewinn, 5.000$, 10%-Trailing-Stop	(6,81$)	41%	98%
5. 10%-Trailing-Stop, Zukauf bei 10% Gewinn, 5.000$, Stopp auf Break-even anheben, anschließend weiter nachziehen	(7,81$)	42%	98%
6. Zukauf bei 5% Verlust, 5.000$, 10%-Trailing-Stop	(0,95$)	54%	92%

Tab. 2.9 Scaling-in-Tests.

Der Test arbeitet nicht mit einer Skalierung (Ergänzung einer bestehenden Position) und verwendet auch keine Stopps. Es handelt sich um die Buy-and-Hold-Variante, da zu Beginn des Monats gekauft und am Ende verkauft wird. Er dient als Benchmark, mit der die anderen Tests verglichen werden.

Test 2

Dieser Test verwendet einen anfänglichen Stopp von 10 Prozent basierend auf dem Schlusskurs am Kaufdatum und wechselt dann zu einem Trailing-Stop von 10 Prozent, der im weiteren Verlauf des Trades unterhalb des jeweils höchsten Hochs liegt. Wenn der Kurs auf oder unter den Stoppkurs fällt, wird zum Stoppkurs verkauft, es sei denn, die Aktie hat an diesem Tag mit einer Kurslücke eröffnet (in diesem Fall wird der niedrigere Wert aus Stoppkurs und Eröffnungskurs verwendet).

Der einzige Unterschied zwischen diesem Test und der Benchmark ist die Verwendung eines Trailing-Stops. Beachten Sie, dass das System bei Verwendung eines Stopps von einem Gewinn zu einem Verlust wechselt. Kleine Verluste (weniger als 10 Prozent) steigen auf 98 Prozent (was gut ist). Die Anzahl der gewinnbringenden Trades sinkt von 52 Prozent in Test 1 auf 44 Prozent.

Die Ergebnisse deuten darauf hin, dass Sie mit diesem System mehr Geld mit Buy-and-Hold verdienen, aber wenn Sie verkaufen müssen, könnte der Verlust erheblich sein (fast 4.000 Dollar). Die Verwendung eines Stopps reduziert den potenziellen Verlust erheblich, aber Sie werden kein Geld verdienen, da der Stopp Sie zu früh aus den Gewinnerpositionen herausnimmt.

- Die Verwendung eines Trailing-Stops schmälert den Gewinn, begrenzt aber die Verluste.

Test 3

In Test 3 beträgt das Bargeld 5.000 Dollar pro Position (maximal zwei Positionen pro Trade, insgesamt 10.000 Dollar) mit einem 10-prozentigen

Trailing-Stop. Fügen Sie die zweiten 5.000 Dollar hinzu, wenn die Aktie basierend auf dem Schlusskurs um 5 Prozent steigt. Bei der ersten Position beträgt das Risiko 500 Dollar, steigt aber nach Hinzufügen der zweiten Hälfte auf 1.000 Dollar. Der Stopp wird so festgelegt, dass das Risiko nicht mehr als 1.000 Dollar pro Trade beträgt (außer in den Fällen, in denen die Aktie mit einer Kurslücke nach unten eröffnet).

Tabelle 2.9 zeigt, dass sich der durchschnittliche Verlust pro Trade von über 12 Dollar in Test 2 auf 6,29 Dollar verbessert, wobei 98 Prozent der Trades kleine Verluste aufweisen. Der Prozentsatz der gewinnbringenden Trades sinkt jedoch auf 39 Prozent.

Die Ergebnisse deuten darauf hin, dass das Skalieren die Gewinne erhöht, obwohl die Anzahl der gewinnbringenden Trades sinkt. Der durchschnittliche Verlust pro Trade kommt jedoch nicht annähernd an den Gewinn der Benchmark heran. Bandys Ergebnisse unter Verwendung von 72 hochvolumigen Aktien und ETFs zeigen, dass 65 Prozent der Wertpapiere nicht weit genug gestiegen sind, um ein Skalieren auszulösen. Ich habe das nicht getestet, aber es ist eine interessante Erkenntnis.

Test 4

Dieser Test entspricht dem vorherigen, außer dass die Skalierung bei einem Gewinn von 10 Prozent statt bei 5 Prozent einsetzt. Der Test zeigt, dass der durchschnittliche Verlust pro Trade leicht auf 6,81 Dollar gestiegen ist. Der Prozentsatz der Gewinner stieg leicht auf 41 Prozent. Da die Aktie nur einen Monat Zeit hat, um 10 Prozent zu steigen, schaffen dies nur wenige Aktien (nur 11 Prozent in Bandys Tests steigen weit genug, um einen Zukauf auszulösen). Entsprechend wird die Position dadurch benachteiligt, dass zunächst nur 5.000 Dollar statt der vollen 10.000 Dollar investiert sind.

Test 5

Beginnen Sie mit 5.000 Dollar und einem Trailing-Stop von 10 Prozent. Wenn die Aktie um 10 Prozent steigt, investieren Sie die zweiten 5.000

Dollar und erhöhen den Stopp auf Break-even. Anschließend wird er jeweils 10 Prozent unter dem höchsten Hoch nachgezogen. Da die gesamten 10.000 Dollar investiert sind, kaufen Sie nichts mehr (in allen Tests beträgt die maximale Investition 10.000 Dollar, manchmal auch weniger).

Das Risiko beginnt bei 500 Dollar und sinkt auf 0 Dollar. Nachdem Sie den Stopp auf Break-even gesetzt haben, würden Sie denken, dass dieser Test eine gute Performance zeigen würde. Dies ist jedoch nicht der Fall, da die Verluste im Durchschnitt auf 7,81 Dollar pro Trade steigen. Der Prozentsatz der gewinnbringenden Trades steigt um einen Punkt auf 42 Prozent. Bandy berichtet, dass dieses Szenario das schlechteste Ergebnis seiner Tests zeigte.

- Das Anheben eines Stopps auf Break-even ist keine Garantie für Profitabilität.

Test 6

Dieser Test arbeitet mit *Averaging Down* (Verbilligen), das heißt, es wird mehr gekauft, wenn die Aktie fällt. Beginnen Sie mit 5.000 Dollar (ohne Stopp) und kaufen Sie weitere 5.000 Dollar, wenn die Aktie um 5 Prozent fällt (basierend auf dem Schlusskurs). Nachdem Sie die gesamten 10.000 Dollar investiert haben, verwenden Sie einen Trailing-Stop von 10 Prozent.

Beachten Sie, dass sich der Verlust erheblich auf 0,95 Dollar verringert, aber die Verluste über 10 Prozent steigen (es gibt weniger kleine Verluste). Die Anzahl der gewinnbringenden Trades steigt auf 54 Prozent.

Bandy kommt zu dem Schluss: „Keiner der Tests liefert einen überzeugenden Grund für das Skalieren von Trades", und keiner der Tests übertrifft das Kaufen und Halten.

- Scaling-in funktioniert, aber nur, wenn die Aktie steigt.

Averaging Down: Geldverschwendung oder eine kluge Entscheidung?

Ich wollte die Averaging-Down-Methode untersuchen und führte daher zusätzliche Tests durch, die in **Tabelle 2.10** dargestellt sind. Averaging Down bedeutet, mehr Aktien zu einem niedrigeren Preis zu kaufen, um die durchschnittlichen Kosten der Aktien zu senken.

Test 1 ist die in Tabelle 2.9 diskutierte Benchmark und wird hier zur Veranschaulichung wiederholt.

Test 7

Teilen Sie die anfänglichen 10.000 Dollar in vier Tranchen zu je 2.500 Dollar auf. Jedes Mal, wenn die Aktie um 10 Prozent fällt, kaufen Sie für weitere 2.500 Dollar, bis die gesamten 10.000 Dollar ausgegeben sind. Es wurde keine Stop-Loss-Order verwendet.

Wie Tabelle 2.10 zeigt, erzielte dieser Test einen Gewinn von 16,01 Dollar und schlug damit die Buy-and-Hold-Strategie. Allerdings sank die Anzahl der kleinen Verluste auf 91 Prozent. Nur bei 2 Prozent der Trades wurden die gesamten 10.000 Dollar investiert, was bedeutet, dass die meisten Aktien während des monatlichen Tests keine großen Kursverluste erlitten. Das Risiko beginnt bei 250 Dollar und steigt um jeweils 250 Dollar, bis es 1.000 Dollar erreicht. Die Anzahl der gewinnbringenden Trades stieg auf 56 Prozent.

Test	Durchschnitt pro Trade	Gewinne	Kleine Verluste
1. Benchmark, 10.000$ investiert	14,92$	52%	74%
7: Average Down: Bei jedem Rückgang um 10% kommen 2.500$ hinzu	16,01$	56%	91%
8: Bei Rückgang von 5% kommen 2.500$ dazu	20,21$	60%	91%
9: Bei Rückgang von 5% kommen 2.500$ hinzu, Haltedauer: 2 Monate	32,08$	64%	77%
10: Bei Rückgang von 5% kommen 2.500$ hinzu, Haltedauer: 3 Monate	140,00$	67%	72%
11: Bei Rückgang von 10 % kommen 2.500 $ hinzu, Haltedauer: 2 Monate	25,81$	60%	80%

Test	Durchschnitt pro Trade	Gewinne	Kleine Verluste
12: Bei Rückgang von 10 % kommen 2.500 $ hinzu, Haltedauer: 3 Monate	100,68 $	64 %	75 %
13: Bei Rückgang von 10 % kommen 2.500 $ hinzu, Haltedauer: 6 Monate	335,71 $	69 %	62 %

Tabelle 2.10 Averaging-Down-Tests.

Beachten Sie, dass dies der erste Test ist, bei dem die Gewinne die Buy-and-Hold-Strategie übertreffen. Die Ergebnisse deuten darauf hin, dass Averaging Down Risiken senkt und die Gewinne erhöht, zumindest in diesem Test. Beachten Sie auch, dass wir nicht jedes Mal, wenn die Aktie fällt, die gesamten 10.000 Dollar hinzufügen. Vielmehr teilt der Test die 10.000 Dollar in gleiche Tranchen von 2.500 Dollar auf und investiert diese.

Tests 8 bis 10

Da Kursrückgänge von 10 Prozent innerhalb eines Monats selten vorkommen, habe ich den vorherigen Test dahingehend geändert, dass bei einem Kursrückgang von 5 Prozent nachgekauft wird (Test 8). Für die Tests 9 und 10 habe ich die Haltedauer auf 2 Monate (Test 9) beziehungsweise 3 Monate (Test 10) verlängert, um der Aktie mehr Zeit zu geben, sich zu erholen (oder weiter zu fallen).

Bei Test 8 stiegen die Gewinne geringfügig auf 20,21 Dollar pro Trade, während die Anzahl der gewinnbringenden Trades auf 60 Prozent stieg.

Die Ergebnisse für die Tests 9 und 10 zeigen, dass die durchschnittlichen Gewinne auf den bisher höchsten Stand gestiegen sind. Auch die Anzahl der gewinnbringenden Trades erreicht Rekordhöhen. Die Anzahl der kleinen Verluste sinkt von 90 auf 77 und 72 Prozent. Das deutet darauf hin, dass größere Verluste ihren Tribut fordern.

Bei Nachkäufen bei jedem Kursrückgang von 5 Prozent und einer Haltedauer von 3 Monaten zeigen die Ergebnisse eine fast 10-fache Steigerung der Gewinne.

Tests 11 bis 13

Die letzten drei Tests ändern den Rückgang auf 10 Prozent, räumen der Aktie jedoch zusätzliche Zeit zur Erholung ein: 2, 3 und 6 Monate für die Tests 11 bis 13. Der durchschnittliche Gewinn pro Trade steigt von 26 Dollar auf 336 Dollar, und auch der Prozentsatz der Gewinne steigt auf 69 Prozent. Die Anzahl der kleinen Verluste sinkt von 80 Prozent auf 62 Prozent.

Wenn man Test 9 mit Test 11 vergleicht (der Unterschied zwischen den beiden liegt im Nachkauf bei 5 oder 10 Prozent Kursrückgang), sinken die Gewinne um 20 Prozent von 32 Dollar auf 26 Dollar.

Der gleiche Trend zeigt sich bei der Haltedauer von 3 Monaten zwischen Nachkäufen bei 5 und 10 Prozent Kursrückgang (Tests 10 und 12). Die Gewinne sinken um 28 Prozent (von 140 Dollar auf 100,68 Dollar).

Zusammenfassung: Scaling-in und Averaging Down

Bei unzähligen Tests kann es schwierig sein, herauszufinden, was am besten ist. Lassen Sie uns zurückblicken. Der Testzeitraum erstreckt sich von Januar 2004 bis Oktober 2008. Behalten Sie das Bild vor Augen, einen langen Hügel hinaufzusteigen und dann von einer Klippe zu springen, denn genau das hat der Markt getan. Da die Trades meist auf monatlicher Basis erfolgten (Ein- und Ausstieg jeden Monat), hätten viele Trades einen Gewinn erzielt, wenn sich alle Aktien wie der S&P 500 verhalten hätten. Das Dutzend Verlustgeschäfte am Ende des Testzeitraums hätte jedoch alle Gewinne aus den vorherigen Geschäften zunichtemachen und zu einem Nettoverlust führen können.

Hier sind also meine Schlussfolgerungen:

- Wenn Sie blind Stopps setzen, werden Sie aus den profitabelsten Geschäften ausgestoppt, wodurch die Performance schlechter wird als beim Kaufen und Halten.

- Der schrittweise Einstieg in einen Trade (Scaling-in) ist in Ordnung, bis die Aktie fällt. Wenn das passiert, gilt: Je höher der Kaufpreis, desto schlechter werden Sie abschneiden. Wenn Sie eine Aktie kaufen, kaufen Sie sie so nahe wie möglich am optimalen Einstiegspreis. Der *optimale Einstieg* ist beispielsweise der Ausbruchspreis, wenn Sie anhand eines Chartmusters handeln. Sie können sich den optimalen Einstieg auch als Ihren niedrigsten Kaufpreis vorstellen.

- Das Setzen des Stopps auf Break-even mag Ihnen ein Gefühl der Sicherheit geben, verhindert aber möglicherweise keine Verluste. Wie Test 5 zeigt, verschlechterte sich die Performance gegenüber den meisten vorherigen Tests. Laut Bandy schnitt dieser Test auf risikobereinigter Basis am schlechtesten ab (von seinen sieben Tests).

- Averaging Down funktioniert, hängt aber von der Haltedauer ab. **Tabelle 2.11** erklärt, was ich meine.

Trading-Stil	Sollten Sie Averaging Down nutzen?
Buy-and-Hold	Ja, aber vorzugsweise nur in einem Bullenmarkt oder nach einer längeren Zeit (z. B. länger als 1,5 Jahre) in einem Bärenmarkt (d. h., versuchen Sie, gegen Ende des Bärenmarkts zu kaufen).
Positionstrader	Ja, vorausgesetzt, Sie können die Aktie lange genug halten, bis sie sich erholt hat. Nur in einem Bullenmarkt und solange die Branche/der Sektor ebenfalls im Aufwärtstrend ist!
Swing-Trader	Keine gute Idee. Wenn Sie eine Trendwende erwartet und zu früh gekauft haben, sollten Sie nur dann nachkaufen, wenn der allgemeine Markt und die Branche/der Sektor im Aufschwung ist. Erhöhen Sie eine Position nur *einmal*. Wenn Sie das Gefühl haben, eine Verlustposition erneut aufstocken zu müssen, verkaufen Sie alles. Sie haben einen Fehler gemacht; handeln Sie wie ein Profi und nehmen Sie den Verlust hin.
Day-Trader	Nein, denn die Aktie könnte den ganzen Tag über weiter fallen, sodass Sie am Ende des Tages einen massiven Verlust hinnehmen müssen, wenn Sie verkaufen müssen. Ihr Kauf wird die Aktie nicht stützen. Ein mir bekannter Day-Trader hat durch Averaging Down die *Hälfte* seines Trading-Kapitals verloren. Tun Sie das nicht.

Tab. 2.11 Averaging Down.

Scaling-out: Ein profitabler Fehler?

Scaling-out bedeutet, einen Teil einer Position zu verkaufen, um Gewinne mitzunehmen. Ein bekannter Day-Trader, den ich kenne, empfiehlt, den ersten Trade des Tages zu verkaufen, sobald er einen Gewinn zeigt. Warum? Weil dies einen positiven Ton für den Tag setzt. Ich halte ihn für verrückt.

Nachdem ich meine Trades überprüft hatte, stellte ich fest, dass Scaling-out für mich nicht funktionierte. Wenn ich das Bedürfnis verspürte, zu verkaufen, war mein Instinkt richtig. Nur einen Teil der Position zu verkaufen bedeutete oft, dass die Aktie weiter fiel und ich den Rest zu niedrigeren Preisen verkaufte.

Mein Szenario unterscheidet sich von dem des Day-Traders. Sein Trade stieg, meiner drohte zu fallen. Meine Frage an ihn lautet: Wenn ein Trade Geld einbringt, warum sollte man ihn dann verkaufen wollen? Nur weil man sich dadurch in einem Job, in dem Emotionen an zweiter Stelle stehen sollten, gut *fühlt*, ist das *kein* guter Grund, einen Gewinner zu verkaufen. Gewinner zu verkaufen und Verlierer zu halten ist genau das Gegenteil von dem, was Trader tun sollten.

Lassen Sie uns Tests durchführen, um zu sehen, was die Zahlen über das Scaling-out aus Positionen aussagen. Das Folgende basiert auf einem weiteren Artikel von Howard Bandy (September 2009).

Wie beim Scaling-in-Ansatz habe ich 571 Aktien von Januar 2004 bis November 2008 verwendet, jede Aktie zu Beginn des Monats gekauft und sie entweder bis zum Ende des Monats oder bis zum Verkauf durch Scaling-out oder das Auslösen des Stopps gehalten. Aktien mit Kursen unter 2 Dollar wurden ausgeschlossen, da Aktien mit niedrigem Kurs zu erratischen Bewegungen neigen und schon geringfügige Kursänderungen große prozentuale Veränderungen bedeuten. Es wurden keine Anpassungen für Provisionen, Gebühren, Steuern, Slippage und so weiter vorgenommen.

Tabelle 2.12 zeigt die Tests und die Ergebnisse.

Test 1

Der erste Test dient als Benchmark, das Buy-and-Hold-Szenario. Der Durchschnitt pro Trade sollte dem Scaling-in-Test entsprechen, da der Test am ersten Handelstag des Monats kauft und am letzten Handelstag des Monats verkauft. Dieser Test eliminiert jedoch Aktien, die unter 2 Dollar pro Aktie gehandelt werden, wodurch sich der Gewinn von 14,92 Dollar aus Tabelle 2.9 verringert.

In 52 Prozent der Fälle gab es Gewinne, in 74 Prozent der Fälle kleine Verluste (unter 10 Prozent).

Test 2

Für alle Scaling-out-Tests habe ich anstelle der Average True Range oder der Standardabweichung einen 21-Tage-Durchschnitt der täglichen Handelsspanne (Differenz zwischen Tageshoch und -tief) verwendet, um den Scale-out-Preis zu bestimmen. Zu Beginn jedes Monats, wenn der Test eine Aktie kaufte, berechnete ich den Scale-out-Preis. Dieser ergibt sich aus der Differenz zwischen dem Tageshöchst- und dem Tagestiefstkurs, beginnend mit dem Tag des Einstiegs und rückwärts gerechnet über 20 Handelstage (insgesamt 21 Tage). Ich habe den Durchschnitt der 21 Zahlen genommen, ihn mit 2 multipliziert und zum Schlusskurs addiert. Das Ergebnis ist der Preis, zu dem ich Aktien im Wert von 5.000 Dollar verkaufen würde.

Test	Durchschnitt pro Trade	Gewinne	Kleine Verluste
1. Benchmark, 10.000$ investiert	14,92$	52%	74%
2: Scale-out 5.000$	91,13$	72%	73%
3: Scale-out 5.000$, dann Setzen eines Trailing-Stops auf Einstand	76,77$	70%	78%
4: 2 x Scale-out, 5.000$	69,46$	72%	72%

Tab. 2.12 Scaling-out-Test.

Warum habe ich Hoch und Tief (High-Low, HL) anstelle der Average True Range (ATR) oder der Standardabweichung verwendet? Meine Tests zur Stopp-Platzierung haben gezeigt, dass die HL-Methode einen Stopp-Preis festlegt, der meinem Wunschpreis am nächsten kommt, während ATR und Standardabweichung an zweiter beziehungsweise dritter Stelle liegen. Wenn die Average True Range oder die Standardabweichung praktischer sind als die Berechnung der High-Low-Spanne, dann verwenden Sie die entsprechende Methode.

Der Verkauf der Hälfte der ursprünglichen Position führte zu Gewinnen, die zehnmal so hoch waren wie die Buy-and-Hold-Benchmark: 91,13 Dollar gegenüber 9,09 Dollar. Gewinn-Trades kamen in 72 Prozent der Fälle vor, und kleine Verluste blieben mit 73 Prozent zahlreich.

Durch Scaling-out erzielen Sie mehr Gewinn als durch Buy-and-Hold.

Test 3

Ich habe die gleiche Methode wie in Test 2 verwendet, um den Scale-out-Preis festzulegen. Nach dem teilweisen Verkauf der Position setzte ich jedoch für die verbleibenden Aktien eine Stop-Loss-Order auf Einstand (Break-even), die anschließend in einem Abstand von 10 Prozent unter dem jeweils höchsten Hoch nachgezogen wurde. Wenn der Tagestiefpreis den Stopp erreichte oder die Aktie mit einer Kurslücke nach unten eröffnete, wurde die Position zum Stopp-Preis oder zum Eröffnungspreis verkauft, je nachdem, welcher niedriger war.

Beachten Sie, dass der durchschnittliche Gewinn pro Trade von 91,13 Dollar auf 76,66 Dollar gesunken ist, nur weil ein Break-even-Stop hinzugefügt wurde! Die Gewinn-Trades sanken auf 70 Prozent (was schlecht ist), und die kleinen Verluste stiegen auf 78 Prozent (was gut ist).

Bandy kam in seinen Tests zu dem gleichen Ergebnis. Er schrieb: „Die Festlegung des Stop-Loss auf den Break-even-Kurs reduziert den Gewinn drastisch." Er verwendete die Standardabweichung, um seinen Stop-Loss-Preis für 72 der am aktivsten gehandelten Aktien und ETFs festzulegen.

Test 4

Der letzte Test zeigt, was passiert, wenn Sie zu einem Gewinnziel verkaufen. Der Test legt einen Scale-out-Preis sowohl beim ersten Kauf als auch beim ersten Teilverkauf fest. Der erste Scale-out umfasst Aktien im Wert von 5.000 Dollar, und beim zweiten werden die restlichen Anteile verkauft. Wenn keiner der Scale-out-Trades stattfindet, wird die Position auf normale Weise verkauft – am letzten Handelstag des Monats.

Die Gewinne sinken auf 69,46 Dollar, wobei 72 Prozent der Trades Gewinne erzielen und 72 Prozent von ihnen Verluste von weniger als 10 Prozent aufweisen.

Ein Gewinnrückgang macht Sinn, da der Trade zu einem Zielpreis (dem zweiten Scale-out-Preis) beendet wird, anstatt auf das Monatsende zu warten, wenn er höher (oder niedriger) sein könnte. Im Wesentlichen reduziert diese Methode die Gewinne (durch das Scaling-out) und lässt Verluste laufen (wenn sie nicht hoch genug sind, um einen Scale-out durchzuführen). Das ist genau das Gegenteil davon, wie ein Trade verlaufen sollte.

Weitere Tests

Die folgenden Tests unterteilen die Trades in zwei Kategorien, je nachdem, ob die Aktie am Monatsende höher oder niedriger geschlossen hat. Der Trade hätte Mitte des Monats vollständig beendet werden können, aber das spielte für diese Kategorie keine Rolle.

Tabelle 2.13 zeigt die Tests, die mit den vorherigen identisch sind. Für die Buy-and-Hold-Benchmark lag der Durchschnitt, wenn der Kurs am Monatsende höher als zu Monatsbeginn schloss, bei 694 Dollar. Wenn die Aktie niedriger schloss, wiesen die Trades einen durchschnittlichen Verlust von 766 Dollar auf.

Die Tests 2 bis 4 zeigen, dass Scaling-out die Gewinne verringert. Das ist nachvollziehbar, da mit steigendem Kurs weniger Aktien gehalten werden und somit weniger Gewinne erzielt werden.

Test 2 beginnt mit dem Scale-out, sofern die Aktie so stark steigt, dass ein Teilverkauf (im Wert von 5.000 Dollar) ausgelöst wird. In einem rückläufigen Markt verringert das Mitnehmen von Teilgewinnen die Verluste, beseitigt sie jedoch nicht.

Test 3 legt einen Break-even-Stop fest, der nach dem ersten Scaling-out-Trade unterhalb des Hochs nachgezogen wird. Diese Methode reduziert die Gewinne aus dem vorherigen Test, begrenzt aber auch die Verluste.

Test 4 erlaubt zwei Scaling-out-Trades, wobei beim ersten Teilverkauf Aktien für 5.000 Dollar verkauft werden und beim zweiten der Rest. Der Test zeigte etwas bessere Ergebnisse bei Aufwärtstrends (411 Dollar), aber auch größere Verluste (510 Dollar).

Test	Aufwärtstrends	Abwärtstrends	Veränderung gegenüber Benchmark
1. Benchmark, 10.000$ investiert	694$	(766$)	Keine
2: Scale-out 5.000$	452$	(521$)	-35%, -32%
3: Scale-out 5.000$, dann 10%-Trailing-Stop auf Break-even setzen	405$	(470$)	-42%, -39%
4: 2 x Scale-out, jeweils 5.000$	411$	(510$)	-41%, -33%

Tab. 2.13 Scaling-out-Tests.

Sehen Sie sich die Spalte „Veränderung gegenüber Benchmark“ (ganz rechts) an. Diese misst den Rückgang der Gewinne und Verluste. Test 2 zeigt beispielsweise einen Rückgang der Gewinne um 35 Prozent gegenüber Buy-and-Hold, aber das Risiko (der Verlust) sinkt nur um 32 Prozent. In jedem Test schrumpfen die Gewinne stärker als das Risiko. In einem perfekten System sollte das Risiko schneller sinken als die Gewinne.

Zusammenfassung: Scaling-out

Die in Tabelle 2.13 dargestellten Ergebnisse sind intuitiv nachvollziehbar. Wenn ein Trade zu einem Gewinn führt, ist es klug, die gesamte

Position zu halten – also *nicht* schrittweise zu verkaufen. Wenn ein Trade letztendlich zu einem Verlust führt, verkaufen Sie die gesamte Position sofort. Auch hier gilt: *kein* Scaling-out. Selbst Teilverkäufe mit Gewinn und ein anschließend auf Einstand gesetzter Stopp eliminieren die Verluste nicht, sondern reduzieren nur die Gewinne. Obwohl ich dieses Szenario nicht getestet habe, schreibt Bandy: „Das Setzen eines maximalen Stop-Loss unmittelbar beim Einstieg in den Trade reduziert die Profitabilität des Systems erheblich."

Wenn Sie Scaling-out zur Risikoreduzierung einsetzen, sollten Sie sich bewusst sein, dass die Gewinne stärker leiden, als das Risiko sinkt.

- Steigen die Kurse, lässt Scaling-out Geld auf dem Tisch liegen. Fallen die Kurse, führt Scaling-out zu einem größeren Verlust als der Verkauf der gesamten Position auf einmal.

Dollar-Cost-Averaging: Gut oder schlecht?

Oma Moses stirbt und hinterlässt Ihnen 12.000 Dollar. Geben Sie alles auf einmal für Aktien aus oder verteilen Sie den Einstieg über ein Jahr? Wenn Sie die Investition über ein Jahr verteilen, kaufen Sie mehr Aktien, wenn der Aktienkurs fällt, und weniger Aktien, wenn der Kurs steigt. Diese Methode wird als Dollar-Cost-Averaging (DCA) oder Durchschnittskostenmethode bezeichnet und gibt es schon seit langer Zeit. Aber ist sie auch die klügste Vorgehensweise?

Ich habe meinen Computer so programmiert, dass er den S&P 500 Index vom 3. Januar 1950 bis zum 18. Mai 2010 verwendet. Am ersten Handelstag jedes Monats (der 1. Februar 1950 wäre das erste Kaufdatum) wurden im Rahmen des Tests zum Schlusskurs dieses Tages Aktien gekauft und ein Jahr lang gehalten (Verkauf am letzten Handelstag des 12-Monats-Zeitraums – 31. Januar 1951), wobei 12.000 Dollar investiert wurden. Bei einem anderen Test wurden im Februar nur 1.000 Dollar ausgegeben, aber jeden Monat wurden weitere 1.000 Dollar hinzugefügt, bis Anfang Januar der letzte Dollar ausgegeben war. Ende Januar wurden alle Aktien zum Schlusskurs verkauft.

Ich wiederholte den Test dann mit dem nächsten Jahreszeitraum, März 1950 bis Februar 1951, in einer Reihe von sich überschneidenden 12-Monats-Zeiträumen, bis mir die Daten ausgingen. Ich stellte fest, dass, wenn man die Werte aus jedem Jahresintervall addiert, die Gruppe *„Investieren Sie alles jetzt“* 705.147 Dollar erzielt hätte. Bei einer Investition von 1.000 Dollar pro Monat wären es 371.445 Dollar gewesen. Die Gruppe „Investieren Sie alles jetzt“ hätte in 500 Fällen (70 Prozent der Zeit) die Durchschnittskostenmethode geschlagen, und die DCA hätte 212-mal gewonnen.

Mit anderen Worten: Investieren Sie das Geld als Einmalbetrag. Investieren Sie nicht nach der Durchschnittskostenmethode, es sei denn, Sie haben keine andere Wahl. Damit meine ich, dass es sinnvoll ist, wenn Sie einen Teil jedes Gehaltsschecks für ein Altersvorsorge-Konto beiseitelegen.

- Dollar-Cost-Averaging schneidet schlechter ab.

Hebelwirkung (Leverage) nutzen: Eine teure Lektion!

Leverage gibt Ihnen die Möglichkeit, Geld von Ihrem Broker zu leihen und es auf dem Markt zu investieren, wodurch Sie schneller pleitegehen können. Wenn Sie denken, ich mache Witze, lassen Sie mich Ihnen die wahre Geschichte einer Traderin erzählen, die ich Nancy nennen werde.

Anfangs hörte sie auf Freunde und verließ sich auf Börsenmagazine, aber nur 40 Prozent ihrer Trades waren profitabel, und mehrere Unternehmen, an denen sie beteiligt war, gingen in Konkurs. Dann begann sie, eigene Recherchen anzustellen, und die Ergebnisse verbesserten sich.

Zwei Jahre nach ihrem Einstieg in den Markt fiel der Index innerhalb von etwas mehr als einem Jahr um 56 Prozent, wodurch mehrere weitere Unternehmen in ihrem Portfolio in Konkurs gingen. Sie dachte nie daran, Gewinne mitzunehmen oder Verluste zu begrenzen.

Nachdem sie bei einer Investition hohe Verluste erlitten hatte, hörte sie für neun Jahre mit dem Traden auf. Als sie wieder einstieg, wechselte sie von der Fundamentalanalyse zur Technischen Analyse und nutzte Pivot-Punkte sowie Unterstützungs- und Widerstandsniveaus. Sie hatte nun mehr Glück. Bei 50 Trades verlor sie nur acht Mal (84 Prozent Gewinn-/Verlustquote) und erzielte einen durchschnittlichen Gewinn von 60 Prozent pro Trade.

Sie nahm an von ihrem Broker gesponserten Devisenwettbewerben teil, erreichte dort die Top 5 und schaffte es dann auf Platz 1. Ihr Selbstvertrauen wuchs, und da der Markt einen Aufwärtstrend verzeichnete, verdiente sie in nur fünf Wochen das 2,3-Fache ihres Einsatzes.

Dann wechselte sie zum Devisenmarkt, wo eine Hebelwirkung von 100 zu 1 möglich ist – eine verlockende Zahl. Mit einem Kontrakt im Wert von 1.000 Dollar konnte sie Devisen im Wert von 100.000 Dollar kontrollieren.

Wenn minderjährige Kinder im Raum sind, schicken Sie sie besser hinaus, denn jetzt wird die Geschichte gruselig.

Bis zu diesem Zeitpunkt hatte sie höchstens etwas mehr als 5.000 Dollar für einen einzelnen Trade ausgegeben, und ihr größter Verlust belief sich auf nur 2.700 Dollar. Sie ging eine Long-Position von 13 Kontrakten auf das Britische Pfund und den US-Dollar (GBP/USD) ein, was 13.000 Dollar kostete und fast das Dreifache ihres bisher größten Trades war. 13 Kontrakte kontrollierten Währungen im Wert von 1,3 Millionen Dollar.

Am Ende des ersten Tages hatte sie einen Buchgewinn von 6.600 Dollar. Am nächsten Tag fiel das Währungspaar, aber sie wusste, dass es sich wieder erholen würde, weil ihre Indikatoren dies sagten, gestützt durch vielversprechende Lohn- und Gehaltsdaten. Bei Börsenschluss hatte sie fast 19.000 Dollar verloren.

Am nächsten Tag fiel das Währungspaar erneut, was zu einem potenziellen Verlust von 26.000 Dollar führte – doppelt so viel wie ihre ursprüngliche Investition. Als sie das Handtuch warf, hatte sie in nur vier Tagen 28.600 Dollar verloren, *mehr als das 10-Fache* ihres zweitgrößten Verlusts.

Mit einem einzigen Trade hatte sie fast ihr gesamtes Kontoguthaben ausgelöscht. Hätte sie die Position nur knapp zwei Monate länger gehalten, hätte ihr 13.000-Dollar-Trade einen massiven Verlust von 110.000 Dollar bedeutet.

Aber das war noch nicht das Ende ihrer Probleme. Was folgte, waren Ungläubigkeit über den Verlust, Wut darüber, dass sie eine solche Katastrophe zugelassen hatte, und schwere Depressionen. Wie sollte sie sich davon erholen? Wie fängt man neu an, wenn fast nichts mehr übrig ist?

Herzlich willkommen beim missbräuchlichen Einsatz von Leverage. Fragen Sie jeden Trader, der sein Konto gesprengt hat, ob Leverage im Spiel war.

Hier ist ein weiterer Bericht von einem Trader, den ich Fred nennen werde. Er schreibt: „Ich habe ausschließlich mit Optionen gehandelt. Seit ich mit dem Investieren und Traden begonnen habe, habe ich 99 Prozent meines Geldes verloren und habe nur noch 200 Dollar übrig. Ich habe 2005 angefangen und mich bis zum letzten Jahr (2009) auf Dutzende von Newslettern verlassen, die ich nacheinander ausprobiert habe – alle haben mich Geld gekostet. Einige davon waren allein schon durch die Abonnementgebühren extrem teuer, ganz zu schweigen von den Kosten für teure Software."

Optionen sind Hebelinstrumente, da sie Aktien kontrollieren, deren Wert um ein Vielfaches über den Kosten der Option liegt.

Optionen sind großartig, wenn man die Richtung, das Ausmaß einer Bewegung und den Zeitpunkt, zu dem die Bewegung stattfindet, richtig einschätzt. Das ist selbst für erfahrene Profis schwierig. Wenn man bei einer dieser drei Komponenten falschliegt und die Option wertlos verfällt, verliert man seine gesamte Investition. Selbst der Verkauf einer Position vor Ablauf kann kostspielig sein, aber oft ist es die klügste Entscheidung.

Ich erinnere mich an einen Options-Trader, über den ich gelesen habe und der nur bei etwa einem Drittel seiner Trades richtigliegt – aber dennoch Geld verdient. Fred gewinnt in 42 bis 43 Prozent der Fälle. Eine andere Optionshändlerin, die ich befragt habe, sagte, sie liege in 46 Prozent der Fälle richtig. Von den drei Tradern verdient nur einer Geld.

- Vermeiden Sie den Einsatz von Hebeln, es sei denn, Sie sind ein erfahrener Trader.

Checkliste: Richtlinien für den Einsatz von Leverage

Wenn Sie die Geschichten über massive Verluste nicht davon überzeugt haben, auf Hebel zu verzichten, lassen Sie uns über Richtlinien sprechen. Wenn Sie seit weniger als fünf Jahren an den Märkten handeln, sollten Sie den Einsatz von Leverage vergessen. Sie sind noch zu unerfahren für ein so riskantes Unterfangen.

Schauen Sie sich Ihre Trading-Ergebnisse an. Zählen Sie die Anzahl der Trades, die in den letzten drei Jahren Verluste von 25 Prozent oder mehr verursacht haben. Ich verstehe, dass manchmal große Verluste auftreten, Verluste, die unvermeidbar sind, aber die Hebelwirkung macht sie nur noch schlimmer. Zählen Sie mehr als drei solcher Trades (einen pro Jahr), sind das zu viele.

Wenn im letzten Jahr mehr als drei aufgetreten sind, dann haben Sie entweder sehr großes Pech oder wissen nicht, wie man Stopps setzt. Wenn Sie Hebel einsetzen wollen, müssen Sie Stopps setzen, um Verluste zu begrenzen. Nancy setzte einen Stop-Loss ein, der einen Ausstieg erzwang, und dennoch verlor sie ihr gesamtes Kapital.

Sehen Sie sich die Höhe der Verluste an, die Sie im letzten Jahr bei *jedem einzelnen* Trade erlitten haben, und multiplizieren Sie jeden einzelnen mit dem Hebel, den Sie einsetzen wollen. Wenn Sie nur einen Hebel von 10 zu 1 einsetzen wollen, multiplizieren Sie jeden Verlust mit 10. Addieren Sie die Verluste und sehen Sie sich an, wie sie sich auf Ihr Konto auswirken würden.

Wenn Sie all dies nicht davon überzeugt hat, den Einsatz von Hebeln zu begrenzen, dann senden Sie mir eine E-Mail mit Ihrer Geschichte, sobald Sie Ihr Konto gesprengt haben. Ihre Anekdote wird anderen als warnendes Beispiel dienen.

Viele der Horrorgeschichten in „Swing- und Day-Trading" beschreiben Trader, die ihre Konten mit Optionen oder Optionsscheinen leergeräumt haben. Versuchen Sie, einen anderen Weg einzuschlagen, und verzichten Sie auf Leverage.

☐ Nutzen Sie keine Hebel, wenn Sie weniger als fünf Jahre Trading-Erfahrung haben.

☐ Vermeiden Sie den Einsatz von Leverage, wenn Sie in den letzten drei Jahren mehr als drei Verluste von 25 Prozent oder mehr erlitten haben.

☐ Multiplizieren Sie Ihre historischen Verluste mit dem Hebel, den Sie einsetzen möchten, um zu sehen, wie sich die Verluste auf Ihr Konto auswirken würden.

Kapitel-Checkliste

In diesem Kapitel haben wir gelernt, dass Money-Management ein komplexes Thema ist. Ich habe erläutert: mit wie viel Geld Sie traden sollten, die Positionsgröße, den Portfolio-Aufbau, die Haltedauer, das schrittweise Ein- und Aussteigen aus Positionen, den Nachkauf bei steigenden und fallenden Kursen, das Dollar-Cost-Averaging sowie den Einsatz von Leverage – alles Faktoren, die beim Trading an den Märkten Ihre Geldbörse belasten.

Basierend auf den Erkenntnissen aus diesem Kapitel finden Sie hier einige Tipps, die Sie beachten sollten.

- ☐ In der Einleitung werden die Begriffe „Buy-and-Hold", „Investor", „Positionstrader", „Swing-Trader" und „Day-Trader" definiert.

- ☐ Wie viel Geld benötigen Sie für das Trading oder Investieren? Antwort: 2.000 bis 50.000 US-Dollar. Siehe Abschnitt „Trading: Wie viel Geld, Schatz?".

- ☐ Definitionen zu Ordertypen finden Sie unter „Ordertypen: Lesen Sie das Kleingedruckte!".

- ☐ Lesen Sie das Kleingedruckte dazu, wie Ihr Broker mit den verschiedenen Ordertypen umgeht. Siehe „Ordertypen: Lesen Sie das Kleingedruckte!".

- ☐ Passen Sie den Betrag, den Sie für jeden Trade ausgeben, an die Marktbedingungen an. Siehe Tabelle 2.1.

- ☐ Nachdem ein Bärenmarkt begonnen hat, halbieren Sie den Betrag, den Sie für neue Positionen ausgeben, bei jedem Rückgang des S&P 500 Index um 10 Prozentpunkte, gemessen vom Höchststand des Bullenmarkts. Siehe Tabelle 2.2.

- ☐ Passen Sie den Betrag, den Sie für jeden Trade ausgeben, an die Marktbedingungen an, passen Sie den Betrag an die Volatilität der Aktie und des Marktes an und verwenden Sie einen Volatilitätsstopp, um Verluste zu begrenzen. Siehe „Positionsgröße nach Marktbedingungen bestimmen: Bulle oder Bär?"

☐ Die Formel zur Positionsgröße berücksichtigt die Volatilität des Marktes und der Aktien sowie die Marktbedingungen (Bullen- oder Bärenmarkt). Siehe „Positionsgröße nach Marktbedingungen bestimmen: Bulle oder Bär?".

☐ Halten Sie so viele Positionen, wie Sie bequem verwalten können, und achten Sie dabei auf Diversifizierung. Siehe „Wie viele Aktien sollte man halten?".

☐ Die Anzahl der Positionen in einem Portfolio kann je nach Trading-Stil variieren. Siehe Tabelle 2.3.

☐ Beginnen Sie mit einem Kernportfolio aus Aktien und fügen Sie je nach gewähltem Trading-Stil weitere Aktien hinzu. Siehe „Ein besserer Weg? Portfoliozusammensetzung".

☐ Wie lange sollten Sie eine Position halten, um einen Gewinn zu garantieren? Siehe Tabelle 2.4.

☐ Meine beste Haltedauer liegt zwischen drei und vier Jahren, aber Ihre kann davon abweichen. Siehe „Haltedauer: Meine Trades".

☐ Bestimmen Sie anhand der Aktien- und Markttrends, wann Sie kaufen, verkaufen oder halten sollten. Siehe Tabelle 2.5.

☐ Handeln Sie immer mit dem Trend. Der allgemeine Markt, die Branche und die Aktie sollten alle denselben Trend aufweisen. Siehe „Aktien im Abwärtstrend".

- ☐ Das Traden mit einer konstanten Positionsgröße kann katastrophale Folgen haben. Siehe Tabelle 2.6.

- ☐ Das Trading mit festen Dollarbeträgen verbessert die Ergebnisse, jedoch nicht wesentlich. Siehe Tabelle 2.7.

- ☐ Eine volatilitätsbasierte Positionsgröße liefert die besten Ergebnisse – bei steigenden Aktienkursen. Siehe Tabelle 2.8.

- ☐ Die Verwendung eines Trailing-Stops schmälert den Gewinn, begrenzt aber die Verluste. Siehe „Testen des schrittweisen Einstiegs (Scaling-in)“, Test 2.

- ☐ Das Anheben eines Stopps auf Einstand ist keine Garantie für Profitabilität. Siehe Test 5.

- ☐ Scaling-in funktioniert nur, wenn die Aktie weiter steigt. Siehe Test 6.

- ☐ Der Erfolg von Averaging Down hängt von der Haltedauer ab. Siehe Tabellen 2.8 und 2.10.

- ☐ Schlussfolgerungen zum Scaling-in und Averaging Down finden Sie unter „Zusammenfassung: Scaling-in und Averaging Down“.

- ☐ Tipps zum Averaging Down entsprechend dem Trading-Stil finden Sie in Tabelle 2.11.

- ☐ Tabelle 2.12 zeigt die Ergebnisse beim Scaling-out.

- ☐ Steigen die Kurse, lässt Scaling-out Geld auf dem Tisch liegen. Fallen die Kurse, führt Scaling-out zu einem größeren Verlust als der Verkauf der gesamten Position auf einmal. Siehe „Zusammenfassung: Scaling-out".

- ☐ Investieren Sie einen Pauschalbetrag auf einmal. Dollar-Cost-Averaging schneidet schlechter ab. Siehe „Dollar-Cost-Averaging: Gut oder schlecht?".

- ☐ Vermeiden Sie den Einsatz von Hebeln, es sei denn, Sie sind ein erfahrener Trader. Siehe „Hebelwirkung (Leverage) nutzen: Eine teure Lektion!" und „Checkliste: Richtlinien für den Einsatz von Leverage".

- ☐ Eine Checkliste für den Einsatz von Hebeln finden Sie unter „Checkliste: Richtlinien für den Einsatz von Leverage".

3

FUNKTIONIEREN STOPPS?

Im letzten Kapitel haben wir das Scaling-in und -out mit Stopps getestet und einige vorläufige Schlussfolgerungen darüber gezogen. In diesem Kapitel schauen wir uns Stopps genauer an und folgen dabei weiterhin dem Geld.

Was ist wichtiger: Geld zu verdienen oder Verluste zu begrenzen? Wenn Sie mit „beides" antworten und denken, dass dies eine Fangfrage ist, könnten Sie recht haben. Beides ist wichtig. Wenn Sie kein Geld verdienen, was bringt es dann, zu investieren oder an den Märkten zu handeln? Wenn die Verluste unbegrenzt wachsen, könnte Ihr Portfolio ernsthaft Schaden nehmen. Hier ist der Grund dafür.

Stellen Sie sich vor, Sie haben ein Portfolio im Wert von 100.000 Dollar und geben alles für den Kauf von AToothpick.com aus, weil Sie von Ihrem besten Freund gehört haben, der mit dem Hausmeister gesprochen hat, der nicht mehr dort arbeitet, dass das Unternehmen ein neues Produkt auf den Markt bringt. Die Aktie steigt aufgrund des Gerüchts, und der Wert Ihres Portfolios schießt auf 150.000 Dollar in die Höhe. Auf dem Papier haben Sie 50 Prozent Gewinn gemacht!

Ein paar Monate später kommt die Nachricht, dass das neue Produkt ein flacher Metallzahnstocher ist, der nicht nur in der Verpackung, sondern auch im Mund rostet, und die Verkaufszahlen sind, nun ja, flach. Die Aktie fällt um 50 Prozent. Das ist der gleiche Rückgang (50 Prozent) wie der Anstieg, aber Ihr Portfolio ist jetzt nur noch 75.000 Dollar wert. Ein Portfolio, das um 50 Prozent fällt, benötigt einen Anstieg von 100 Prozent, um wieder die Gewinnschwelle zu erreichen. Basierend auf dieser Analyse ist die Kontrolle von Verlusten wichtiger als das Erzielen von Gewinnen.

Tabelle 3.1 zeigt die Zahlen. Wenn Sie einen Verlust von 20 Prozent erleiden, benötigen Sie einen Gewinn von 25 Prozent, um wieder auf den Ausgangswert zu kommen. Wenn Sie die Aktie aus den Augen verlieren und einen herzinfarktverdächtigen Verlust von 75 Prozent erleiden, müssen Sie einen Gewinn von 300 Prozent erzielen – und das nur, um wieder die Gewinnschwelle zu erreichen! Mit anderen Worten: Je geringer Sie Ihre Verluste halten können, desto besser für Sie.

Verlust	Erforderlicher Gewinn
-5%	5%
-10%	11%
-15%	18%
-20%	25%
-25%	33%
-30%	43%
-40%	67%
-50%	100%
-60%	150%
-75%	300%

Tab. 3.1 Erforderlicher prozentualer Gewinn, um einen Verlust auszugleichen.

Es gibt mehrere Möglichkeiten, Verluste zu begrenzen. Eine davon ist, nicht zu traden oder zu investieren. Wenn Sie Ihr Geld in bar halten, wird Ihr Vermögen nicht wesentlich wachsen, und die Inflation könnte ihren Tribut fordern. Das ist keine gute Option, oder?

Eine andere Möglichkeit ist die Verwendung von Stop-Loss-Orders. Wenn Sie ein Trader sind, können Stopps Ihnen die mentale Qual nehmen, den Abzug zu betätigen (zu kaufen oder zu verkaufen). Leider haben Stopps die unangenehme Eigenschaft, Sie aus großen Gewinnern herauszunehmen, kurz bevor diese nach oben explodieren.

- Wenn Sie Verluste begrenzen, kümmern sich die Gewinne um sich selbst.

Was ist ein Haltezeit-Verlust?

Vor dem Kauf einer Aktie sollten Trader und Investoren sich fragen: „Wo setze ich meinen Stopp?" Das ist eine einfache Frage mit einer komplexen Antwort. „Verwenden Sie einen Volatilitätsstopp", lautet meine übliche Antwort, und ich werde gleich auf die verschiedenen Arten von Stopps eingehen.

Hier ist eine weitere Möglichkeit, die Frage zu beantworten. Untersuchungen zeigen, dass die Verwendung eines Stopps die Gewinne schmälert. Das Problem ist, dass Stopps Sie zu früh aus gewinnbringenden Trades herausnehmen (wie wir im letzten Kapitel gesehen haben). Daher müssen Sie wissen, wie weit unter dem Kaufpreis Sie einen Stopp setzen müssen, um in gewinnbringenden Trades zu bleiben.

Ich habe mir alle meine *gewinnbringenden* Trades (mit Ausnahme von Day-Trades) angesehen. Für die Zeit, in der ich die Aktie gehalten habe, habe ich für jeden Trade den maximalen Rückgang unter den *Kaufpreis* berechnet. Dies ist nicht der Drawdown, also der größte Kursrückgang vom Höchststand zum Tiefststand, sondern der größte potenzielle Verlust während der Laufzeit des Trades. Ich nenne dies den *Haltezeit-Verlust*. **Tabelle 3.2** zeigt eine Häufigkeitsverteilung des Haltezeit-Verlusts.

Von den Trades, die weniger als einen Monat dauerten, hatten beispielsweise 57 Prozent potenzielle Verluste von 5 Prozent oder weniger und 87 Prozent (57 Prozent + 30 Prozent) einen Rückgang von 10 Prozent oder weniger. Das ist nachvollziehbar, da Aktien in kurzen Zeiträumen oft nicht sehr stark fallen.

Verlust	31 Tage	32 Tage bis 1 Jahr*	Max.
-5%	57%	16%	41%
-10%	30%	22%	25%
-15%	7%	11%	7%
-20%	5%	11%	6%
-25%	1%	11%	4%

*wenige Beispiele

Tab. 3.2 Haltezeit-Verlust-Häufigkeitsverteilung für gewinnbringende Trades.

Wenn man die Haltedauer außer Acht lässt, zeigt die rechte Spalte der Tabelle, dass 41 Prozent aller gewinnbringenden Trades potenzielle Verluste von durchschnittlich 5 Prozent oder weniger aufwiesen und 83 Prozent (die Summe der Spalte „Max.") Verluste von 25 Prozent oder weniger verzeichneten.

Der durchschnittliche Haltezeit-Verlust während der Haltedauer für alle Trades beträgt 15 Prozent, der Median liegt bei 7 Prozent. Mit anderen Worten: Die Hälfte der Aktien fiel irgendwann vor dem Verkauf mit Gewinn um 7 Prozent unter den Kaufpreis. Ein Stopp, der näher als 7 Prozent unter dem Kaufpreis gesetzt wird, erhöht also das Risiko, ausgestoppt zu werden.

Das ist eine gefährliche Verallgemeinerung, da es tatsächlich von der Volatilität der Aktie abhängt. Wenn Sie jedoch keine anderen Anhaltspunkte haben, könnte ein anfänglicher Stopp von 7 oder sogar 15 Prozent unter dem Kaufpreis es dem Trade ermöglichen, zu schwanken. So werden Sie nicht aus einem gewinnbringenden Trade herausgenommen, dennoch wird ein gewisses Maß an Risikokontrolle geboten.

Ein Stopp, der 10 Prozent unter dem Kaufpreis platziert wird, würde mich bei 66 Prozent (41 Prozent + 25 Prozent) der gewinnbringenden Trades schützen. Wenn ich den Stopp bei 10 Prozent setze, würden sich alle Verlusttrades auf etwa 10 Prozent beschränken (es gäbe Ausnahmen für Aktien, die mit einem Gap tiefer eröffnen). Somit würde ein Stopp bei 10 Prozent unter dem Kaufpreis die Verluste begrenzen und mich dennoch in den meisten meiner gewinnbringenden Trades halten.

Sie sollten die gleiche Art von Analyse für Ihre Trades durchführen. Sie können auch einen Profitabilitätstest hinzufügen, der zeigt, wie wichtig diese größeren Haltezeit-Verluste für die Profitabilität sind. Mit anderen Worten: Wenn ich einen Stopp von 10 Prozent verwenden würde, würden 34 Prozent meiner gewinnbringenden Trades ausgestoppt werden. Wie viel Geld steckt in diesen 34 Prozent? Wenn die größten Gewinne aus diesen Trades stammen, sollte ich den Stopp weiter fassen, um mehr von ihnen zum Erfolg kommen zu lassen.

- Der Haltezeit-Verlust kann Ihnen dabei helfen, zu bestimmen, zu welchem Preis Sie einen ersten Stopp setzen sollten.

Lassen Sie uns die verschiedenen Arten von Stopps besprechen.

Mentaler Stopp: Nur für Profis!

Ein mentaler Stopp ist ein Stopp, den Sie im Kopf behalten, anstatt ihn bei einem Broker zu platzieren. Erfahrene Day-Trader, die sich jeweils auf eine offene Position konzentrieren, verwenden häufig mentale Stopps. Sie haben möglicherweise keine Zeit, eine Stop-Loss-Order zu platzieren, also beobachten sie einfach die Aktie. Wenn es Zeit zum Verkaufen ist, tun sie dies, und genau das ist das Problem.

Die Katastrophe beginnt, wenn Trader oder Investoren versuchen, die Profis nachzuahmen. Beispiel: Mary besitzt MBI-Corp-Aktien zu einem

Kurs von 100 Dollar pro Aktie und hat einen mentalen Stopp bei 90 Dollar. Die Aktie tendiert nach oben und erreicht 103 Dollar, sodass sie sich selbst auf die Schulter klopft, weil sie einen Buchgewinn erzielt hat. Sie weiß, dass die Aktie nicht auf 90 Dollar fallen wird, aber wenn doch, wird sie verkaufen. „Sie haben gerade ein neues Produkt angekündigt."

Sie zählt ihre Buchgewinne und träumt von einem Urlaub auf Tahiti. „Stell dir vor, eine Woche am Strand zu verbringen, mit gut aussehenden Kellnern, die dir große, kühle Drinks mit kleinen Schirmchen servieren. Lecker!"

Am nächsten Tag sieht sie den Kurs der Aktie und stellt fest, dass er auf 87 Dollar gefallen ist, ein Minus von 14 Prozent gegenüber dem vorherigen Schlusskurs. Ihr Mund steht offen. Sie sucht im Internet nach Nachrichten und erfährt von einer vorgezogenen Gewinnwarnung, wonach die Umsätze im letzten Quartal schwächer als erwartet ausgefallen sind.

Ein weiterer großer Verkaufsauftrag lässt die Aktie einbrechen. Die Profis verkaufen, aber sie sitzt wie gelähmt da, während die Aktie sich im freien Fall befindet.

Sie durchforstet die Nachrichten und findet hoffnungsvolle Worte des Managements, dass sich die Lage in den kommenden Quartalen verbessern wird. Sie lehnt sich in ihrem Stuhl zurück, drückt die Daumen und murmelt: „Sie wird zurückkommen."

Die Aktie, die sich wie ihr Ex-Freund verhält, hört nicht auf sie. Sie fällt auf 85 Dollar, ganze 15 Prozent unter ihrem Kaufpreis. „Ich habe zu viel Geld verloren, um jetzt zu verkaufen", sagt sie. Sie nimmt das Bild von Tahiti von ihrer Pinnwand, zerknüllt es und wirft es wie ein Major-League-Pitcher, der einen Fastball wirft, in den Papierkorb.

Drei Wochen vergehen, bevor sie genug Mut aufbringt, um den Kurs zu erfragen. Die Aktie erholte sich auf 93, liegt aber jetzt bei 79 und rollt bergab wie ein 18-Tonner ohne Bremsen.

Eine Woche später steht die Aktie bei 65.

Als sie 51 erreicht, beschließt sie, die Aktie zu verkaufen.

Die Aktie findet bei 50 ihren Boden und steigt dann wieder an, was zu einer V-förmigen Erholung führt.

Einen Monat später steht sie wieder bei 70. Einen weiteren Monat später erreicht sie mit 107 ein neues Hoch, und ein Ende ist nicht in Sicht. Das Management prognostiziert ein Rekordquartal.

Die Moral der Geschichte lautet: Ein mentaler Stopp ist nur so gut wie der Verstand, der ihn festlegt. Wenn Sie einen mentalen Stopp verwenden, müssen Sie in der Lage sein, zu verkaufen, wenn der Zeitpunkt gekommen ist.

- Ein mentaler Stopp ist ein Stopp, den Sie in Ihrem Kopf festlegen und nicht bei einem Broker platzieren. Nur erfahrene Trader sollten mentale Stopps verwenden.

Minor High oder Low Stop: Eine gute Wahl

In Büchern über Technische Analyse werden oft die Begriffe *Minor High* und *Minor Low* erwähnt, doch was bedeuten sie eigentlich? Ich definiere sie als kurzfristige Wendepunkte im Kursverlauf einer Aktie. Ein Minor High ist das höchste Hoch innerhalb der fünf Tage rund um einen Gipfel – also fünf Tage vor bis fünf Tage nach dem Hochpunkt. Ein Minor Low ist ähnlich, nur dass es sich auf Täler bezieht – ein Kurs, der niedriger ist als in den fünf Tagen vor und nach dem Tiefpunkt.

Ich zähle nicht tatsächlich die Tage um jeden Gipfel oder jedes Tal herum, um sicherzugehen, dass die Kriterien erfüllt sind (es sei denn, es handelt sich um einen Test, in diesem Fall geschieht dies automatisch, und ich verwende oft zwei, drei oder fünf Tage), sondern ich schätze es visuell ein. Ich suche nur nach signifikanten Wendepunkten.

Abbildung 3.1 zeigt Minor Highs an den Punkten C und D und Minor Lows an den Punkten A, B und E. Die AEB-Anordnung ist ein Schulter-Kopf-Schulter-Boden, falls Sie sich für Chartmuster interessieren. Einige der Minor Highs (zum Beispiel Punkt C) sind nicht die höchsten Spitzen innerhalb von fünf Tagen, da höhere Kurse davor oder danach auftraten. Nicht alle Minor Highs oder Täler sind gekennzeichnet, und die schwarzen Kreise heben weitere Minor Highs oder Minor Lows hervor. Die beiden eingefügten Grafiken zeigen den *idealen* Typ von Wendepunkt, nach dem Sie suchen.

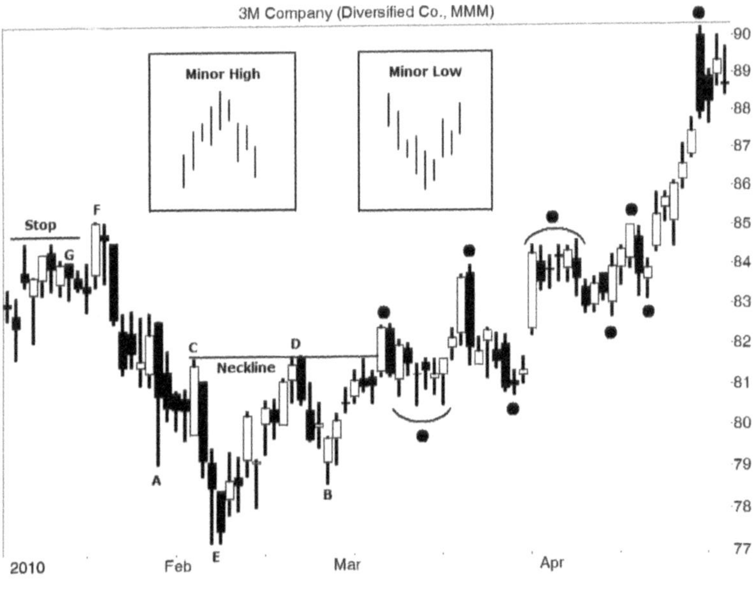

Abb. 3.1 Minor Highs und Minor Lows stellen kurzfristige Wendepunkte dar.

Der Grund, warum ich all dies erwähne, ist, dass Minor Highs und Lows beliebte Verstecke für Stop-Loss-Orders sind. Wenn Sie beispielsweise eine Schulter-Kopf-Schulter-Boden-Formation identifizieren und die Aktie kaufen, möchten Sie vielleicht einen Stopp ein paar Cent unter dem Tiefpunkt der rechten Schulter (B) setzen.

Wenn Sie die Aktie bei C leerverkauft haben, beachten Sie, wie der Kurs bei D bis auf das Niveau von C steigt und dann wieder fällt.

Oberhalb von C wäre ein guter Ort für einen Stopp – zumindest für eine Weile.

Da jeder weiß, dass Trader Stopps in der Nähe von Minor Highs und Minor Lows platzieren, versuchen Marktteilnehmer manchmal, den Kurs gezielt in diese Stopps hineinzutreiben (oder zumindest scheint es so).

Betrachten Sie Jennifers Trade in der Aktie. Als der Kurs zweimal versuchte, die Marke von 85 zu erreichen, und dann ein tieferes Hoch und ein tieferes Tief bildete, ging sie bei G short und platzierte eine Stop-Loss-Order an der horizontalen Linie.

Drei Tage später begann das Smart Money wie verrückt zu kaufen und trieb den Kurs der Aktie in die Höhe. Er erreichte ihren Stopp, wodurch sie aus dem Trade genommen wurde, und was geschah dann? Die Aktie fiel. Sie gab nicht nur leicht nach, sondern stürzte wie Wasser über eine Klippe in die Tiefe. Nicht nur, dass sie durch den erzwungenen Ausstieg aus dem Trade Schaden nahm, sondern das Smart Money streute auch noch Salz in die Wunde, indem es die Aktie nach unten drückte – ein Einbruch, den sie erwartet hatte, den sie jedoch nur von der Seitenlinie aus beobachten konnte.

- Trader wissen, wo andere ihre Stopps verstecken, und wie durch Zauberei tendiert der Kurs dazu, diese Stopps zu erreichen, bevor er wieder dreht.

Runde Zahlen vermeiden

Wenn Sie Minor Highs oder Minor Lows als Stopp-Positionen verwenden, platzieren Sie den Stopp nicht direkt auf dem Kurs des Hoch- oder Tiefpunkts. Addieren Sie stattdessen ein paar Cent zum Hoch beziehungsweise ziehen Sie ein paar Cent vom Tief ab und platzieren Sie den Stopp dort. In zu vielen Fällen erreicht der Kurs genau ein früheres Hoch oder Tief, und Sie möchten in dieser Situation nicht ausgestoppt werden.

Liegt ein Hoch beispielsweise bei 11,00, decke ich eine Short-Position bei 11,07 ein. Liegt ein Tief bei 20,00, platziere ich einen Stopp bei 19,93. Ich möchte runde Zahlen (Zahlen, die auf null enden, insbesondere Doppel-Null) vermeiden, da unerfahrene Trader ihre Kauf- oder Verkaufsaufträge dort platzieren werden. Ich möchte weit genug von diesen Kursen entfernt sein, damit die Orders der Aktie jede Möglichkeit geben, sich zu drehen, bevor sie meinen Stopp erreicht.

- Vermeiden Sie es, Stopps bei Zahlen zu platzieren, die auf null enden.

Chartmuster-Stopp: Zu kostspielig?

Chartmuster sind nichts anderes als Konsolidierungszonen, die sich oft in seitwärts verlaufenden Kursbewegungen zeigen. Diese Bewegungen bilden Muster, die sich tendenziell wiederholen. Jedes Chartmuster hat seine bevorzugte Stopp-Position, aber es liegt an Ihnen, zu entscheiden, wo Sie die Order platzieren. Platzieren Sie einen Stopp unterhalb der Konsolidierungszone in der Annahme, dass das Chartmuster den Kurs in Zukunft stützen wird. Wenn Sie eine Aktie shorten, platzieren Sie den Stopp oberhalb des Chartmusters, da die Konsolidierungszone in Zukunft als Widerstand nach oben wirken könnte. Dieser Widerstand wird tendenziell die Aufwärtsbewegung des Kurses behindern.

Die Schulter-Kopf-Schulter-Boden-Formation in Abbildung 3.1 ist ein Beispiel dafür. Beachten Sie, dass das AEB-Muster den Wendepunkt von einem Abwärts- zu einem Aufwärtstrend darstellt. Ein Stopp, der unterhalb des Kopfes (E) oder der rechten Schulter (B) platziert wird, würde in dieser Situation gut funktionieren. Mit steigenden Kursen sollten Sie den Stopp anheben und ihn gegebenenfalls unter Minor Lows verstecken. Beachten Sie, wie gut das in diesem Fall funktionieren würde.

Ein häufiges Problem bei der Platzierung von Stopps unterhalb von Chartmustern ist, dass man ein starkes Fernglas benötigt, um den Stopp zu sehen. Wenn Sie beispielsweise beim Ausbruch über die Nackenlinie (dargestellt als Linie, die die Spitzen C und D verbindet und nach rechts verlängert ist) des Schulter-Kopf-Schulter-Bodens gekauft haben, bedeutet ein Stopp unterhalb des Tiefpunkts des Musters, E, einen Rückgang von 81,77 (einen Cent über D ist der Punkt, an dem ich einen Buy-Stop setzen würde) auf 77,21 (unterhalb des Kopfes bei 77,26) oder fast 6 Prozent. In diesem Fall handelt es sich um einen engen Stopp, aber oft beträgt der Rückgang 15 oder 20 Prozent, manchmal sogar mehr.

Ich habe eine Webseite erstellt, auf der die besten Stopp-Positionen für die meisten Chartmuster detailliert beschrieben werden: http://thepatternsite.com/Stoplocate.html. Dort finden Sie Hinweise dazu, wo Sie einen Stopp setzen sollten.

- Chartmuster sind gute Positionen für Stopps, da sie oft als zukünftige Unterstützungs- und Widerstandsbereiche fungieren.

- Messen Sie den Abstand zwischen dem Stopp und dem Kaufpreis, um sicherzustellen, dass er nicht zu groß ist.

Ausgestoppt durch einen gleitenden Durchschnitt

Ein gleitender Durchschnitt ist ein Durchschnittswert, der sich ändert, wenn der aktuellste Kurs hinzugefügt und der älteste Kurs aus der Reihe entfernt wird. Wenn der Kurs beispielsweise die folgenden Schlusskurse hat: 10, 11, 12 und 13, beträgt der Durchschnitt (10 + 11 + 12 + 13) ÷ 4 oder 11,50. Vier ist die Anzahl der verwendeten

Kursnotierungen. Wenn wir den Durchschnitt von fünf Zahlen bilden würden, würden wir die Summe durch fünf statt durch vier teilen.

Angenommen, es kommt ein weiterer Schlusskurs hinzu, der 14 beträgt. Der gleitende Durchschnitt wäre dann (11 + 12 + 13 + 14) ÷ 4 oder 12,50. Wir streichen 10, da es der älteste Wert ist, addieren 14 und dividieren durch vier. Dies würde einen einfachen gleitenden Durchschnitt über 4 Tage oder 4 Perioden darstellen.

Wenn Sie den gleitenden Durchschnitt in einem Chart darstellen würden, würde er sich eng an den Kurs anschmiegen, während dieser auf und ab schwankt. Je höher die Anzahl der Tage, die für die Berechnung des gleitenden Durchschnitts herangezogen werden, wie zum Beispiel ein 200-Tage-Durchschnitt, desto flacher erscheint die Linie und desto größer ist die Verzögerung (Lag). Lag bedeutet, dass es länger dauert, bis sich Kursänderungen im gleitenden Durchschnitt widerspiegeln. Kurze gleitende Durchschnitte sehen unruhig aus und schmiegen sich mit geringer Verzögerung enger an den Kurs an.

Stan Weinstein empfiehlt für langfristige Investitionen die Verwendung eines einfachen gleitenden Durchschnitts von 30 Wochen. Ich gehe in meinem Buch „Fundamentalanalyse & Positionstrading", Kapitel 16, im Abschnitt „Verkauf mithilfe von Trailing-Stops" ausführlich auf seine Umsetzung ein. Kurz gesagt: Wenn der Kurs ein Minor Low *erreicht und sich dann wieder erholt,* platzieren Sie einen Stopp direkt unterhalb des *Datums* des Minor Lows zu einem Kurs, der leicht unter dem gleitenden Durchschnitt liegt.

Der folgende Abschnitt mit dem Titel „Trendlinien-Stopp" zeigt ein Beispiel dafür, wie man dies mit einer Trendlinie anstelle eines gleitenden Durchschnitts macht. Das Verfahren ist das gleiche, man muss nur so tun, als wäre die Trendlinie ein gleitender Durchschnitt.

- Wenn der Kurs auf ein neues Hoch steigt, platzieren Sie einen Stopp direkt unter dem vorherigen Minor Low und unter dem gleitenden Durchschnitt bei diesem Minor Low.

Die Wahrheit über Trendlinien

Da wir bereits Trendlinien erwähnt haben, wollen wir uns einen Moment Zeit nehmen, um sie zu besprechen. Zeichnen Sie ansteigende Trendlinien entlang der Täler und abfallende Trendlinien entlang der Gipfel. Die Idee ist, den Kurs so auszurichten, dass er die Trendlinie mehrmals berührt, aber nicht durchbricht. Wenn der Kurs die Trendlinie *durchbricht,* ist dies ein Hinweis auf eine Trendwende. Das bedeutet *nicht,* dass sich der Trend von aufwärts zu abwärts oder von abwärts zu aufwärts geändert hat, aber es ist ein Anhaltspunkt.

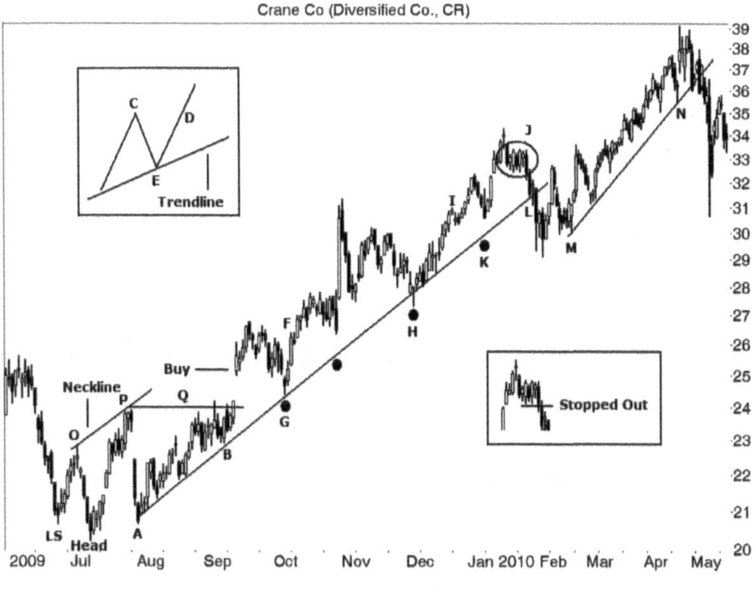

Abb. 3.2 Trendlinien-Stopps (Kreise) begleiten die Aktie nach oben.

Abbildung 3.2 zeigt ein Beispiel für die Trendlinie AB, die in die Zukunft verlängert wurde. Der Kurs berührt die Trendlinie mehrmals, während er sich von A nach B bewegt. Eine gut konstruierte Trendlinie sollte mindestens drei Berührungspunkte haben, aber im Notfall reichen auch zwei. Im weiteren Verlauf berührt der Kurs die Trendlinie bei G, durchbricht sie jedoch bei H.

Beachten Sie, dass der Kurs, nachdem er die Trendlinie bei L durchbrochen hat, seinen Tiefpunkt erreicht und dann wieder einen Aufwärtstrend beginnt. Er folgt einer weiteren Trendlinie, MN, nach oben, bevor er diese durchbricht und wie ein Stein ins Wasser fällt.

Ich habe Trendlinien für mein Buch „Trading Classic Chart Patterns" (Wiley, 2002) getestet. Die unten aufgeführten Punkte können Sie in diesem Buch nachlesen. Wenn ich von „Outperformance" spreche, meine ich damit das Ausmaß des Kursrückgangs oder -anstiegs *nach dem Ende der Trendlinie.*

- Zeichnen Sie ansteigende Trendlinien entlang der Täler und abfallende Trendlinien entlang der Gipfel.

- Trendlinien mit großem Abstand zwischen den Berührungspunkten (durchschnittlich 29 Tage zwischen den Berührungspunkten) outperformen diejenigen mit geringem Abstand.

- Trendlinien mit mehr Berührungspunkten outperformen diejenigen mit weniger Berührungspunkten.

- Längere Trendlinien outperformen kürzere.

- Je steiler der Winkel einer Trendlinie ist, desto schlechter ist die Performance (der Kurs fällt beispielsweise nach dem Durchbrechen einer steilen Trendlinie nicht so stark).

- Wenn das Volumen der Richtung der Trendlinie folgt (steigend bei aufwärts verlaufenden Trendlinien und sinkend bei abwärts verlaufenden Trendlinien), outperformt die Trendlinie.

Trendlinien-Stopp

Ein Trendlinien-Stopp ist vergleichbar mit einem Stopp auf Basis eines gleitenden Durchschnitts – nur dass kein gleitender Durchschnitt berechnet werden muss. Wenn der Kurs ein neues Hoch erreicht, platzieren Sie einen Stopp etwas unterhalb des vorherigen Minor Lows und unterhalb der Trendlinie. Ziehen Sie den Stopp nach, wenn der Kurs steigt und neue Minor Lows erscheinen.

Abbildung 3.2 zeigt ein Beispiel dafür, wie ein Trendlinien-Stopp funktioniert. Die Einblendung zeigt den Idealfall, in dem sich der Kurs entlang einer steigenden Trendlinie nach oben bewegt. Er erreicht seinen Höchststand bei C, fällt auf E und prallt dann auf dem Weg nach D von der Trendlinie ab. Wenn sich der Kurs D nähert, das nahe dem Kursniveau von C liegt, platzieren Sie einen Stopp einige Cent unterhalb der Trendlinie beim Minor Low E. Das ist fast alles, was Sie über Trendlinien-Stopps wissen müssen.

Nachdem Mary bei MBI eine Niederlage einstecken musste, wechselt sie zu Crane, die in der Abbildung gezeigt wird. Sie sieht die Schulter-Kopf-Schulter-Boden-Formation mit einer linken Schulter (LS), einem Kopf und einer rechten Schulter (A), ergreift jedoch keine Maßnahmen, bis der Kurs über der Nackenlinie schließt.

Die Nackenlinie ist eine Linie, die die beiden Achselhöhlen des Schulter-Kopf-Schulter-Musters (O und P) verbindet, aber in diesem Fall verläuft die Nackenlinie nach oben, sodass sie einfach das Hoch der rechten Achselhöhle als Kaufpreis verwendet (dargestellt durch die horizontale Linie Q). Als der Kurs mit einem Gap nach oben eröffnet, kauft sie und erhält eine Ausführung zum Eröffnungskurs von 25,15. Sie setzt ihren ersten Stopp unterhalb des vorherigen Minor Lows bei B auf 22,91 (unterhalb der runden Zahl 23,00). Sie zieht die Trendlinie AB und verlängert sie in die Zukunft. Als sich der Kurs F nähert, zieht sie den Stopp unter die Trendlinie bei G nach. Als der Kurs auf I steigt, zieht sie den Stopp erneut nach, diesmal unter die Trendlinie bei H.

Sie verfährt weiterhin auf diese Weise, bis sie die enge Konsolidierungszone bei J erkennt. An dieser Stelle ändert sie ihre Taktik. Mary glaubt, dass ein Ausbruch nach unten aus dieser Zone den Kurs nach unten treiben wird, möglicherweise bis zu ihrem Stopp bei K, und beschließt daher, den Stopp enger zu setzen. Sie verschiebt den Stopp auf einen Cent unter die Konsolidierungszone und erhält eine Ausführung bei 32,47. Mit diesem Trade erzielt sie einen Gewinn von fast 30 Prozent.

- Verwenden Sie eine Trendlinie für die Platzierung des Stopps. Ziehen Sie den Stopp mit steigenden Kursen nach und platzieren Sie ihn unterhalb der Trendlinie am vorherigen Minor Low. Ziehen Sie den Stopp enger, wenn sich der Kurs seitwärts bewegt und eine Konsolidierungszone bildet.

Fibonacci-Retracement-Stop: Deal oder Flop?

Die meisten von Ihnen kennen wahrscheinlich die Fibonacci-Zahlenfolge, wissen, wie sie entstanden ist, wie man sie berechnet und welche Rolle sie in der Natur spielt. Wenn nicht, dann ist das schade, denn ich werde darauf auch nicht näher eingehen. Das Buch „Candlesticks, Fibonacci, and Chart Pattern Trading Tools“ (Wiley 2003) von Robert Fischer und Jens Fischer bietet eine unterhaltsame Einführung in das Thema.

Die Idee hinter einem Fib-Retrace-Stop ist, dass sich der Kurs nach einem Rückgang des vorherigen Anstiegs von 38, 50 oder 62 Prozent umkehren wird. Diese Art von Stopp ist nützlich bei einem langen geradlinigen Kursverlauf, wenn das nächste Minor Low zu weit entfernt ist, um einen Stopp darunter zu platzieren. Obwohl ich die Prozentsätze als Fibonacci-Zahlen bezeichne, handelt es sich um mathematische Ableitungen aus der Fibonacci-Zahlenfolge.

Abbildung 3.3 zeigt mehrere Beispiele. Lassen Sie uns die ABC-Bewegung diskutieren (ich habe den BC-Rückgang gewählt, weil er proportional zum AB-Anstieg ist). Punkt A weist ein Tief bei 43,10 auf, Punkt B ein Hoch bei 55,48, was einer Höhe von 12,38 (55,48 – 43,10) entspricht. Wenn wir die 38-, 50- und 62-Prozent-Retracements anwenden, erhalten wir die Werte 50,78, 49,29 und 47,80, die in der Grafik dargestellt sind. Der erste Wert (50,78) ergibt sich, indem 38 Prozent der Höhe von 12,38 berechnet werden, was 4,70 ergibt, das dann vom Höchstpreis subtrahiert wird: 55,48 – (12,38 × 38 Prozent) = 50,78. Die gleiche Logik gilt für die Retracement-Werte von 50 und 62 Prozent.

Abb. 3.3 Ein Fibonacci-Stopp unter C würde gut funktionieren.

Die Bewegung AD korrigiert um 50 Prozent, bevor sie weiter steigt. Die Bewegung von E nach F korrigiert um 62 Prozent (bis G), bevor ein neues Hoch versucht wird. Der Anstieg von EF ist eine geradlinige

Bewegung, bei der die Fib-Korrektur am besten funktioniert. Ein Stopp unterhalb des Minor Lows E funktioniert, bis der Kurs zu weit steigt (was bedeutet, dass ein Stopp zu viel Geld wieder abgeben würde).

Nachdem Sie einen Stoppkurs berechnet haben, setzen Sie ihn *unterhalb* des Ergebnisses, da der Kurs oft auf den Retracement-Wert fällt, bevor er wieder steigt. In solchen Situationen gehe ich immer davon aus, dass der Kurs am 62-Prozent-Retracement-Wert dreht, weshalb ich diesen verwende (das heißt, ich verwende die 38- und 50-Prozent-Werte nicht). Wenn der Kurs unter 62 Prozent fällt, gehe ich davon aus, dass der Markt mir signalisiert, dass er fallen wird, und verkaufe die Position entweder sofort oder lasse den Stopp die Position schließen.

- Ein Fibonacci-Stopp ist nützlich für geradlinige Verläufe, bei denen das vorherige Minor Low möglicherweise zu weit vom aktuellen Kurs entfernt ist. Setzen Sie einen Stopp unterhalb des 62-Prozent-Retracement-Werts (oder 67 Prozent, siehe unten).

Widersprüchliche Ergebnisse bei Fibonacci-Tests

Ich habe zwei Tests mit Fibonacci-Retracements durchgeführt. Der erste Test umfasste 766 Aktien von 1994 bis Mitte 2006, wobei 1.956 Fälle gefunden wurden, von denen 525 aus invertierten und aufsteigenden Muschel-Chartmustern (Scallops) stammten und der Rest manuell gefunden wurde (ebenso wie die Muschel-Formationen).

Ich habe mir das Verhältnis zwischen Anstieg und Retracement angesehen und festgestellt, dass die häufigsten prozentualen Retracements 61, 56, 50, 55 und 44/59 (gleichauf) waren. Die Zahl 61 Prozent liegt nahe am Fibonacci-Retracement-Wert von 61,8 Prozent, und die 50 Prozent wurden genau getroffen.

Der Median des Retracements lag bei 59 Prozent, und in einem Drittel der Fälle wurde der Rückgang beendet, bevor ein Retracement von 50 Prozent erreicht wurde. Ich kam zu dem Schluss, dass ein Stopp bei einem Retracement von 67 Prozent (ja, 67 Prozent) der vorherigen

Aufwärtsbewegung eine Position in 66 Prozent der Fälle davor schützt, ausgestoppt zu werden. Weitere Details zu dieser Studie finden Sie unter http://thepatternsite.com/fib.html.

- Setzen Sie einen Stopp ein oder zwei Cent unterhalb des 67-Prozent-Retracements der vorherigen Aufwärtsbewegung.

Ein weiterer Test kam zu dem Schluss, dass Fibonacci-Zahlen nicht effektiver sind als andere Zahlen. Für diesen Test programmierte ich meinen Computer so, dass er alle Minor Highs über einem beliebigen Gipfel innerhalb von fünf Tagen (davor und danach) und Tiefs unter einem beliebigen Tal innerhalb von fünf Tagen (davor und danach) fand. Ich habe den Anstieg vom Tief zum Hoch und den daraus resultierenden Rückgang vom Hoch- zum Tiefpunkt gemessen. Ich habe 23.921 Stichproben in 576 Aktien im Zeitraum von Januar 1995 bis Oktober 2009 gefunden, aber nicht alle Aktien deckten den gesamten Zeitraum ab.

Dieser umfangreichere Test ergab eine Ergebniskurve, die einer Glockenform ähnelte, ohne die erwarteten Spitzen bei 38, 50 oder 62 Prozent aufzuweisen. Ich kam zu dem Schluss, dass die Verwendung von Fibonacci-Retracements keinen Vorteil gegenüber der Verwendung anderer Zahlen als Wendepunkt bietet. Die vollständige Studie finden Sie hier: http://thepatternsite.com/SwingSetup.html.

- Fibonacci-Retracements bieten keinen Vorteil gegenüber anderen Zahlen als Wendepunkt.

Fester prozentualer Trailing-Stop

Hat Ihre Mutter Ihnen jemals auf die Hand geklopft, mit dem Finger vor Ihrem Gesicht gewedelt und gesagt: „Verwende immer einen Stopp!“

Meine hat das auch nicht getan, aber wenn sie es getan hätte, hätte sie vielleicht von einem festen prozentualen Stopp gesprochen.

Dieser funktioniert wie folgt: Nachdem Sie eine Aktie gekauft haben, setzen Sie einen Stopp bei 8 Prozent, 10 Prozent oder einem anderen Prozentsatz unterhalb des Kaufpreises. Wenn Sie beispielsweise eine Ausführung bei 10 Dollar erhalten, würde ein 10-Prozent-Stopp bei 8,93 Dollar liegen (eigentlich 9,00 Dollar, aber ein paar Cent unterhalb der runden Zahl).

Steigt der Kurs, wird der Stopp nachgezogen. Was bedeutet das? Wenn die Aktie auf 30 Dollar steigt, ist ein Stopp bei 8,93 Dollar zu weit entfernt, um von großem Nutzen zu sein. Erhöhen Sie den Stopp, wenn der Kurs ein neues Hoch erreicht. Wenn die Aktie auf 11 Dollar steigt, setzen Sie einen 10-Prozent-Stop bei 9,87 Dollar (ein paar Cent unter der runden Zahl 9,90 Dollar).

Welchen Prozentsatz sollten Sie beim Setzen des Stopps verwenden? Das ist das Problem bei dieser Art von Stopp. Wenn die Aktie volatil ist, werden normale Kursschwankungen einen zu eng gesetzten Stopp auslösen und Sie möglicherweise um einen großen Gewinn bringen. Das könnte sich so anfühlen, als würde man einen Lottoschein als Geburtstagsgeschenk verschenken und dann herausfinden, dass er gewonnen hat. Die Lösung für das Prozentproblem ist die Verwendung eines Volatilitätsstopps.

- Ein fester prozentualer Trailing-Stop verwendet einen konstanten Prozentsatz unterhalb der *Hochwassermarke* als Stopp-Preis.

Volatilitätsstopp

Mark ist ein unerfahrener Trader, der Geld verdienen möchte, viel Geld, aber er möchte keinen Cent verlieren. Er setzt bei jedem Trade einen Stopp, aber nur 1 oder 2 Prozent unter seinem Kaufpreis. Innerhalb von einem oder zwei Tagen wird er ausgestoppt und erleidet kleine Verluste. Selten steigt die Aktie jedoch sofort und bringt ihm ein paar Dollar ein, bevor der zu eng gesetzte Trailing-Stop ihn aus der Position wirft.

„Kannst du mir helfen, Tom?", fragte er. „Was mache ich falsch?"

Ich sagte ihm, dass seine engen Stopps ihn ärmer und seinen Broker reicher machten. Ich versuchte mit allen möglichen Erklärungen, ihn davon zu überzeugen, einen breiteren Stopp zu verwenden, aber nichts, was ich sagte, funktionierte. Er ist ein Beispiel dafür, wie die mentalen Aspekte des Tradings die Performance beeinträchtigen.

Was er hätte verwenden sollen, ist ein Volatilitätsstopp. Ich habe davon von Perry Kaufman (Wiley, 2003) erfahren. Ein Volatilitätsstopp ist ein Trailing-Stop, der auf der Volatilität einer Aktie basiert. Oft wird die Volatilität anhand der True Range, der Standardabweichung oder der Hoch-Tief-Spanne der Aktie gemessen. Meine Tests ergaben, dass die Hoch-Tief-Spanne am besten funktioniert, gefolgt von der True Range und der Standardabweichung. Verwenden Sie die Methode, die für Sie am bequemsten ist.

Um einen Volatilitätsstopp zu berechnen, ermitteln Sie über 22 Tage hinweg die Differenz zwischen den Tageshöchst- und -tiefstkursen, bilden Sie den Durchschnitt, multiplizieren Sie ihn mit 2 und subtrahieren Sie ihn vom aktuellen *Tief.* Das Ergebnis ist der Stoppkurs. Tests mit tatsächlichen Trades haben ergeben, dass 22 Tage und ein Multiplikator von 2 am besten funktionieren, aber unterschiedliche Testmethoden und Ihre Trades können zu unterschiedlichen Ergebnissen führen.

Tabelle 3.3 zeigt ein Beispiel für die Berechnung des Volatilitätsstopps für Boeing, wie in Abbildung 3.3 dargestellt.

Die durchschnittliche Differenz der täglichen Hoch-Tief-Preisspanne beträgt 2,33 Dollar. Multipliziert mit 2 ergibt dies 4,66. Bei einem aktuellen Tief von 67,30 sollte der Stopp nicht näher als bei 67,30 – 4,66 oder 62,64 Dollar gesetzt werden.

Sie können den Hoch-Tief-Durchschnitt auch durch die Average True Range (ATR) oder die Standardabweichung ersetzen, da viele Softwarepakete über diese Tools verfügen.

- Ein Volatilitätsstopp verhindert, dass eine Position aufgrund normaler Kursschwankungen ausgestoppt wird.

Datum	Hoch	Tief	Differenz
19.04.2010	71,28	70,16	1,12
20.04.2010	71,98	70,95	1,03
21.04.2010	74,65	71,51	3,14
22.04.2010	76,00	73,68	2,32
23.04.2010	75,68	74,55	1,13
26.04.2010	75,29	74,14	1,15
27.04.2010	74,93	72,23	2,70
28.04.2010	72,99	71,34	1,65
29.04.2010	74,00	72,67	1,33
30.04.2010	74,48	72,26	2,22
03.05.2010	74,70	72,46	2,24
04.05.2010	73,45	72,23	1,22
05.05.2010	72,04	70,44	1,60
06.05.2010	71,49	62,00	9,49
07.05.2010	69,12	65,80	3,32
10.05.2010	71,73	69,80	1,93
11.05.2010	72,67	70,14	2,53
12.05.2010	73,37	72,04	1,33
13.05.2010	73,30	71,56	1,74
14.05.2010	71,40	68,98	2,42
17.05.2010	70,37	67,62	2,75
18.05.2010	70,13	67,30	2,83
Durchschnitt			2,33

Tab. 3.3 Kalkulation des Volatilitätsstopps für Boeing.

Der Chandelier-Stop lässt Sie hängen

Der Chandelier-Stop ist eine Variante des Volatilitätsstopps und umgekehrt. Er *hängt* den Stopp an den Tageshöchstkurs. Der Multiplikator variiert in der Regel zwischen 2 und 5, und die Average True Range umfasst bis zu etwa einen Monat (21 Handelstage). Bei meinen Tests habe ich einen Multiplikator von 3 und 21 Tage für die ATR verwendet.

Für die Boeing-Daten in Tabelle 3.3 (der Einfachheit halber verwende ich denselben Volatilitätswert von 2,33) würde der Stopp bei 70,13 – (3 × 2,33) oder 63,14 liegen. Das ist etwas näher an der Aktie als der Volatilitätsstopp von 62,64.

Im nächsten Abschnitt werden die verschiedenen Stopptypen getestet.

- Ein Chandelier-Stop wird vom höchsten Kursniveau aus berechnet.

Test von sechs Stopptypen

Um die verschiedenen Stopptypen zu testen, habe ich 570 Aktien aus dem Zeitraum vom 20. März 2000 bis zum 9. Juli 2007 verwendet, was zu einer Stichprobengröße (Trades) zwischen 16.150 und 24.625 führte. Nicht alle Aktien deckten den gesamten Zeitraum ab. Der S&P 500 bildete in diesem Zeitraum einen langen V-förmigen Boden, der nahe dem gleichen Kurs begann und endete. Wenn Sie während des gesamten Zeitraums gekauft und gehalten hätten, hätten Sie nichts für das Risiko vorzuweisen. Die verwendeten Aktien sind diejenigen, die ich täglich verfolge, und sie reichen von Small Caps bis Large Caps, von niedrigen bis hohen Kursen.

Als Testmethode für die Stopps habe ich ein einfaches Gleitender-Durchschnitt-Crossover-Schema verwendet. Die Regeln lauten:

- Kaufen Sie, wenn der Schlusskurs von unterhalb auf oberhalb des GD50 der täglichen *Höchstkurse* steigt. Kaufen Sie zum Eröffnungskurs am Tag nach dem Signal.

- Verkaufen Sie, wenn der Schlusskurs von oberhalb auf unterhalb des GD50 der täglichen *Tiefstkurse* fällt. Verkaufen Sie zum Eröffnungskurs am Tag nach dem Signal.

- Schließen Sie Trades mit Schlusskursen unter 1 Dollar zum Kaufzeitpunkt aus.

- Kaufen Sie für jeden Trade Aktien im Wert von 10.000 Dollar.

- Wird ein Stopp verwendet, wird dieser nachgezogen und niemals gesenkt. Wenn der Kurs den Stopp erreicht, erfolgt der Ausstieg zum Stopp-Preis oder zum Eröffnungskurs des Tages (je nachdem, welcher Wert niedriger ist). Wenn beispielsweise die Aktie unterhalb des Stopp-Preises eröffnet, wird die Verkaufsorder zum Eröffnungskurs und nicht zum Stopp-Preis ausgeführt.

- Provisionen, Slippage und andere Gebühren wurden nicht berücksichtigt.

Die Verwendung der täglichen Höchst- und Tiefstkurse hilft, Whipsaws zu vermeiden – also Trades, die wenige Tage nach dem Einstieg beendet werden, weil sich der Kurs umkehrt. Ich habe alle Kaufsignale ausgeschlossen, wenn der Kurs der Aktie bei oder unter 1 Dollar lag, da Aktien mit niedrigem Kurs zu volatil sind und die Anzahl der betroffenen Aktien unrealistisch hoch sein kann. Eine 50-Cent-Aktie, die um 5 Cent steigt oder fällt, verändert sich um 10 Prozent, und Sie würden 20.000 Aktien kaufen. Wenn eine Aktie nach dem Kauf unter 1 Dollar fällt, ist das in Ordnung. Ich habe Aktien im Wert von etwa

10.000 Dollar gekauft, aufgerundet auf die nächste Aktie. Alle Stopps sind Trailing-Stops, das heißt, ich habe sie mit steigendem Kurs nach oben verschoben und nie nach unten.

Tabelle 3.4 zeigt die Ergebnisse, sortiert nach **Gewinn/Verlust**, der sich aus dem Durchschnitt der Verkaufserlöse abzüglich der Kosten der Aktien ergibt. Dies umfasst sowohl Gewinne als auch Verluste. Die Spalte **Durchschnittlicher Verlust** gibt den durchschnittlichen Verlust *nur für verlustbringende Trades* an. Ich betrachte sie als Spalte für das Risiko.

Testtyp	Gewinn/ Verlust	Durchschnitt-licher Verlust	Haltezeit	Ausgestoppt	Gewinn-Verlust-Verhältnis	Gewinn-/ Risikoveränderung
Buy-and-Hold-Benchmark	232$	(562$)	47 Tage	0%	33%	0%/0%
Minor Low	106$	(436$)	25 Tage	73%	34%	-54%/-22%
Fester Prozentsatz: 10%	91$	(500$)	33 Tage	47%	34%	-61%/-11%
ATR	79$	(487$)	26 Tage	68%	36%	-66%/-13%
Fester Prozentsatz: 8%	77$	(455$)	28 Tage	61%	35%	-67%/-19%
Volatilität	76$	(476$)	24 Tage	71%	36%	-67%/-15%
Chandelier	70$	(486$)	25 Tage	67%	36%	-70%/-14%
Fester Prozentsatz: 5%	35$	(349$)	16 Tage	85%	36%	-85%/-38%
Nur Top-Stop-Exit	124$	(689$)	26 Tage	100%	55%	-47%/+23%
Top-Stop-Exit mit GD	88$	(540$)	20 Tage	47%	44%	-62%/-4%

Tab. 3.4 Ergebnisse verschiedener Stopptests, sortiert nach Gewinn pro Trade.

Die **Haltezeit** ist die durchschnittliche Zeit, in der die Aktie in Kalendertagen gehalten wurde. **Ausgestoppt** gibt an, wie oft ein Trade durch einen Stopp beendet wurde statt durch das Gleitender-Durchschnitt-Signal. Die Spalte **Gewinn-Verlust-Verhältnis** gibt den Prozentsatz an, wie oft ein profitabler Trade stattgefunden hat. Die Spalte **Gewinn-/ Risikoveränderung** zeigt die prozentuale Veränderung von Gewinn und Risiko im Vergleich zu Buy-and-Hold. Ein Stopp sollte das Risiko stärker begrenzen als den Gewinn. Daher ist es wünschenswert, wenn der Gewinn nur geringfügig sinkt (ein geringer prozentualer Rückgang), während das Risiko deutlich reduziert wird (ein hoher prozentualer Rückgang).

Zusammenfassung der Ergebnisse

Beachten Sie, dass die Nichtverwendung von Stopps (Kaufen und Halten) den höchsten durchschnittlichen Gewinn ergibt: 232 Dollar. Sobald Stopps verwendet werden, leidet die Profitabilität dramatisch. Dies stimmt mit den zuvor diskutierten Testergebnissen überein.

Der durchschnittliche Verlust für verlustreiche Trades bleibt gering – etwa 5 Prozent (500 $ ÷ 10.000 $ pro Trade). Die Haltedauer liegt bei etwa einem Monat. Das Gewinn-Verlust-Verhältnis beträgt etwa 35 Prozent, was bedeutet, dass zwei Drittel der Trades Geld verlieren, das System aber insgesamt profitabel ist. Im Vergleich zu Buy-and-Hold schränken Stopps den Gewinn wesentlich stärker ein als das Risiko.

- Stopps schränken den Gewinn stärker ein, als dass sie das Risiko begrenzen.

Im Folgenden werden die einzelnen Stopptests erläutert.

Kaufen und Halten

Beim Buy and Hold-Test werden Käufe und Verkäufe nach dem Crossover-Schema ohne Stopps getätigt. Dies führt zum höchsten durchschnittlichen Gewinn pro Trade, aber auch zum höchsten Risiko (durchschnittlicher Verlust). Die Trades erzielen durchschnittlich jeweils 232 Dollar, erleiden jedoch Verluste in Höhe von 562 Dollar, und nur ein Drittel der Trades weist einen Gewinn auf.

Minor Low

Ich habe meinen Computer so programmiert, dass er alle Minor Lows im Testzeitraum findet. Für diesen Test ist ein Minor Low ein Tiefpunkt, der niedriger liegt als an den drei Tagen davor und den drei Tagen danach (insgesamt sieben Tage). Die Idee dahinter ist, dass ein Trader nach dem Kauf einer Aktie einen Stopp einen Cent unter dem letzten Minor Low platziert – und genauso verfuhr auch das Programm. Ich habe Trades mit einem Minor-Low-Stop über dem Kaufpreis und innerhalb von drei Tagen nach dem Kaufdatum aus der Auswertung ausgeschlossen. Warum? Weil ein Minor Low, das drei Tage oder weniger entfernt liegt, praktisch einen Blick in die Zukunft werfen würde. Das wäre Betrug.

Tests zeigen, dass die Gewinne nur von der Benchmark übertroffen wurden und auch das Risiko gesunken ist.

Meine Vermutung, warum diese Stoppmethode besser funktionierte als die anderen, ist, dass das Minor Low deutlich unter dem aktuellen Kurs liegen kann, wodurch die Aktie mehr Spielraum für Schwankungen hat, bevor sie den Stopp erreicht. Beachten Sie, dass der Gewinn um 54 Prozent sank, das Risiko bei Verwendung des Stopps jedoch nur um 22 Prozent. Dieser Trend gilt für alle Stopps.

Fester Prozentsatz: 5 Prozent, 8 Prozent, 10 Prozent

Bei diesen Tests wird ein anfänglicher Stopp 5, 8 oder 10 Prozent unterhalb des Kaufpreises gesetzt und um denselben Prozentsatz (5, 8 beziehungsweise 10 Prozent) unterhalb des jeweiligen Schlusskurses nach oben angepasst. Der Stopp wird niemals gesenkt.

Je höher der feste Prozentsatz, desto mehr Gewinne werden erzielt und desto höher ist das Risiko. Beispielsweise bringt der Satz von 10 Prozent mehr ein als der Satz von 8 Prozent, und der Satz von 8 Prozent bringt mehr ein als der Satz von 5 Prozent. Das Risiko sinkt mit sinkendem festen Prozentsatz. Tatsächlich weist der Satz von 5 Prozent das geringste Risiko aller Stopps auf. Das bedeutet im Grunde, dass die meisten anderen Stopptests vermutlich einem festen 8-Prozent-Stopp entsprechen (gemessen am durchschnittlichen Verlust).

Average True Range

Die True Range ist der höchste Wert aus:

- dem aktuellen Hoch abzüglich des Tiefs

- dem absoluten Wert des aktuellen Hochs abzüglich des vorherigen Schlusskurses

- dem absoluten Wert des aktuellen Tiefs abzüglich des vorherigen Schlusskurses

Die Average True Range ist lediglich ein Durchschnitt der True Range über einen bestimmten Zeitraum. Der Sinn der drei Berechnungsvarianten besteht darin, Kurslücken (Gaps) von einem Tag zum nächsten in die Handelsspanne einzubeziehen.

Ich habe einen Durchschnitt von 21 Handelstagen (etwa ein Monat) und einen Multiplikator von 2 mit dem Stopp unter dem aktuellen Tief verwendet. Ziehen Sie den Stopp nach oben. Ich habe diese Werte so gewählt, dass sie mit dem Volatilitätstest übereinstimmen (ein Vergleich von Äpfeln mit Äpfeln). Die Formel für den ATR-Stopp lautet:

- Stopp-Preis = Aktuelles Tief – (2 × ATR)

Der Stopp reduziert die Gewinne um 66 Prozent im Vergleich zur Benchmark, senkt das Risiko jedoch nur um 13 Prozent. Wenn diese beiden Zahlen umgekehrt wären, gäbe es Grund zum Prahlen.

Volatilität

Ein Volatilitätsstopp ähnelt dem ATR-Stopp, außer dass ich die High-Low-Preisspanne anstelle der True Range verwende. Auch hier wird der Stopp nachgezogen.

- Stopp-Preis = Aktuelles Tief – (2 × (H–L))

Die Testergebnisse ähneln denen des ATR. Allerdings sinkt der durchschnittliche Gewinn/Verlust pro Trade um drei Dollar (von 79 Dollar auf 76 Dollar), während das Risiko etwas stärker reduziert wird.

Im tatsächlichen Handel verwende ich einen Volatilitätsstopp, der auf 22 Handelstagen anstatt der hier getesteten 21 basiert. In einem anderen Test mit meinen tatsächlichen Trades stellte ich fest, dass der Volatilitätsstopp bessere Ergebnisse lieferte als sowohl der ATR-Stopp als auch der Standardabweichungs-Stopp (bei dem die Standardabweichung den ATR ersetzt).

Chandelier

Der Chandelier-Stop (Kronleuchter-Stopp) ist eine treffende Bezeichnung für einen Stopp, der unter dem höchsten erreichten Hoch hängt. Er hat eine ähnliche Formel wie der ATR- und der Volatilitätsstopp, nämlich:

- Stopp-Preis = Aktuelles Hoch – (3 × ATR)

Die Average True Range wird dabei über 21 Handelstage berechnet und ein Multiplikator von 3 verwendet. Ziehen Sie den Stopp nach oben nach.

Obwohl er von einigen hoch gelobt wird, schneidet dieser Stopp schlechter ab als fast alle anderen Stopps. Die Gewinne sinken um 70 Prozent, aber das Risiko sinkt im Vergleich zu Buy-and-Hold nur um 14 Prozent. Nur der Stopp mit einem festen Prozentsatz von 5 Prozent bringt weniger Dollar pro Trade ein.

Top-Stop-Exit

Ich habe den Top-Stop-Exit in einem Artikel mit dem cleveren Titel „Top Stop Exit“ (Knapp, 2008) kennengelernt. Dort steht: „Der Top-Stop-Exit-Ansatz ist eine Art ‚Trailing‘-Gewinnziel. Erreicht die Aktie beispielsweise in einer Long-Position ein neues Hoch, springt das

Ausstiegsniveau nach oben. Wenn die Aktie fällt oder in eine vorübergehende Konsolidierung eintritt, sinkt das Gewinnziel."

Dies sind die fünf Regeln, die ich verwendet habe.

1. Gehen Sie einen Trade auf die übliche Weise mit dem Gleitender-Durchschnitt-Crossover-Schema ein – identisch zu den anderen Stopptests.

2. Beenden Sie den Trade, wenn der Kurs das 4,5-Fache der 14-tägigen Average True Range plus den absoluten Wert des heutigen Schlusskurses minus den gestrigen Schlusskurs erreicht.

3. Wenn der heutige Schlusskurs der höchste der letzten 20 Handelstage ist, erhöhen Sie das Kursziel um die Differenz zwischen dem heutigen Schlusskurs und dem gestrigen Schlusskurs.

4. Wenn der heutige Schlusskurs *nicht* der höchste der letzten 20 Handelstage ist, senken Sie das Kursziel um denselben Betrag (die Differenz zwischen dem heutigen Schlusskurs und dem gestrigen Schlusskurs).

5. Wenn es sich *nicht* um den reinen *Top-Stop-Exit*-Test handelt, verkaufen Sie die Aktie wie in den anderen Tests bei einem Überschreiten des gleitenden Durchschnitts. Wenn es sich um den *reinen* Top-Stop-Exit handelt, deaktivieren Sie den Ausstieg über den Gleitender-Durchschnitt-Mechanismus.

Das Kursziel schwebt über dem aktuellen Preis – abhängig davon, ob es sich um den höchsten Schlusskurs des letzten Monats handelt oder nicht.

Beim *reinen Top-Stop-Exit*, bei dem der Ausstieg über den gleitenden Durchschnitt deaktiviert ist, steigen die Gewinne, aber auch der durchschnittliche Verlust. Tabelle 3.4 zeigt einen höheren Gewinn pro Trade: 124 Dollar, aber den höchsten durchschnittlichen Verlust (689 Dollar).

Der Top-Stop-Exit in Kombination mit dem gleitenden Durchschnitt kombiniert zwei Arten von Exits: Top-Stop und gleitender Durchschnitt. Die Gewinne sinken um 62 Prozent, aber das Risiko sinkt nur um 4 Prozent. Es wäre wunderbar, wenn die Zahlen umgekehrt wären.

Was ich verwende

Die Art des Stopps, den ich verwende, hängt vom Trading- oder Anlagestil ab. Für Buy-and-Hold verwende ich keinen Stopp. Warum? Weil ich die Aktie über Jahre halten möchte und mir keine Sorgen darüber machen will, dass ein „Flash Crash" den Kurs auf einen Cent fallen lässt (was 2010 bei einigen Aktien tatsächlich passiert ist) und ich dabei mein Geld verliere. Ich kann größere Kursschwankungen auf längere Sicht tolerieren.

Beim Day-Trading verwende ich einen mentalen Stopp. Ich habe keine Zeit, den Stopp bei meinem Broker zu registrieren und ständig zu überprüfen, ob er ausgelöst wurde. Bei stark gehandelten Aktien musste ich schon Minuten warten, um die Bestätigung zu bekommen, dass meine Kauf- oder Verkaufsorder ausgeführt wurde. Ich brauche keine weitere Verzögerung.

Bei Positions- oder Swing-Trades bestimmen die Marktbedingungen die Art des verwendeten Stopps. Bevor ich einen Stopp setze, überprüfe ich, wie nahe ich einen Stopp setzen kann, ohne mir Sorgen machen zu müssen, dass ich bei normalen Kursbewegungen ausgestoppt werde. Das bedeutet, dass ich einen Volatilitätsstopp verwende und es vermeide, den Stopp näher als angegeben zu platzieren.

Manchmal (oft bei niedrigpreisigeren Aktien) würde die Verwendung eines Volatilitätsstopps zu einem viel zu hohen Verlust führen. Ich wechsele zu einem Minor Low, achte aber darauf, dass der von mir verwendete Stopp unter dem liegt, den andere Trader anstreben (damit mein Stopp-Preis etwas niedriger ist, wenn sie die Aktie nach unten drücken, um die Stopps auszulösen). Manchmal nehmen sie mich trotzdem aus dem Spiel. Und ich vermeide immer runde Zahlen (die auf null enden).

Wenn ich eine Trendwende erwarte, setze ich den Stopp einen Penny hinter dem Tief des Vortags. Mitte 2010, als ich erwartete, dass der Markt von einem Bullen- zu einem Bärenmarkt wechseln würde, begann ich, meine stärksten Positionen zu verkaufen, um meine Gewinne zu maximieren. Ich wandte diese Technik an und erhöhte den Stopp jeden Tag, bis ich ausgestoppt wurde. Glücklicherweise habe ich viele geradlinige Kursverläufe erwischt und nur wenig Gewinn eingebüßt, als sich der Trend umkehrte. Bei ungewöhnlich hohen Kerzen halbiere ich die High-Low-Spanne und verwende diese als Stopp-Level (ein oder zwei Cent unterhalb des Mittelpunkts).

Manchmal weist ein Chartmuster einen Konsolidierungsbereich auf, der sich gut für die Platzierung eines Stopps eignet. Diese Bereiche sind enge, seitwärts gerichtete Kursbewegungen, bei denen die Aktie von Tag zu Tag viele Kursüberlappungen aufweist. Abbildung 3.1 zeigt im April, unterhalb des Bogens, einen engen Konsolidierungsbereich. Punkt J in Abbildung 3.2 (eingekreist) zeigt ebenfalls, wie ein enger Konsolidierungsbereich aussieht.

Ein Doppelboden könnte beispielsweise einen solchen Bereich in einem der Tiefpunkte aufweisen. Diese sogenannten „Shelves“ sind wunderbare Einstiegspunkte. Setzen Sie einen Stopp unterhalb des Konsolidierungsbereichs und kaufen Sie, wenn der Kurs über den Bereich steigt. Der Konsolidierungsbereich wird den Kurs tendenziell stützen, und Sie können die Aktie mitnehmen, während sie steigt, um das Doppelbodenmuster zu bestätigen.

- Verwenden Sie einen Volatilitätsstopp, um zu beurteilen, wie nahe ein Stopp gesetzt werden kann.

- Setzen Sie Stopps unterhalb eines Minor Lows, aber weit genug entfernt, dass andere nicht darauf abzielen.
- Enge Konsolidierungsbereiche eignen sich gut als Stopp-Positionen.

Kapitel-Checkliste

Der Titel des Kapitels lautet: Funktionieren Stopps? Die Antwort ist kompliziert. Ein Fondsmanager sagte, wenn Sie ausgestoppt werden wollen, dann verwenden Sie einen Stopp. Die Tests haben gezeigt, dass ein Ausstoppen bedeutet, dass die Gewinne um die Hälfte reduziert werden, während das Verlustrisiko kaum sinkt. Mit anderen Worten: Trader müssen bei der Verwendung von Stopps selektiv vorgehen.

Hier sind einige Tipps, die Sie bei der Verwendung von Stopps beachten sollten.

- ☐ Wie hoch muss der Gewinn sein, um einen bestimmten Verlust auszugleichen? Siehe Tabelle 3.1.
- ☐ Der Haltezeit-Verlust ist der größte potenzielle Verlust während eines Trades. Siehe „Was ist ein Haltezeit-Verlust?".
- ☐ Ein mentaler Stopp ist ein Stopp, den Sie im Kopf behalten und nicht bei einem Broker platzieren. Nur erfahrene Trader sollten mentale Stopps verwenden. Siehe „Mentaler Stopp: Nur für Profis!".
- ☐ Vermeiden Sie es, Stopps dort zu platzieren, wo andere Trader ihre platzieren. Siehe „Minor High oder Low Stop: Eine gute Wahl".
- ☐ Vermeiden Sie es, Stopps bei runden Zahlen (die auf null enden) zu platzieren. Siehe „Runde Zahlen vermeiden".

- ☐ Chartmuster stellen gute Stopp-Positionen dar, da sie oft als zukünftige Unterstützungs- und Widerstandsbereiche fungieren. Siehe „Chartmuster-Stopp: Zu kostspielig?“.

- ☐ Messen Sie den Abstand zwischen dem Stopp und dem Kaufpreis, um sicherzustellen, dass er nicht zu groß ist. Siehe „Chartmuster-Stopp: Zu kostspielig?“.

- ☐ Wenn der Preis auf ein neues Hoch steigt, platzieren Sie einen Stopp direkt unter dem vorherigen Minor Low und unter dem gleitenden Durchschnitt bei diesem Minor Low. Siehe „Ausgestoppt durch einen gleitenden Durchschnitt“.

- ☐ Zeichnen Sie ansteigende Trendlinien entlang der Täler und abfallende Trendlinien entlang der Gipfel. Siehe „Die Wahrheit über Trendlinien“.

- ☐ Weitere Tipps zu Trendlinien finden Sie unter „Die Wahrheit über Trendlinien“.

- ☐ Verwenden Sie eine Trendlinie für die Platzierung des Stopps. Ziehen Sie einen Stopp nach oben, wenn der Kurs steigt, unterhalb einer Trendlinie am vorherigen Minor Low. Verengen Sie den Stopp, wenn sich der Kurs seitwärts bewegt und eine Konsolidierungszone bildet. Siehe „Trendlinien-Stopp“.

- ☐ Ein Fibonacci-Stopp ist nützlich für geradlinige Verläufe, bei denen das vorherige Minor Low möglicherweise zu weit vom aktuellen Kurs entfernt ist. Setzen Sie einen Stopp unterhalb des 62-Prozent-Retracements (oder 67 Prozent, siehe unten). Siehe „Fibonacci-Retracement-Stop: Deal oder Flop?“.

- ☐ Setzen Sie einen Stopp ein oder zwei Cent unterhalb des 67-Prozent-Retracements (nicht 62 Prozent) der vorherigen Aufwärtsbewegung. Siehe „Widersprüchliche Ergebnisse bei Fibonacci-Tests".

- ☐ Fibonacci-Retracements bieten als Wendepunkt keinen Vorteil gegenüber anderen Zahlen. Siehe „Widersprüchliche Ergebnisse bei Fibonacci-Tests".

- ☐ Ein fester prozentualer Trailing-Stop verwendet einen konstanten Prozentsatz unterhalb der *Hochwassermarke* als Stopp-Preis. Siehe „Fester prozentualer Trailing-Stop".

- ☐ Erfahren Sie, wie Sie einen Volatilitätsstopp berechnen. Siehe „Volatilitätsstopp".

- ☐ Ein Volatilitätsstopp verhindert, dass eine Position bei normalen Kursschwankungen ausgestoppt wird. Siehe „Volatilitätsstopp".

- ☐ Ein Chandelier-Stop hängt am Höchstkurs. Siehe „Der Chandelier-Stop lässt Sie hängen".

- ☐ Tabelle 3.4 zeigt die Performance verschiedener Stopptypen.

- ☐ Stopps schmälern den Gewinn mehr, als dass sie das Risiko begrenzen. Siehe „Zusammenfassung der Ergebnisse".

- ☐ Siehe „Average True Range" für Details zur Berechnung der True Range.

- ☐ Siehe „Top-Stop-Exit" für Details zu einem Trailing-Gewinnziel-Stopp.

- ☐ Verwenden Sie einen Volatilitätsstopp, um zu bestimmen, wie nahe ein Stopp gesetzt werden sollte, wie man den Stopp unter einem Minor Low versteckt, wo andere ihn nicht finden können, und wie enge Konsolidierungsbereiche gute Stopp-Positionen ergeben. Siehe „Was ich verwende".

4

UNTERSTÜTZUNG UND WIDERSTAND

Wenn Sie richtig einschätzen können, wie weit sich der Kurs bewegen wird, und entsprechend handeln, können Sie an der Wall Street reich werden. Unterstützung und Widerstand können Ihnen dabei helfen. Ich halte sie für einige der wichtigsten Trading-Instrumente.

Wenn der Kurs fällt, findet er eine darunter liegende Unterstützung. Das ist so, als würde man Wasser über einen mehrstufigen Springbrunnen fließen sehen. Das Wasser sammelt sich auf einer Ebene (findet Unterstützung), fließt dann über den Rand und stürzt in das nächste Becken (findet Unterstützung auf einer niedrigeren Ebene), bevor es dieses Becken füllt und erneut hinunterstürzt. Wenn das fallende Wasser (der Kurs) im Becken eine ausreichend starke Unterstützung findet, spritzt es nach oben (der Kurs steigt).

Bei einem steigenden Preistrend stößt eine Aktie an den Widerstand nach oben. Das ist vergleichbar mit einem mit Helium gefüllten Ballon, der in einem Hotel mit Balkonen mit Blick auf das Atrium losgelassen wird. Der Ballon steigt auf und stößt gegen die Unterseite eines Balkons, dann wird er nach außen geblasen und steigt weiter bis zum nächsten Balkon. Wenn der Widerstand nach oben stark genug ist, platzt der Ballon und fällt wieder nach unten.

Der Kurs kann die Unterstützung oder den Widerstand durchbrechen, ohne sich umzukehren oder ins Stocken zu geraten, oder er kann sich tagelang, wochenlang oder sogar monatelang seitwärts bewegen, bevor er wieder nach oben schießt. Solche Unstimmigkeiten machen es so schwierig, gültige Unterstützungs- und Widerstandsbereiche zu finden. Das ist auch der Grund, warum sich Trader so stark auf Wahrscheinlichkeiten und Statistiken verlassen. Beim Trading gibt es keine Gewissheiten.

Arten von Unterstützung und Widerstand

Wie Eiscreme gibt es auch Unterstützung und Widerstand (Support And Resistance, SAR) in vielen Varianten, wie **Abbildung 4.1** zeigt. Oben links stößt der Kurs im Januar 2009 zweimal und im Juni einmal an den Widerstand, wie die horizontale Linie zeigt. Dies ist ein Beispiel für einen Widerstand bei einem Minor High.

Im Januar und Februar 2009 findet der Kurs bei etwa 52 Unterstützung (Unterstützung an einem Minor Low), die jedoch nicht lange anhält. Der Kurs durchbricht diese Unterstützung und stürzt ab. Auf dem Weg nach unten bildet sich eine Kurslücke. Auf dem Weg nach oben stößt der Kurs Ende März (F) auf Widerstand, der ihn nach unten drückt, jedoch nur vorübergehend.

Mit weiter steigenden Kursen folgt der Preis einer aufwärts gerichteten Trendlinie. Diese Trendlinie fungiert als Unterstützung. Bei 50 und 60, beides runde Zahlen, findet der Kurs Unterstützung und Widerstand auf diesen Niveaus.

Beachten Sie, dass der Kurs bei Punkt A auf eine darunter liegende Unterstützung trifft und ein Minor Low bildet. Bei B, nahe dem gleichen

Kursniveau, stößt der Kurs auf einen „Deckel" aus Widerstand von oben. Bei C ist dieser Widerstand nun eine Unterstützung. Der Widerstand kann zu einer Unterstützung werden und umgekehrt.

- Widerstand kann zu Unterstützung werden, die wiederum zu Widerstand werden kann.

Abb. 4.1 Der Kurs zeigt verschiedene Arten von Unterstützung und Widerstand.

Unterstützung und Widerstand bei gemessenen Bewegungen

Bevor ich die verschiedenen Tests zur Messung von Unterstützung und Widerstand bespreche, schauen Sie sich die Wendepunkte DAEF an. Bei D beginnt die Abwärtsbewegung von einem kleinen Hoch. Der

Kurs findet bei A ein Tief und springt nach oben zu E, bevor er weiter nach unten zu F fällt. Die DAEF-Bewegung bildet das Chartmuster einer gemessenen Abwärtsbewegung (Measured Move Down, MMD). Die Idee hinter einer gemessenen Abwärtsbewegung ist, dass die Länge des ersten Abschnitts (DA) in etwa der Länge des zweiten Abschnitts (EF) entspricht. Auch die Dauer der beiden Abschnitte ist (theoretisch) ähnlich.

- Der erste Abschnitt einer gut verlaufenden gemessenen Bewegung entspricht in Zeit und Kursausmaß in etwa dem zweiten Abschnitt.

Es gibt auch ein Chartmuster der gemessenen Aufwärtsbewegung (Measured Move Up, MMU), das für Aufwärtstrends gilt. Es beinhaltet zwei steigende Abschnitte mit einer kleinen Korrektur zwischen den beiden Abschnitten. Weitere Informationen zu diesen beiden Mustern finden Sie in meinem Buch „Encyclopedia of Chart Patterns" (Wiley, 2005).

Der Grund, warum ich gemessene Bewegungen diskutiere, ist das, was *nach dem* Ende des Musters passiert. Wie verhält sich der Kurs dann? Die Antwort finden Sie in **Tabelle 4.1**. Der Begriff „Korrekturphase" bezeichnet den Rücklauf von A nach E.

In Abbildung 4.1 sehen wir beispielsweise, dass Punkt B in der Korrekturphase AE seinen Höchststand erreicht, bevor der Kurs wieder fällt. Bei den von mir untersuchten gemessenen Bewegungen trat dies in 35 Prozent der Fälle auf (der Kurs stoppt innerhalb der Korrekturphase).

Die Zahlen in Tabelle 4.1 sind additiv. Wenn Sie beispielsweise wissen möchten, wie oft der Kurs unterhalb des Höchstwerts der gemessenen Abwärtsbewegung (also unterhalb von Punkt D) aufhört zu steigen, lautet die Antwort 16 Prozent + 35 Prozent + 31 Prozent, also in 82 Prozent der Fälle in einem Bullenmarkt.

Gemessene Aufwärtsbewegung (MMU)	Bullenmarkt	Bärenmarkt
Kurs stoppt oberhalb der Korrekturphase	19%	24%
Kurs stoppt innerhalb der Korrekturphase	35%	40%
Kurs stoppt unterhalb der Korrekturphase, aber oberhalb des MMU-Tiefs	31%	19%
Kurs stoppt unterhalb des MMU-Tiefs	15%	16%
Gemessene Abwärtsbewegung (MMD)		
Kurs stoppt unterhalb der Korrekturphase	16%	20%
Kurs stoppt innerhalb der Korrekturphase	35%	52%
Kurs stoppt oberhalb der Korrekturphase, aber unterhalb des MMD-Hochs	31%	20%
Kurs stoppt oberhalb des MMD-Hochs	18%	8%

Tab. 4.1 Prozentsatz der Fälle, in denen der Kurs in einer gemessenen Bewegung stoppt.

Die Zahlen gelten nur für den ersten Versuch des Kurses, das Muster zu durchbrechen. Beispielsweise ist Punkt B der erste Versuch, Punkt C jedoch nicht.

Da gemessene Bewegungen häufig auftreten, ist es von unschätzbarem Wert, die Wahrscheinlichkeiten zu kennen, an welcher Stelle der Kurs wahrscheinlich drehen wird.

- In einem Bullenmarkt stoppt der Kurs in 35 Prozent der Fälle innerhalb der Korrekturphase einer gemessenen Bewegung.

Welche anderen Bereiche zeigen Unterstützung oder Widerstand, und können wir dies beweisen? Die folgenden Tests helfen dabei, zu bestimmen, wo sich der Kurs umkehren wird. In den Tests verwendete ich 571 Aktien, schloss jedoch solche mit Kursen unter 5 US-Dollar aus und beendete die Datenerfassung, sobald meine Tabelle gefüllt war (etwa 65.500 Stichproben). Das Enddatum aller Tests war der 1. Juni 2010, aber sie begannen zu unterschiedlichen Zeitpunkten. Ich habe alle Spitzen oder Täler gefunden, die innerhalb von 35 Cent zueinander lagen. Das 35-Cent-Fenster ist die maximale Differenz, bei der zwei Spitzen optisch noch nahe beieinanderliegen, zumindest auf meinem Computerbildschirm. Es handelt sich um einen willkürlichen Wert.

Widerstand an Minor Highs

Minor Highs und Minor Lows sind bekannte Bereiche, die zu Unterstützung und Widerstand beitragen. Beginnen wir mit den Minor Highs. **Abbildung 4.2** zeigt den Testaufbau. Dieser Test beantwortet die Frage, wie oft ein Minor High (Spitze) in der Zukunft als Widerstand für die Kursentwicklung dient.

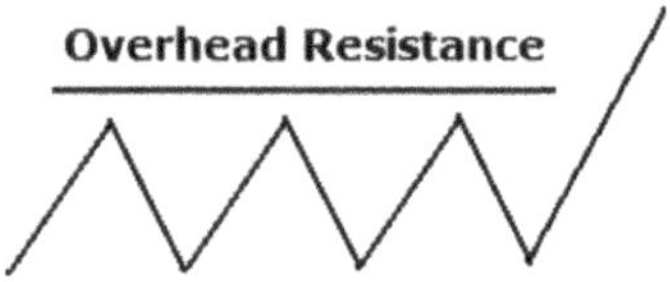

Abb. 4.2 Testaufbau: Overhead-Widerstand bei Spitzen.

Für jede Spitze habe ich gezählt, wie oft der Kurs in der Nähe desselben Niveaus zum Stillstand kam, und habe aufgehört zu zählen, wenn der Kurs über die Obergrenze des Fensters stieg (die Obergrenze des Fensters liegt 35 Cent über dem Hoch der ersten Spitze). Dann bin ich zum nächsten Hochpunkt übergegangen. Der Test begann mit Daten ab dem 1. Januar 2000 und ergab 65.535 Stichproben.

Ich stellte fest, dass 34 Prozent der Spitzen mindestens einmal als Overhead-Widerstand wirkten, bevor der Preis über die Widerstandszone stieg. Mit anderen Worten: Jede dritte Spitze fungiert später als Widerstand, bevor der Preis weiter steigt.

- Ein Overhead-Widerstand tritt an Spitzen in 34 Prozent der Fälle auf.

Volumen bei Widerstand an Minor Highs

Als ich die Ergebnisse nach dem Volumen um das erste Hoch herum aufschlüsselte, stellte ich keinen Unterschied hinsichtlich des späteren Widerstands fest. Ich berechnete das durchschnittliche Volumen von zwei Tagen vor bis zwei Tage nach dem Hoch und verglich es mit dem Vormonat (21 Handelstage, endend zwei Tage vor dem Hoch, um Überschneidungen der Zeiträume zu vermeiden). Das Verhältnis des kürzeren Durchschnitts zum längeren bestimmt, ob das Hoch bei hohem oder niedrigem Volumen auftrat.

Hochpunkte, die sich mit überdurchschnittlichem Volumen bildeten, hatten durchschnittlich 0,61 Hochpunkte, die in der Nähe des gleichen Kurses stoppten (das heißt, sie zeigten einen Overhead-Widerstand). Die Hochpunkte, die sich bei geringem Volumen bildeten, wiesen im Durchschnitt 0,60 Hochpunkte auf, die später in der Nähe desselben Kurses stoppten. Mit anderen Worten: ein Unentschieden.

Als ich die Zahlen filterte, stellte ich fest, dass Hochpunkte bei sehr hohem Volumen (1,5-facher Durchschnitt) in der Zukunft durchschnittlich 0,63 Hochpunkte aufwiesen, während Hochpunkte bei sehr geringem Volumen (0,5-facher Durchschnitt) auf durchschnittlich 0,69 Hochpunkte kamen.

Mit anderen Worten: Hochpunkte mit einem unterdurchschnittlichen Volumen neigen dazu, etwas häufiger als Widerstand zu wirken, aber die Unterschiede sind gering.

- Hochpunkte mit einem Volumen von etwa der Hälfte des Durchschnitts neigen dazu, häufiger als Overhead-Widerstand zu wirken als solche mit dem 1,5-Fachen des durchschnittlichen Volumens.

Unterstützung an Minor Lows

Abbildung 4.3 zeigt den nächsten Test. Ich habe mir die Täler (Minor Lows) angesehen und gezählt, wie oft der Kurs in der Nähe desselben Kurses seinen Tiefpunkt erreicht hat, bevor er weiter darunter gefallen ist. Ich habe Daten ab Januar 2006 verwendet, da ich so viele Beispiele gefunden habe, dass es nicht notwendig war, weiter zurückzugehen.

Wie oft bietet ein Minor Low Unterstützung? Antwort: in 33 Prozent der Fälle. Mit anderen Worten: Jedes dritte Tal wirkt mindestens einmal als Unterstützung, bevor der Kurs darunter durchbricht.

- Täler zeigen in 33 Prozent der Fälle eine Unterstützung.

Abb. 4.3 Testaufbau: Zugrunde liegende Unterstützung bei Tälern.

Volumen bei Unterstützung an Minor Lows

Ähnlich wie bei den Spitzen habe ich das Volumen um die Täler herum (zwei Tage davor bis zwei Tage danach) gemessen und mit dem durchschnittlichen Volumen des Vormonats verglichen. Ich habe festgestellt, dass Täler mit geringem Volumen eher eine Unterstützung zeigten als Täler mit hohem Volumen: 0,56 gegenüber 0,52. Diese

Zahlen geben die durchschnittliche Anzahl der Unterstützungen pro Tal an.

Betrachtet man sehr hohe oder sehr niedrige Volumina, also das 1,5-Fache beziehungsweise die Hälfte des normalen Volumens, vergrößert sich der Abstand zwischen den Ergebnissen. Die Täler mit sehr niedrigem Volumen zeigten im Durchschnitt eine Unterstützung von 0,62, verglichen mit 0,52 für Täler mit sehr hohem Volumen. Ein Minor Low, das sich bei niedrigem Volumen bildet, zeigt mit größerer Wahrscheinlichkeit Unterstützung als eines, das sich bei hohem Volumen bildet.

- Täler mit einem Volumen, das halb so groß ist wie der Durchschnitt, zeigen tendenziell mehr Unterstützung als solche mit einem Volumen, das 1,5-mal so groß ist wie der Durchschnitt.

Unterstützung an Minor Highs

Es mag seltsam klingen, dass Gipfel Unterstützung zeigen. Wenn man an einen Gipfel oder ein Minor High denkt, dann ist es ja gerade deshalb ein Hoch, weil der Kurs aufgrund eines Overhead-Widerstands nicht höher steigen konnte. Wie kann ein Gipfel also als Unterstützung dienen? **Abbildung 4.4** liefert die Antwort. Der Kurs fällt von oben (bei B) und findet Unterstützung auf dem Kursniveau des ersten Gipfels (A).

Gipfel, die Unterstützung bieten, sind das Szenario, das ich als nächstes getestet habe. Für diesen Test habe ich Daten von Aktien aus dem Zeitraum von Juni 1996 bis Juni 2010 verwendet. Der Test schloss alle Aktien unter 5 Dollar und solche, für die keine Daten bis Mitte 1996 vorlagen, aus.

Ich habe jeden Gipfel in einem Zeitraum von sieben Jahren ermittelt und jeden einzelnen sieben Jahre lang verfolgt, wobei ich die Anzahl der Fälle gezählt habe, in denen ein Tiefpunkt in der Nähe desselben

Gipfels endete, im Vergleich zur Anzahl der Fälle, in denen der Kurs ohne Unterstützung durchbrach. **Tabelle 4.2** zeigt die Ergebnisse.

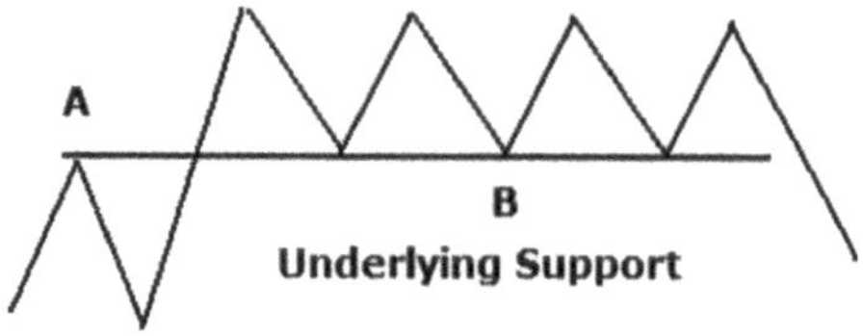

Abb. 4.4 Testaufbau: Gipfel, die Unterstützung bieten.

Jahr 1	Jahr 2	Jahr 3	Jahr 4	Jahr 5	Jahr 6	Jahr 7
39 %	45 %	45 %	46 %	46 %	42 %	42 %

Tab. 4.2 Prozentsatz der Gipfel, die Unterstützung bieten.

So zeigten Aktien in 39 Prozent der Fälle irgendwann innerhalb des ersten Jahres nach der Ausbildung eines Hochpunkts Unterstützung auf dessen Kursniveau. Die Unterstützung stieg in den Jahren 2 bis 5 auf 45 und 46 Prozent, bevor sie wieder auf 42 Prozent zurückging. Dieser Test zeigt, dass die Unterstützung im Laufe der Zeit *nicht* nachlässt. Vielmehr wird sie stärker (bis nach dem 5. Jahr). Dies ist das gleiche Ergebnis, das ich (mit einem anderen Test) gefunden und in meinem Buch „Trading Classic Chart Patterns" diskutiert habe.

- Die Unterstützung wird mit der Zeit stärker.

Widerstand an Minor Lows

Abbildung 4.5 zeigt den letzten Testaufbau unter Verwendung von Minor Highs und Minor Lows. Dieser Test ist ebenso ungewöhnlich wie der letzte. Ich habe den Tiefpreis in einem Tal (A) verwendet, um zu zählen, wie viele Spitzen (B) bei diesem Preis stagnierten. Der Test verwendete denselben 14-Jahres-Zeitraum wie der vorherige Test, und **Tabelle 4.3** zeigt die Ergebnisse.

Beispielsweise bildeten 49 Prozent der Täler irgendwann im folgenden Jahr einen Widerstand gegen Aufwärtsbewegungen des Kurses. Die Tabelle zeigt, dass der Widerstand während des gesamten 7-Jahres-Zyklus tendenziell stark bleibt. In den Jahren 2 bis 6 ist der Widerstand größer als in den Jahren 1 und 7. Insgesamt ist der Trend jedoch flach.

- Die Stärke des Overhead-Widerstands bleibt im Laufe der Zeit tendenziell konstant.

Die folgenden Abschnitte geben einen Überblick über die in meinen anderen Büchern diskutierten Forschungsergebnisse. Da diese Art von Forschung mühsam, langweilig und sehr aufwendig ist, präsentiere ich nur die Ergebnisse, anstatt neue Methoden zum Testen von Unterstützung und Widerstand zu entwickeln.

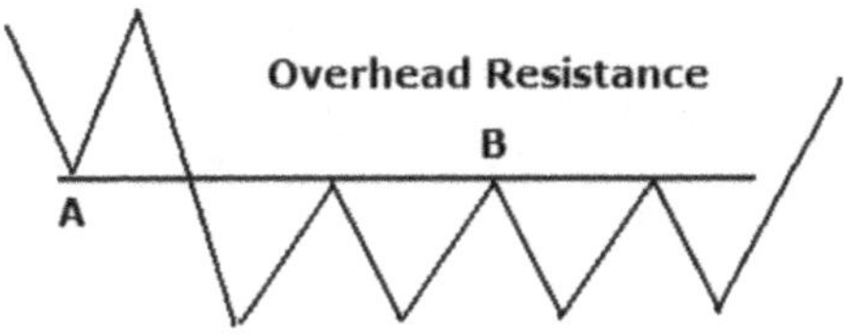

Abb. 4.5 Testaufbau: Overhead-Widerstand von Tälern.

Jahr 1	Jahr 2	Jahr 3	Jahr 4	Jahr 5	Jahr 6	Jahr 7
49 %	52 %	51 %	50 %	52 %	51 %	48 %

Tab. 4.3 Prozentsatz der Täler, die Widerstand bieten.

Kurslücken, die Unterstützung und Widerstand zeigen

In meinem Buch „Encyclopedia of Candlestick Charts" (Wiley, 2008) habe ich steigende und fallende Fenster im Zusammenhang mit Unterstützung und Widerstand untersucht. Ein steigendes Fenster ist eine ausgefallene Bezeichnung für eine Lücke in einem Aufwärtstrend. Ein fallendes Fenster ist eine Lücke in einem Abwärtstrend. In diesem Buch finden Sie eine Erörterung der Methoden, mit denen Unterstützung und Widerstand in Kurslücken getestet werden.

Meine Untersuchungen haben ergeben, dass Lücken in 20 Prozent der Fälle den Kurs stützen. Das bedeutet, dass der Kurs nach oben springt, dann zur Lücke zurückkehrt und dort in einem von fünf Fällen zum Stillstand kommt. Eine Lücke zeigt in 25 Prozent der Fälle auch einen Overhead-Widerstand. Der Kurs springt nach unten, versucht dann, wieder nach oben zu steigen, kommt aber in einem von vier Fällen irgendwo innerhalb der Lücke zum Stillstand.

- Kurslücken zeigen in einem Bullenmarkt in 20 Prozent der Fälle Unterstützung und in 25 Prozent der Fälle Widerstand.

Mythos: Unterstützung und Widerstand bei hohen Kerzen

Zeigen hohe Kerzen (hohe Körper) wie manche behaupten Unterstützung oder Widerstand in der Mitte der Kerze? Nein – basierend auf meinen Untersuchungen, die ich in meinem Buch „Encyclopedia of Candlestick Charts" diskutiere. Ich habe 41.301 Kerzen mit hohem Körper gefunden, die doppelt so hoch waren wie der Durchschnitt des Vormonats, und gemessen, wie oft ein Minor High oder ein Minor Low innerhalb des Kerzenkörpers zum Stillstand kam. Eine Häufigkeitsverteilung der Ergebnisse, aufgeschlüsselt in 10-Prozent-Schritten der Kerzenhöhe, zeigte, dass „die Mitte einer hohen Kerze keine größere Wahrscheinlichkeit aufwies, Unterstützung oder Widerstand zu zeigen, als jeder andere Teil einer hohen Kerze". Ein weiterer Test mit Daten aus 15 Jahren zu Kerzen, die viermal so hoch waren wie der Durchschnitt, kam zu dem gleichen Ergebnis.

- Die Mitte einer hohen Kerze zeigt nicht häufiger Unterstützung oder Widerstand als jeder andere Teil.

Horizontale Konsolidierungszonen

Ich habe horizontale Konsolidierungszonen (Horizontal Consolidation Regions, HCRs) in „Trading Classic Chart Patterns" ausführlich behandelt, sodass Sie dieses Buch für weitere Details heranziehen können. Eine HCR ist genau das, wonach es klingt: ein Bereich oder eine Zone mit flacher Preisbewegung. Um als solche zu gelten, muss die Zone mindestens drei Gipfel oder drei Täler aufweisen, die sich auf demselben Kursniveau befinden – und sie dürfen *nicht* über die halbe Galaxie verteilt sein.

Ich habe die Wirksamkeit von HCRs gemessen, indem ich sie vom Beginn des Trends bis zum Beginn eines Chartmusters (auf Zeitbasis) und vom Beginn des Trends bis zum Hoch oder Tief eines Chartmusters (auf Preisbasis) ermittelt habe, wenn der Ausbruch den Preis in den Bereich der HCR gebracht hat.

Beispielsweise begann der Kurs zunächst zu fallen, bildete dann eine horizontale Konsolidierungszone und setzte sich anschließend bis zu einem Doppelboden fort. Als das Chartmuster nach oben ausbrach, stieg der Kurs und erreichte das Niveau der HCR. Ich habe gemessen, wie oft dieses Verhalten auftrat, und Folgendes festgestellt:

- Unterstützung oder Widerstand werden mit der Zeit nicht schwächer. Befand sich die HCR in der Nähe des Ausbruchs aus dem Chartmuster, durchbrach der Kurs häufig den nahe gelegenen Widerstand oder die nahe gelegene Unterstützung. Die Fähigkeit der HCRs, Kursbewegungen zu stoppen, nahm etwa einen Monat lang zu und schwankte danach auf und ab (bis zu 530 Tage lang, ohne wirkliche Veränderung).

- HCRs unterhalb eines Chartmusters waren etwas besser darin, einen Rückgang zu stoppen, als HCRs oberhalb des Chartmusters darin, einen Anstieg zu stoppen. Bei HCRs 70 Tage nach Beginn des Chartmusters stoppten sie den Kurs in 47 Prozent (Aufwärtsausbrüche aus dem Chartmuster) bis 60 Prozent (Abwärtsausbrüche) der Fälle. Die stärksten HCRs für Abwärtsausbrüche lagen etwa einen Monat entfernt (67 Prozent wurden innerhalb der HCR gestoppt), und für Aufwärtsausbrüche zeigten 49 Tage die höchste Stoppkraft (50 Prozent wurden innerhalb der HCR gestoppt).

- Auf Preisbasis gilt: Je weiter die HCR von einem Chartmuster entfernt ist, desto schwächer ist sie. Bei Aufwärtsausbrüchen stoppt die HCR den Kurs in 48 Prozent der Fälle, wenn die HCR nur 5 Prozent entfernt ist, und dieser Wert sinkt auf 15 Prozent bei HCRs, die 40 Prozent entfernt sind.

- Als allgemeine Richtlinie gilt, dass eine HCR mit einem Puffer von 5 Prozent in 41 Prozent der Fälle Aufwärtsausbrüche und in 55 Prozent der Fälle Abwärtsausbrüche stoppt.

- Lange HCRs stoppen Kursbewegungen besser als kurze. Bei Aufwärtsausbrüchen stoppen HCRs mit einer Dauer von 7 Tagen den Kurs in 40 Prozent der Fälle, während solche mit einer Dauer von 70 Tagen 58 Prozent der Kursbewegungen stoppen.

- HCRs mit durchschnittlichem Volumen zeigten die beste Stoppkraft, nicht HCRs mit niedrigem oder hohem Volumen.

Ein weiterer Blick auf runde Zahlen

Ich erinnere mich, wie ich versuchte zu begründen, warum Kurse an runden Zahlen stoppen, und die Leute daraufhin sprichwörtlich aufsprangen und mir mathematisch bewiesen, dass Zahlen, die auf null enden, nicht häufiger Unterstützung oder Widerstand zeigen als andere Zahlen. Das mag theoretisch so klingen, als könnten Hummeln nicht fliegen, und doch wissen wir alle, dass sie es können. In „Trading Classic Chart Patterns" habe ich Unterstützung und Widerstand bei runden Zahlen untersucht.

Ich fand horizontale Konsolidierungsbereiche und berechnete dann, wie oft diese HCRs eine runde Zahl enthielten. Antwort: in 22 Prozent der Fälle.

- In 22 Prozent der Fälle tendiert der Kurs in der Nähe einer runden Zahl seitwärts.

Unterstützung in geradlinigen Kursverläufen

Ein Artikel, den ich gelesen habe, brachte mich auf die Idee, nach Unterstützung und Widerstand in geradlinigen Kursverläufen zu suchen. Das Testen dieser Idee ist einer der langweiligeren Aspekte beim Schreiben dieses Buches, aber ich versuche das, was ich schreibe, zu beweisen. Das unterscheidet meine Bücher von anderen. Ich stelle neue Forschungsergebnisse vor oder bespreche bestehende Techniken und beweise deren Wirksamkeit. Dieser Abschnitt ist Teil 1 einer zweiteiligen Diskussion über das Preisverhalten in geradlinigen Verläufen.

Ich wollte wissen, wie oft eine Konsolidierungszone in einem geradlinigen Verlauf als Unterstützung für den zukünftigen Preis fungiert. Um die Dinge zu vereinfachen, interessiere ich mich nur dafür, wie oft der Preis zum ersten Mal in eine Konsolidierungszone zurückläuft und dort Unterstützung findet.

Abbildung 4.6 zeigt ein Beispiel für einen geradlinigen Verlauf, der bei L (Februar) beginnt und zu einer Konsolidierungszone A (eingekreist) führt. Rechts davon – dargestellt als Bereich zwischen zwei horizontalen Linien – befindet sich ein Spike bei B, der Unterstützung findet (das heißt, der Kurs stoppt zwischen den beiden Linien). Punkt B ist das erste Mal, dass der Kurs auf A zurückfällt. Zone A stellt damit einen gültigen Unterstützungsbereich dar.

Der Kurs steigt bis zur Konsolidierungszone C. Beachten Sie, dass der Kurs bei D direkt durch die Zone C hindurchfällt. Der Kreis E befindet sich jedoch oberhalb von C und ragt bei J in die obere Begrenzung der Zone hinein. Somit ist auch der Kreis C aufgrund der Abwärts-Spikes, die bei J enden, ein gültiger Unterstützungsbereich.

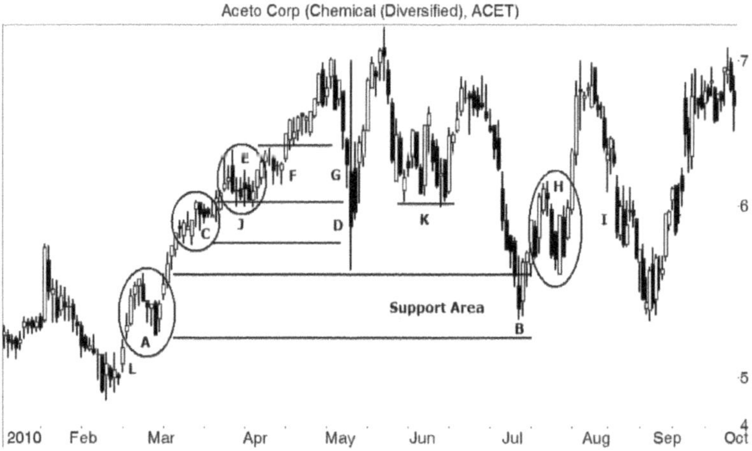

Abb. 4.6 Unterstützung tritt in einer geradlinigen Kursbewegung auf.

Sehen Sie sich Kreis E an. Ich beziehe die Spikes bei F mit ein, da ich EF als eine einzige, zusammenhängende Konsolidierungszone betrachte. Der Kurs bei G findet keine Unterstützung zwischen den beiden horizontalen Linien, da er weiter fällt, bis er den Bereich A erreicht. Die Zone EF bietet keine Unterstützung.

Beachten Sie, dass der Preis im Bereich K Unterstützung bei EF *findet*, aber da es nicht das erste Mal ist, dass der Preis in den Bereich EF fällt oder diesen durchbricht, ignoriere ich das. Mich interessiert ausschließlich das *erste* Auftreten einer Konsolidierungszone, die in einer geradlinigen Bewegung als Unterstützung fungiert.

Der Bereich H ist eine weitere Konsolidierungszone in einer geraden Linie, die bei B beginnt. Beachten Sie, wie der Preis bei I pausiert. Somit zeigt der Bereich H Unterstützung, wenn der Preis in den Bereich bei I fällt. Die Unterstützung ist nicht stark, da der Preis nur eine Woche lang zögert, bevor er weiter fällt, aber der Bereich H ist dennoch eine Unterstützungszone.

Wie oft stützen Bereiche wie A, C und EF den Kurs? Um diese Frage zu beantworten, habe ich 231 Aktien auf Tagesbasis anhand von Daten von Januar 2009 bis zum 16. Februar 2011 untersucht. Das sind etwas mehr als 450 Jahre an Tageskursdaten.

Ich habe festgestellt, dass die erste und niedrigste Konsolidierungszone in 183 von 215 Fällen (85 Prozent) als Unterstützung fungierte. In Abbildung 4.6 ist der Bereich, auf den ich mich beziehe, A, da es sich um die erste und niedrigste Konsolidierungszone handelt.

Der nächstniedrigste Bereich ist C, und der Kurs findet bei 128 von 174 Versuchen Unterstützung, also in 74 Prozent der Fälle. Der dritte und letzte Konsolidierungsbereich findet bei 56 von 81 Versuchen Unterstützung, also in 69 Prozent der Fälle.

Die Zahlen deuten darauf hin, dass die Wahrscheinlichkeit, dass der Kurs in einem geradlinigen Kursverlauf Unterstützung findet, umso höher ist, je tiefer er fällt.

- In geradlinigen Kursverläufen findet der Kurs in 69 Prozent (drittniedrigste Unterstützungszone) bis 85 Prozent (niedrigste Unterstützungszone) der Fälle Unterstützung.

Widerstand in geradlinigen Kursverläufen

Ich habe den Widerstand in geradlinigen Verläufen genauso katalogisiert wie die Unterstützung. Nur dieses Mal habe ich 300 Aktien verwendet, um genügend Beispiele über denselben Zeitraum von zwei Jahren zu finden. **Abbildung 4.7** zeigt ein Beispiel.

Der Kurs bildet eine kleine Widerstandszone bei A, erreicht sie bei B und kommt zum Stillstand. Bei C bildet sich eine größere Widerstandszone, die jedoch locker wirkt. Bei D überwindet der Kurs C mühelos, als ob die Widerstandszone nicht vorhanden wäre. Bei E hält eine weitere Widerstandszone nur wenige Tage an, ist jedoch stark genug, um den Kurs bei F abzuwehren.

Die Prüfung des Widerstands in einem geradlinigen Abwärtstrend ergibt, dass der erste Bereich (A) in 177 von 258 Fällen (69 Prozent) einen Overhead-Widerstand aufweist. Zone C zeigt in 66 von 90 Fällen oder 74 Prozent einen zukünftigen Widerstand. Die Zone E ist in einem Bullenmarkt selten. Ich habe nur 19 Beispiele bei 25 Versuchen gefunden, also 76 Prozent, in denen die Zone als Widerstand fungierte.

- In einer geradlinigen Abwärtsbewegung bildet der Kurs in 69 Prozent (erste höchste Widerstandszone) bis 76 Prozent (dritte höchste Widerstandszone) der Fälle einen zukünftigen Widerstand.

Ich möchte betonen, dass das Auftreten einer Konsolidierungszone in einem geradlinigen Verlauf kein Grund ist, anzunehmen, dass der Kurs dort drehen wird. Ich habe nicht nach einer *dauerhaften* Umkehr gesucht, sondern nur danach, dass der Kurs dort pausierte und entweder Unterstützung oder Widerstand in der Konsolidierungszone fand.

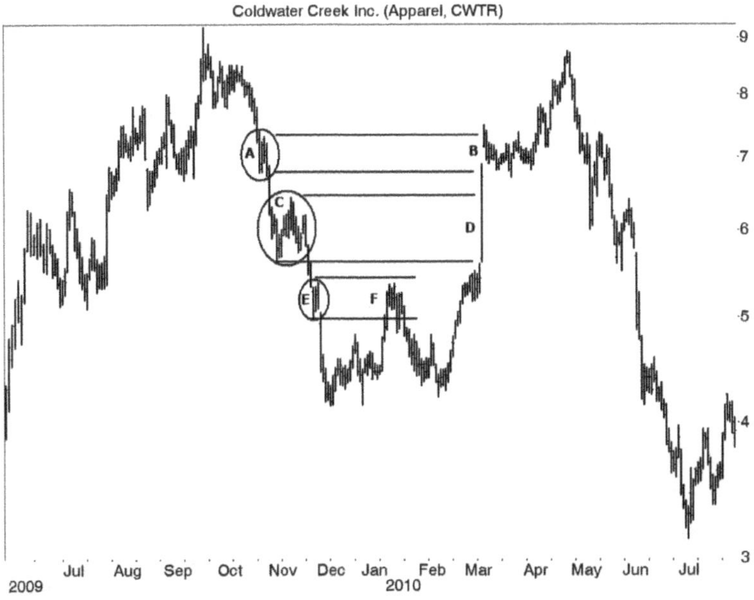

Abb. 4.7 Eine geradlinige Abwärtsbewegung bildet einen Widerstand gegen einen Aufwärtstrend der Preise.

Zusammenfassung: Unterstützung und Widerstand

Tabelle 4.4 ist vielleicht die wichtigste in diesem Buch. Sie zeigt detailliert, wie oft Kursmuster Unterstützung und Widerstand zeigen, sortiert nach dem Prozentsatz. Die Zahlen gelten nur für Bullenmärkte.

Beschreibung	Wirksamkeit	Verweis
Konsolidierungszonen, die in geradlinigen Kursbewegungen Unterstützung zeigen	69 % bis 85 %	Unterstützung in geradlinigen Kursverläufen
Konsolidierungszonen, die in geradlinigen Kursbewegungen Widerstand zeigen	69 % bis 76 %	Widerstand in geradlinigen Kursverläufen
Horizontale Konsolidierungszonen, die Unterstützung zeigen	55 %	Horizontale Konsolidierungszonen
Täler, die Widerstand zeigen	48 % bis 52 %	Tabelle 4.3
Horizontale Konsolidierungszonen, die Widerstand zeigen	41 %	Horizontale Konsolidierungszonen
Gipfel, die Unterstützung zeigen	39 % bis 46 %	Tabelle 4.2
Bremswirkung der Korrekturphase einer gemessenen Aufwärts- oder Abwärtsbewegung	35 %	Tabelle 4.1
Gipfel, die Widerstand zeigen	34 %	Widerstand an Minor Highs
Täler, die Unterstützung zeigen	33 %	Unterstützung an Minor Lows
Lücken, die Widerstand zeigen	25 %	Lücken, die Unterstützung und Widerstand zeigen
Unterstützung und Widerstand bei runden Zahlen	22 %	Ein weiterer Blick auf runde Zahlen
Lücken, die Unterstützung zeigen	20 %	Lücken, die Unterstützung und Widerstand zeigen
Hohe Kerzen zeigen keine ungewöhnliche Unterstützung oder Widerstand.	wahr	Mythos: Unterstützung und Widerstand bei hohen Kerzen
Gipfel mit unterdurchschnittlichem Volumen zeigen mehr Widerstand.	wahr	Volumen bei Widerstand an Minor Highs
Täler mit unterdurchschnittlichem Volumen zeigen mehr Unterstützung.	wahr	Volumen bei Unterstützung an Minor Lows
Unterstützung wird mit der Zeit stärker.	wahr	Tabelle 4.2
Die Stärke eines Overhead-Widerstands bleibt im Laufe der Zeit konstant.	wahr	Tabelle 4.3

Tab. 4.4 Zusammenfassung: Unterstützung und Widerstand.

Kapitel-Checkliste

Zu Beginn dieses Kapitels schrieb ich: „Wenn Sie richtig einschätzen können, wie weit sich der Kurs bewegen wird, und entsprechend handeln, können Sie an der Wall Street reich werden.“

Eine Möglichkeit, die Grenzen von Kursbewegungen zu ermitteln, ist die Verwendung von Unterstützung und Widerstand. Tabelle 4.4 zeigt jedoch, dass Unterstützung und Widerstand nur in einem Bruchteil der Fälle funktionieren. Das ist ein Problem, wenn man sich auf ein Minor High stützt, um einen Overhead-Widerstand festzulegen, da dies nur einmal in drei Trades vorkommt. Wie können wir dann mit Aktien Geld verdienen?

Das nächste Kapitel versucht, diese Frage zu beantworten, indem es Erfahrungen in Form von Dutzenden von Tipps vermittelt. Hoffentlich können diese Tipps dazu beitragen, die Lücke zwischen Verlusten und Gewinnen zu schließen.

Bevor wir jedoch dazu kommen, finden Sie hier eine Checkliste mit den wichtigsten Erkenntnissen aus diesem Kapitel.

☐ Widerstand kann zu Unterstützung werden, die wiederum zu Widerstand werden kann. Siehe „Arten von Unterstützung und Widerstand".

☐ Der erste Abschnitt einer gut verlaufenden gemessenen Bewegung entspricht in Zeit und Kursausmaß in etwa dem zweiten Abschnitt. Siehe „Unterstützung und Widerstand bei gemessenen Bewegungen".

☐ In einem Bullenmarkt stoppt der Kurs in 35 Prozent der Fälle innerhalb der Korrekturphase einer gemessenen Bewegung. Siehe Tabelle 4.1.

☐ In 34 Prozent der Fälle tritt ein Overhead-Widerstand an den Spitzen auf. Siehe „Widerstand an Minor Highs".

☐ Hochpunkte mit einem Volumen, das halb so groß ist wie der Durchschnitt, zeigen tendenziell mehr Overhead-Widerstand als solche mit dem 1,5-Fachen des durchschnittlichen Volumens. Siehe „Volumen bei Widerstand an Minor Highs".

- ☐ Täler zeigen in 33 Prozent der Fälle Unterstützung. Siehe „Unterstützung an Minor Lows“.
- ☐ Täler mit einem Volumen, das halb so groß ist wie der Durchschnitt, zeigen tendenziell mehr Unterstützung als solche mit dem 1,5-Fachen des durchschnittlichen Volumens. Siehe „Volumen bei Unterstützung an Minor Lows“.
- ☐ Tabelle 4.2 zeigt, dass die Unterstützung mit der Zeit stärker wird.
- ☐ Tabelle 4.3 zeigt, dass die Stärke des Overhead-Widerstands im Laufe der Zeit tendenziell konstant bleibt.
- ☐ Kurslücken zeigen in einem Bullenmarkt in 20 Prozent der Fälle Unterstützung und in 25 Prozent der Fälle Widerstand. Siehe „Kurslücken, die Unterstützung und Widerstand zeigen“.
- ☐ Die Mitte einer hohen Kerze zeigt nicht häufiger Unterstützung oder Widerstand als andere Teile. Siehe „Mythos: Unterstützung und Widerstand bei hohen Kerzen“.
- ☐ Siehe „Horizontale Konsolidierungszonen“ für Details zur Bremswirkung dieser Bereiche.
- ☐ In 22 Prozent der Fälle bewegen sich Kurse seitwärts in der Nähe einer runden Zahl. Siehe „Ein weiterer Blick auf runde Zahlen“.
- ☐ Der Kurs findet in 69 bis 85 Prozent der Fälle Unterstützung in geradlinigen Kursbewegungen. Siehe „Unterstützung in geradlinigen Kursverläufen“.

- In einer geradlinigen Abwärtsbewegung bildet der Kurs in 69 bis 76 Prozent der Fälle einen zukünftigen Widerstand. Siehe „Widerstand in geradlinigen Kursverläufen“.

- Tabelle 4.4 zeigt eine Zusammenfassung von Unterstützung und Widerstand hinsichtlich technischer Merkmale.

5

45 TIPPS, DIE JEDER TRADER KENNEN SOLLTE

Nach 30 Jahren, in denen ich sowohl Profis an der Wall Street als auch Neulingen auf der Main Street Geld abgenommen habe, habe ich Erkenntnisse gewonnen, die jeder Trader und Investor kennen sollte. Diese beschreibe ich im Folgenden. Ich beziehe mich in anderen Kapiteln darauf, daher hier eine kurze Einführung.

1. Den richtigen Zeitpunkt für den Ausstieg finden: Die 2B-Regel

Victor Sperandeo beschreibt in seinem Buch „Trader Vic – Methods of a Wall Street Master“ (Wiley, 1991) drei Prinzipien, um zu bestimmen, wann sich der primäre Trend ändert. Im zweiten Prinzip stellt er eine Regel vor, die als 2B bekannt geworden ist.

Im 2B-Muster sollten Sie, wenn der Kurs ein vorheriges Minor High testet (sich diesem annähert) und nicht weiter steigt, mit einem Kursrückgang rechnen. Das klingt vielleicht so, als würde ich sagen, dass der Kurs fällt, wenn er nicht steigt, aber das ist eine wertvolle Information. Ich werde gleich ein Beispiel dafür geben.

Das Gleiche gilt für Tiefpunkte. Wenn der Kurs auf ein Minor Low fällt und nicht weiter sinkt, sondern dann über das vorherige Tief steigt, besteht eine gute Chance auf eine Trendwende.

Abbildung 5.1 zeigt ein Beispiel für Boeing auf Tagesbasis. Der Kurs erreicht im Juni 2009 bei A ein Hoch. Als der Kurs drei Monate später bei B versucht, über diesen Gipfel zu steigen, scheitert er in einem 2B-Muster. Der Kurs fällt auf D und erholt sich dann auf C, wo er erneut ins Stocken gerät – ein weiteres 2B –, aber diesmal bildet sich ein Hoch, das von Unentschlossenheit hinsichtlich eines weiteren Anstiegs geprägt zu sein scheint. Der Kurs fällt drei Tage lang auf E, bevor sich der Aufwärtstrend wieder fortsetzt.

Abb. 5.1 Beispiele für die 2B-Regel, bei der sich der Kurs beim Testen eines früheren Hochs und Tiefs umkehrt.

Punkt I ist ein weiterer 2B-Test von A, aber dieses Mal bewegt sich der Kurs über das Hoch A hinaus. Das ist in Ordnung. Der Kurs kann beim Test etwas darunter liegen, etwas darüber steigen oder genau den Kurs des vorherigen Höchststands erreichen. Wichtig ist, dass der Kurs versucht, höhere Höchststände zu erreichen, aber scheitert.

Die Hochpunkte CIH markieren die Grenzen eines Schulter-Kopf-Schulter-Top-Chartmusters. Tatsächlich hängen viele Chartmuster von der 2B-Regel ab. Doppeltops und -böden, Dreifach-Tops und -böden, sogar Schulter-Kopf-Schulter-Formationen folgen zumindest bis zu einem gewissen Grad der 2B-Regel.

Sehen Sie sich das Tal F unten links im Chart an. Der Kurs versucht, bei G ein tieferes Tal zu bilden, scheitert jedoch. Dies ist die 2B-Regel, wie sie für Tiefpunkte gilt. Die 2B-Regel für Tiefpunkte kann für Swing- und Day-Trading nützlich sein.

Sperandeo nennt folgende Kriterien für 2Bs an Hochpunkten, aber das Gleiche gilt auch für Täler:

- Achten Sie bei kurzfristigen Hochs auf eine Umkehr innerhalb von ein oder zwei Tagen. Die Punkte B, H und I sind Beispiele dafür.

- Bei mittelfristigen Hochs sollte die 2B-Umkehr innerhalb von drei bis fünf Tagen erfolgen.

- Langfristige Trends (wichtige Wendepunkte) benötigen mehr Zeit, 7 bis 10 Tage, bis der Kurs nachgibt.

- Achten Sie auf ein geringes bis durchschnittliches Volumen bei dem Versuch, ein neues Hoch zu erreichen, aber auf ein hohes Volumen, wenn der Kurs zu sinken beginnt.

- Wenn der Kurs über ein 2B-Muster steigt, stellen Sie eine Short-Position glatt.

Meine Verwendung der 2B-Regel ist ungewöhnlich, da sie auf Intuition und Erfahrung beruht. Oft sagt mir meine innere Stimme: „Der Kurs wird sich umkehren." Wenn ich nach dieser Vorstellung handle, kann ich nahe dem Höchststand aussteigen. Der Kurs fällt möglicherweise nicht weit, bevor er ein neues Hoch erreicht, aber oft habe ich eine Trendwende erlebt und eine starke Abwärtsbewegung beobachtet. Ich schätze mich glücklich, dass ich in solchen Fällen rechtzeitig ausgestiegen bin.

Das 2B-Muster ist am nützlichsten für Swing-Trades, bei denen Sie den mittelfristigen Trend nutzen. Sperandeo sagt, dass es bei Day-Trades etwa in der Hälfte der Fälle funktioniert, bei mittelfristigen Trades jedoch besser. Meiner Meinung nach hängt es von der Art des Marktes ab.

Wenn Sie sich in einem rasanten Bullenmarkt befinden, führt die 2B-Regel zu geringeren Gewinnen (wenn Sie vorzeitig aussteigen). Wenn der Markt schwach ist oder sich in einer Trading-Range befindet, kann die 2B-Regel Wunder wirken, genauso wie Ihr Lieblingsheiligtum.

- Wenn der Kurs in der Nähe eines alten Hochs oder Tiefs stagniert, könnte er sich umkehren.

2. Gescheiterte Formationen gewinnbringend handeln

Meine Bücher „Getting Started in Chart Patterns" und „Visual Guide to Chart Patterns" behandeln gescheiterte Formationen (Busted Patterns) und enthalten eine begrenzte Anzahl an Performance-Statistiken, daher werde ich sie hier weder testen noch ausführlich diskutieren. Eine kurze Übersicht ist jedoch für diejenigen hilfreich, die mit gescheiterten Formationen nicht vertraut sind.

Ich habe den Begriff „Busted Patterns" geprägt, um Situationen zu beschreiben, in denen der Kurs zunächst in eine Richtung ausbricht und dann umschwenkt, um in eine neue Richtung auszubrechen. Dieses Verhalten tritt bei vielen Mustern auf, insbesondere bei solchen, die sich mit der Zeit verengen (aufsteigende, absteigende und symmetrische Dreiecke), aber auch bei Doppelböden, Doppeltops und anderen Mustern.

Sehen Sie sich die Einblendung E in **Abbildung 5.2** an. Das Rechteck steht für ein beliebiges Chartmuster. Dieses Muster weist einen Aufwärtsausbruch auf, aber der Kurs steigt nicht weit an, bevor er sich umkehrt. Wenn der Kurs unterhalb des *Tiefpunkts* des Chartmusters *schließt*, negiert er den Aufwärtsausbruch und zwingt die Trader, die die Aktie halten, sinnbildlich in den Tresor zu greifen, um ihre Verluste zu decken. Der Rückgang nach einem gescheiterten Aufwärtsausbruch ist in der Regel stark, aber jede Situation ist anders.

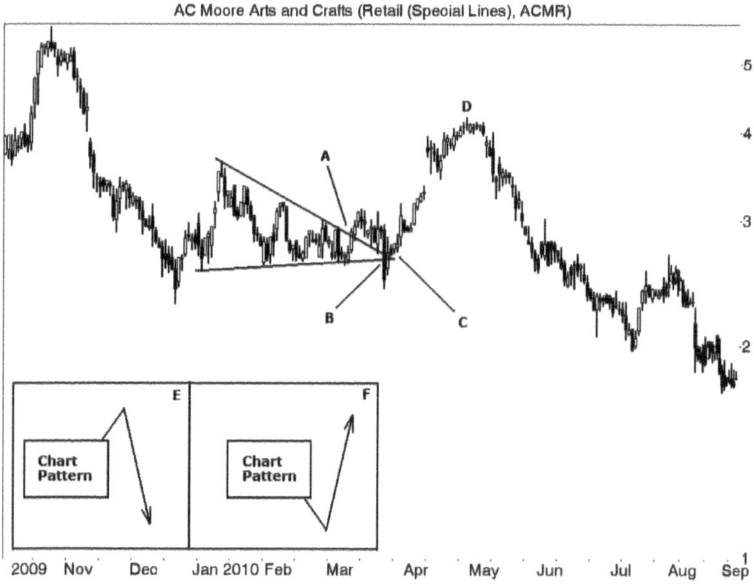

Abb. 5.2 Ein doppelt gescheitertes symmetrisches Dreieck.

Einblendung F zeigt eine ähnliche Situation bei Abwärtsausbrüchen. Der Kurs schließt unterhalb des Chartmusters, signalisiert damit einen

Ausbruch und fällt dann um weniger als 10 Prozent (10 Prozent sind ein willkürlich gewählter Wert für beide Ausbruchsrichtungen, den ich jedoch in Tests verwendet habe und der sich als gut geeignet erwiesen hat). Der Kurs dreht und kehrt scheinbar im Rahmen eines Pullbacks in das Muster zurück, aber dann schießt der Kurs aus dem oberen Bereich des Chartmusters heraus und löst einen weiteren Ausbruch aus. Wenn der Kurs über der *Oberseite* des Chartmusters *schließt*, gilt das vorherige Muster als gescheitert. Der Aufwärtsausbruch ist in der Regel sehr stark.

Die Abbildung zeigt auch ein Beispiel für ein doppelt gescheitertes symmetrisches Dreieck. Der Ausbruch erfolgt nach oben (A), als der Kurs über der oberen Trendlinie schließt. Der Kurs kehrt etwas mehr als eine Woche später zur oberen Begrenzung zurück.

Dann geschieht etwas Ungewöhnliches. Der Kurs schließt unterhalb der unteren Begrenzung des Chartmusters bei B. Dadurch wird der Aufwärtsausbruch zum ersten Mal negiert und eine neue Ausbruchsrichtung geschaffen – nach unten. Aber auch die Abwärtsbewegung kehrt sich um und bricht bei C nach oben aus. Der Kurs steigt so weit an, dass er über der Spitze des Dreiecks schließt und dieses zum zweiten Mal durchbricht, bevor er bei D seinen Höchststand erreicht.

Ich habe festgestellt, dass ein doppeltes Scheitern bei Chartformationen selten ist (nur 7 Prozent bei symmetrischen Dreiecken, die in 42 Prozent der Fälle scheitern), aber es kommt vor. Wenn Formationen scheitern (einfach, doppelt und mehrfach zusammengenommen), tendieren sie dazu, etwas schlechter abzuschneiden als ihre nicht gescheiterten Pendants, aber das hängt davon ab, wie man es misst. Muster, die nur einmal scheitern, schneiden beispielsweise deutlich besser ab als ihre nicht gescheiterten Gegenstücke.

Gescheiterte Chartmuster sind selten und stehen bei den klassischen Pattern-Tradern meist nicht im Fokus. Sobald ein reguläres Muster versagt, suchen die Leute anderswo nach einem anderen Trade, sodass sich die Aktie frei in eine neue Richtung bewegen kann.

Es ist möglich, dass das „Smart Money“ (Hedgefonds, institutionelle Händler und so weiter, die große Positionen halten) einen Ausbruch in eine Richtung zulässt, dann eingreift und den Preis in die neue Richtung treibt, wodurch ein Scheitern erzwungen wird. Wenn das passiert, schließen sich andere dem neuen Trend an, und der Kurs nimmt Fahrt auf.

Halten Sie Ausschau nach gescheiterten Chartmustern, um leichtes Geld zu verdienen. Nun, vielleicht ist es doch nicht so einfach. Sie können die Form eines bestätigten Doppeltops annehmen, das um weniger als 10 Prozent fällt, bevor es sich in ein Feuerwerk verwandelt und über die Spitze des Chartmusters hinausschießt (was ein Beispiel für ein gescheitertes Doppeltop ist).

Es kann hilfreich sein, wenn die neue Ausbruchsrichtung mit dem allgemeinen Markttrend übereinstimmt. Wenn beispielsweise ein Doppelboden in einem *Bärenmarkt* nach *oben* ausbricht, ist das eine gegenläufige Bewegung. Wenn der Kurs dann auf das Ausbruchsniveau zurück- und weiter unter den Boden des Chartmusters fällt, entspricht die neue Richtung dem rückläufigen Markttrend.

Wenn Aktie, Branche und Gesamtmarkt in dieselbe Richtung zeigen, werden Sie tendenziell erfolgreichere Trades erzielen, als wenn eine oder mehrere dieser Richtungen nicht übereinstimmen. Kurz gesagt: Handeln Sie mit dem Trend.

- Gescheiterte Formationen sind solche, die ausbrechen, sich aber nicht weit bewegen, bevor sie umkehren und in eine neue Richtung ausbrechen.

- Gescheiterte Formationen schneiden etwas schlechter ab als reguläre Chartmuster.

- Die Aktienperformance verbessert sich, wenn die neue Ausbruchsrichtung mit dem von der Branche und dem allgemeinen Markt gezeigten Preistrend übereinstimmt.

3. Was ich verwende: Fibonacci-Retracements

Als ich in Kapitel 3 über Stopps sprach, habe ich mich mit Fibonacci-Retracements beschäftigt, sie getestet und einen Widerspruch festgestellt. Ein Test ergab, dass es Wendepunkte bei 61 Prozent (nahe 62 Prozent) und 50 Prozent (aber nicht bei 38 Prozent) gab, während der andere Test keine Signifikanz für diese drei Wendepunkte feststellte.

Ich verwende Fibonacci-Retracements, um die Märkte zu terrorisieren, weil ich glaube, dass sie einen Mehrwert bieten. Ich habe mehrmals mit Fibonacci-Retracements getradet und bei jedem Trade viel Geld verdient.

Wenn ich versuche, vorherzusagen, wie weit der Kurs fallen wird, zeichne ich drei Retracement-Niveaus ein: 38, 50 und 62 Prozent.

Abbildung 5.3 zeigt ein Beispiel. Dieser Tageschart verwendet die lineare Skala anstelle der logarithmischen, die ich am häufigsten verwende. Auf der linearen Skala sollten die horizontalen Linien den gleichen Abstand voneinander haben.

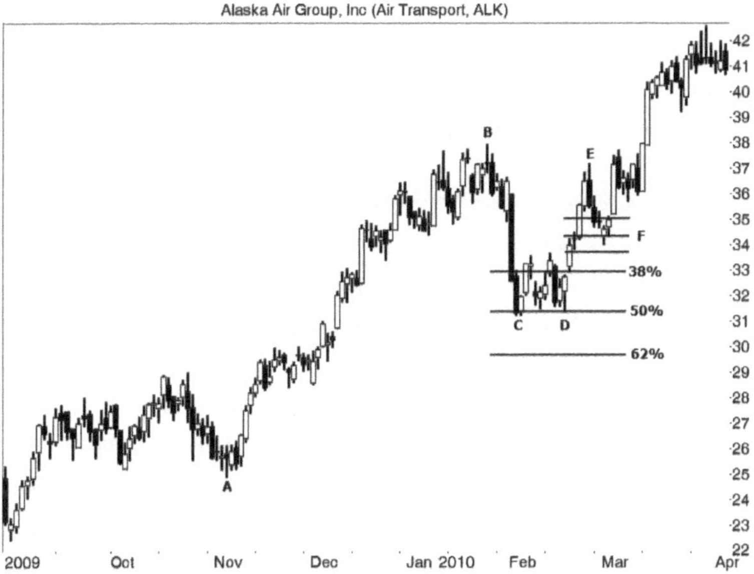

Abb. 5.3 Auf dem Tageschart erscheinen drei Retracement-Niveaus, lineare Skala.

Chartprogramme enthalten oft ein Fibonacci-Tool, das Retracements und Extensions berechnet und anzeigt. Ich habe ein solches Tool für mein selbst entwickeltes Programm geschrieben. Beginnen Sie mit der Auswahl von zwei wichtigen Wendepunkten. In diesem Beispiel sind das A und B. A ist der Startpunkt für die Aufwärtsbewegung bis zum Hoch bei B.

Ich möchte wissen, wie weit der Kurs wahrscheinlich fallen wird, also berechne ich 38, 50 und 62 Prozent der vorherigen Aufwärtsbewegung und zeichne drei horizontale Linien auf diesen Niveaus. Das zeige ich im Chart.

In diesem Beispiel fällt der Kurs bei C auf das 50-Prozent-Niveau zurück, bevor er wieder ansteigt. Wenn Ihre Software kein Tool zum Zeichnen dieser Linien hat, finden Sie hier die Berechnung für die 50-Prozent-Linie: Der Kurs erreicht bei A ein Tief bei 24,91 und bei B ein Hoch bei 37,95. Die Hälfte dieser Distanz beträgt (37,95 – 24,91) ÷ 2 oder 6,52, und wenn man dies zum Tiefstand bei A addiert, ergibt sich ein Retracement-Niveau von 31,43.

Bei F zeige ich ein weiteres Beispiel für einen Kursrückgang von 38, 50 und 62 Prozent der Bewegung von D nach E. Diesmal erreicht die Aktie ihren Tiefstand auf halbem Weg zwischen 50 und 62 Prozent.

4. Mythos: Fibonacci-Erweiterungen funktionieren!

Fibonacci-Erweiterungen funktionieren andersherum. Sie helfen dabei, das Ausmaß der Bewegung über oder unter einem Wendepunkt vorherzusagen. Nehmen Sie als Beispiel Abbildung 5.3, multiplizieren Sie die Höhe der Schwankung AB mit 38 Prozent und addieren Sie das Ergebnis zum Hoch, um die 38-prozentige Erweiterung zu erhalten. Das ergibt 42,91, was nahe am Höchstkurs auf dem Chart liegt.

Sie können auch 38 Prozent der Höhe vom Tiefpreis abziehen, um die Abwärtsprognose zu erhalten: 19,95. Ich habe von einem Nutzer gelesen, der eine 27-prozentige Erweiterung bevorzugt, und von einem anderen, der statt 38 Prozent 62 Prozent verwendet. Meine Empfehlung lautet, die Erweiterung zu verwenden, die für Ihre Märkte am besten funktioniert.

Die Einblendung in **Abbildung 5.4** zeigt, wie sie funktionieren sollen. Der Kurs dreht bei E und steigt weiter bis F. Wenn Sie die EF-Bewegung messen und sie von F aus nach oben projizieren, indem Sie die sogenannte Fibonacci-Erweiterung verwenden, sollten Sie den Punkt G erhalten. Punkt G ist der Punkt, an dem die Bewegung endet.

Die Erweiterung kann 38, 50, 62 Prozent und so weiter betragen. Softwareprogramme zeigen die EF-Bewegung oft als 100 Prozent an, und Punkt G könnte 162 Prozent betragen (oder 62 Prozent länger als die EF-Bewegung).

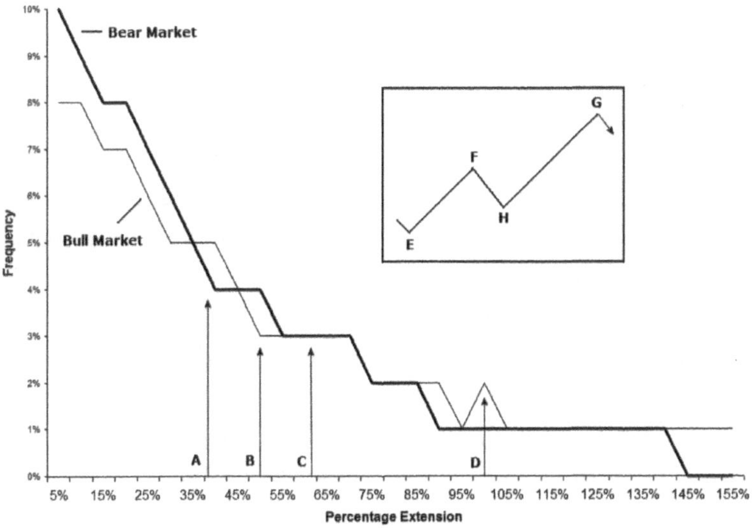

Abb. 5.4 Das Diagramm zeigt keine Spitzen bei den üblichen Zahlen der Fibonacci-Erweiterung.

Ich habe meinen Computer so programmiert, dass er die vier Wendepunkte (EFHG) aus der Abbildung identifiziert, und habe die EF-Bewegung mit FG verglichen. Der Test umfasste 926 Aktien und ergab

31.919 Stichproben von März 2000 bis April 2011. Dieser Zeitraum umfasste zwei Bärenmärkte und zwei Bullenmärkte.

Abbildung 5.4 zeigt eine Häufigkeitsverteilung der Erweiterung (der FG-Bewegung) als Prozentsatz der EF-Bewegung sowohl für Bullen- als auch für Bärenmärkte.

In einem Bullenmarkt zeigten beispielsweise 8 Prozent der Stichproben eine FG-Bewegung zwischen 0 und 10 Prozent. In einem anderen Beispiel erreichten 7 Prozent der Stichproben das 15-Prozent-Ziel. Das bedeutet, dass die FG-Bewegung nur 15 Prozent der EF-Bewegung betrug.

Je länger die Erweiterung, desto weniger Aktien erreichten dieses Kursziel.

Wenn Fibonacci-Erweiterungen funktionieren würden, würde ich erwarten, dass sich die Stichproben bei den beliebteren Zahlen wie 38 Prozent (Punkt A), 50 Prozent (B) und 62 Prozent (C) häufen. Das Diagramm zeigt jedoch keine Spitzen bei diesen Werten.

Bei 100 Prozent, Punkt D, sehen wir jedoch einen leichten Anstieg der Anzahl der Stichproben. Mit anderen Worten: Bei 2 Prozent der Stichproben entsprach die FG-Bewegung der EF-Bewegung, verglichen mit 1 Prozent der Stichproben auf beiden Seiten von 100 Prozent. Es ist, als hätten die Trader beschlossen, ihre Gewinne zu realisieren, sobald sie ihr Geld verdoppelt hatten. Dennoch ist der Anstieg gering. Aufgrund von Rundungen liegen die tatsächlichen Häufigkeiten für die 95-, 100- und 105-Prozent-Werte bei 1,5, 1,6 beziehungsweise 1,3 Prozent. Das ist kaum eine überzeugende Bestätigung.

Aufgrund der von mir verwendeten Daten und der erzielten Ergebnisse scheinen Fibonacci-Erweiterungen nicht genauer zu sein als die zufällige Auswahl eines beliebigen Kursniveaus als möglicher Wendepunkt.

- Fibonacci-Erweiterungen sind nicht genauer als jedes andere Instrument zur Bestimmung eines möglichen Kursumkehrpunkts.

5. Ist die Indikator-Divergenz ein Reinfall?

Divergenz ist ein kompliziert klingender Name für eine Technik, die nicht komplex ist, aber man muss bei ihrer Anwendung vorsichtig sein. Ich zeige ein Beispiel in **Abbildung 5.5**, bestehend aus einem Tageschart von Anadarko Petroleum in der oberen Hälfte der Grafik und dem Relative-Stärke-Index (RSI) mit einer Periodenlänge von 16 in der unteren Hälfte.

Bei B bildet der Kurs zwei Spitzen auf dem gleichen Niveau, aber der Indikator bei A zeigt eine zweite Spitze unterhalb der ersten. Der Indikator zeigt nach unten und deutet auf einen bevorstehenden Kursrückgang hin.

Bei C entwickelt sich eine ähnliche Situation, nur dass sie diesmal bullish ist. Der Kurs verläuft flach, aber der Indikator (D) bildet ein höheres Tief und zeigt nach oben. Der Kurs steigt im nächsten Monat.

Bei der Verwendung des RSI habe ich festgestellt, dass Spitzen oder Täler im Abstand von etwa einem Monat die zuverlässigsten Ergebnisse liefern. Wenn der Kurs nach oben tendiert, suchen Sie nach Abweichungen entlang der Spitzen in beiden Charts. Wenn der Preis nach unten tendiert, suchen Sie nach Abweichungen entlang der Täler. Das ist das Einzige, was bei Abweichungen schwierig ist. Vergleichen Sie nicht die Spitzen in einem Diagramm mit den Tälern im anderen und betrachten Sie nicht die Täler in einem Aufwärtstrend oder die Spitzen in einem Abwärtstrend.

- Divergenzen deuten auf eine bevorstehende Kurswende hin. Suchen Sie nach Divergenzen entlang der Spitzen in einem Aufwärtstrend und entlang der Täler in einem Abwärtstrend.

Ich habe einmal gelesen, dass man RSI-Divergenzen ignorieren sollte, sofern sie nicht in Extrembereichen auftreten, also oberhalb von 70 oder unterhalb von 30. Abbildung 5.5 zeigt zwar, dass Divergenz in diesem Beispiel unabhängig davon funktioniert, dennoch ist diese

Vorsicht sinnvoll. Die überkauften (über 70) oder überverkauften (unter 30) Bereiche des RSI deuten darauf hin, dass die Aktie auf einem ungewöhnlichen Niveau gehandelt wird und sich wahrscheinlich umkehren wird. Die Divergenz zeigt an, wann die Bedingungen für eine Umkehr günstig sind, sagt jedoch nichts darüber aus, wann sie tatsächlich stattfindet.

Abb. 5.5 Bullishe und bearishe Divergenzen treten auf, wenn der Indikator in eine Richtung zeigt und die Aktie in eine andere.

Wenn die Divergenz im mittleren Bereich (zwischen 30 und 70) auftritt, ist sie häufiger ein Fehlsignal. Der Kurs wird sich einfach weiter nach oben oder unten bewegen. Daher ist es am besten, wenn die Divergenz im oder nahe dem überkauften und überverkauften Bereich auftritt.

- Achten Sie beim RSI-Indikator auf Divergenzen, wenn er eine überkaufte oder überverkaufte Situation signalisiert (Bereiche, in denen eine Kursumkehr wahrscheinlicher ist), mit zwei Wendepunkten im Abstand von etwa einem Monat bis sechs Wochen.

Nur weil die beiden Charts divergieren, ist das kein Grund zu der Annahme, dass der Kurs eine große Bewegung vollführen wird. Betrachten Sie die Punkte E und F in Abbildung 5.5. Der Kurs bildet ein höheres Hoch, aber der RSI zeigt ein leicht niedrigeres Hoch. Der Kurs fällt, aber nicht sehr stark.

Punkt G ist ein weiteres Beispiel. Der Indikator sagt, dass der Kurs steigen sollte, während er bei H ein tieferes Tief erreicht. Dann erholt sich der Kurs, aber nicht weit, bevor er seinen Abwärtstrend wieder aufnimmt. Obwohl der Indikator anzeigte, dass die Aktie überverkauft war, verhinderte dies nicht, dass der Kurs weiter fiel. Indikatoren sind wie alles andere in der Technischen Analyse: Manchmal funktionieren sie, manchmal nicht.

Test der Divergenz

Um Divergenzen zu testen, habe ich meinen Computer so programmiert, dass er sie im Relative-Stärke-Index (RSI) findet. Ich habe 994 Aktien von Januar 1995 bis September 2010 verwendet und 19.294 Beispiele für Divergenzen gefunden. Ich habe diese gefiltert, indem ich Divergenzen ausgeschlossen habe, die nicht aus den überverkauften oder überkauften Bereichen stammten, und die Ergebnisse in Bullen- und Bärenmärkte unterteilt. Die Bärenmärkte reichten vom 24. März 2000 bis zum 10. Oktober 2002 und vom 12. Oktober 2007 bis zum 6. März 2009. Die Bullenmärkte umfassten alle übrigen Zeiträume.

Bei jeder Aktie ermittelte ich alle Hoch- oder Tiefpunkte, die das höchste Hoch oder das niedrigste Tief innerhalb von 8 Tagen davor und danach darstellten (insgesamt 17 Tage). Ich nahm an, dass jemand die Aktie zum Eröffnungskurs am 9. Tag kaufen würde, dem nächsten Eröffnungstag nach Beendigung der Suche nach dem Hoch- oder

Tiefpunkt. Ich schloss alle Hoch- oder Tiefpunkte aus, die nicht zwischen drei Wochen und 2,5 Monaten auseinanderlagen. Die Erfahrung hat gezeigt, dass diejenigen Hoch- oder Tiefpunkte, die zwischen einem Monat und zwei Monaten auseinanderliegen, die beste Divergenz ergeben. Das mag stimmen oder auch nicht. Ich habe keine anderen Zeiträume getestet.

Wenn der Kurs zwei Hoch- oder Tiefpunkte bildete, habe ich mir die RSI-Werte an diesen beiden Tagen angesehen. Oft entsprachen sie auch den Hoch- oder Tiefpunkten im RSI (oder lagen nahe daran). Ich habe mich nur mit den RSI-Werten an diesen Tagen befasst, nicht damit, ob sie Wendepunkte im Indikator zeigten. Dies könnte ein Kritikpunkt an der Studie sein, da die meisten Menschen sowohl im RSI als auch im Kurs nach definierten Hoch- und Tiefpunkten suchen. Eine Überprüfung verschiedener Aktien mit dem RSI-Diagramm ergab jedoch, dass dies kein Problem darstellt. Wenn der Kurs ein Tief bildete, tat dies auch der RSI; wenn der Kurs ein Hoch erreichte, tat der RSI dies ebenfalls.

Tabelle 5.1 zeigt die Ergebnisse als durchschnittliche Gewinne im Zeitverlauf. Beispielsweise erzielten die Aktien drei Wochen, nachdem der Kurs den zweiten Tiefpunkt in einem Bullenmarkt erreicht hatte und der RSI eine bullishe Divergenz zeigte, durchschnittliche Gewinne von 7,0 Prozent. Im Vergleich dazu betrug der durchschnittliche Gewinn des S&P 500 Index im gleichen Zeitraum 0,5 Prozent. In allen Fällen übertrafen Aktien mit bullisher Divergenz den S&P 500. Besser geht es nicht.

Schauen Sie sich die nächsten Zeilen an. Wenn die bullishe Divergenz in einem Bärenmarkt funktionieren würde, würden die Aktien größere Gewinne oder kleinere Verluste als der S&P 500 Index verzeichnen. Stattdessen verzeichneten die Aktien nach drei Wochen Verluste von durchschnittlich 1,2 Prozent, verglichen mit Verlusten von 0,2 Prozent für den Index. Nach einem Monat betrugen die Verluste 2,2 Prozent für Aktien gegenüber 0,9 Prozent für den Index.

Nach zwei Monaten sind die Zahlen im Wesentlichen ausgeglichen. Erst nach drei Monaten schneiden Aktien mit bullisher Divergenz besser ab als der Index.

Wertpapier	Divergenz	Markt	3 Wochen	1 Monat	2 Monate	3 Monate
Aktien	Bullish	Bulle	7,0%	8,0%	9,7%	11,6%
S&P500			0,5%	1,2%	3,0%	5,3%
Aktien	Bullish	Bär	-1,2%	-2,2%	-3,2%	-4,9%
S&P500			-0,2%	-0,9%	-3,3%	-5,9%
Aktien	Bearish	Bulle	4,1%	4,3%	5,3%	6,6%
S&P500			0,3%	0,6%	1,7%	2,7%
Aktien	Bearish	Bär	0,3%	-0,3%	-2,9%	-5,5%
S&P500			-0,9%	-1,8%	-3,9%	-6,4%

Tab. 5.1 Ergebnisse der Divergenz-Tests.

Wenn die bearishe Divergenz funktionieren würde, würden Aktien *schlechter* abschneiden als der Index. Das zeigt die Tabelle jedoch nicht. In allen Fällen, unabhängig vom Bullen- oder Bärenmarkt, schnitten die Aktien besser ab als der Index.

- Nur die bullishe Divergenz funktioniert, und zwar nur in einem Bullenmarkt.

Die Performance-Zahlen in Tabelle 5.1 sind *Durchschnittswerte*. Große Zahlen können den Durchschnitt nach oben verzerren. Da wir wissen, dass bullishe Divergenzen nur in einem Bullenmarkt funktionieren: Wie oft übertrifft jede Aktie mit bullisher Divergenz die Performance des S&P 500 Index? Antwort: zwischen 45 Prozent (für den dreiwöchigen Test) und 48 Prozent (nach zwei Monaten).

- Bullishe Divergenzen schlagen den Markt häufiger nicht, als dass sie funktionieren.

6. Flache Divergenz und der RSI

Führen flache Divergenz-Schwankungen zu stärkeren Bewegungen? Ein Beispiel dafür zeige ich in Abbildung 5.5 bei Punkt I. Die bullishe Divergenz befindet sich bei C und D. Wenn Punkt I, der höchste Punkt zwischen Beginn und Ende der Divergenz, unter 50 Prozent bleibt, sollte dies eine stärkere Bewegung signalisieren. Das gilt für die bullishe Divergenz. Bei einer *bearishen* Divergenz bedeutet eine Schwankung über 50 Prozent (ein flacher Einbruch) eine stärkere Bewegung.

Nutzen Sie hier Ihre Vorstellungskraft und nehmen Sie an, dass die Kombination aus F und A (vorausgesetzt, sie erreichte einen Höchststand von über 70) eine bearishe Divergenz zwischen E und B zeigt. Der Rückgang auf J, der unter 50 Prozent seinen Tiefpunkt erreicht, deutet auf eine schwache Abwärtsbewegung hin. Das ist die Theorie, aber funktioniert sie auch? Ja, aber nur manchmal. **Tabelle 5.2** zeigt die Zahlen.

Divergenz	Markt	Unter 50	Über 50	Ergebnis
Bullish	Bullenmarkt	36,1 %*	36,5 %	Nachteilig
Bullish	Bärenmarkt	3,8 %*	-17,5 %	Vorteilhaft
Bearish	Bullenmarkt	18,5 %	22,2 %*	Nachteilig
Bearish	Bärenmarkt	-7,6 %	-9,4 %*	Vorteilhaft

* **Unter 50** (bei bullisher Divergenz) bzw. **über 50** (bei bearisher Divergenz) ist für diesen Divergenz-Typ jeweils die bessere Variante.
** Die Prozentwerte sind die Summe der Gewinne nach 3 Wochen sowie nach 1, 2 und 3 Monaten.

Tab. 5.2 Ergebnisse der Gesamtprozentsätze bei flacher Divergenz.**

Anstatt eine große Tabelle mit Prozentsätzen im Zeitverlauf zu zeigen, habe ich die Prozentsätze für jeden Zeitraum (3 Wochen + 1 + 2 + 3 Monate) addiert, und diese Prozentsätze sind in der Tabelle aufgeführt. So lässt sich leichter erkennen, ob flache Indikatorschwankungen am besten funktionieren.

Beispielsweise beträgt die prozentuale Veränderung über die vier Stichprobenzeiträume in einem Bullenmarkt für Aktien, die eine bullishe Divergenz aufweisen, 36,1 Prozent, wenn der Indikator unter 50 blieb. Im Vergleich dazu beträgt die Gesamtveränderung 36,5 Prozent für die Fälle, in denen der Indikator über 50 stieg. Mit anderen Worten: Die Strategie hat in diesem Szenario nicht funktioniert, da wir einen größeren prozentualen Gewinn erwartet hätten, wenn der Indikator unter 50 geblieben wäre. Die nächste Zeile, bullishe Divergenz/Bärenmarkt, zeigt eine bessere Performance, da die Verluste im Bärenmarkt deutlich geringer ausfallen.

Betrachten Sie die letzte Zeile. Während einer bearishen Divergenz in einem Bärenmarkt sollte die Performance schlechter sein, wenn der Indikator über 50 bleibt (ein flacher Rückgang). Dies ist tatsächlich der Fall: Aktien verlieren 9,4 Prozent bei einem Indikator über 50 verglichen mit Verlusten von nur 7,6 Prozent bei einem Indikator unter 50.

- Wenn der RSI-Indikator während der Divergenz flach bleibt, verbessert sich die Performance, jedoch nur in einem Bärenmarkt.

7. Gute Eier: Failure Swings bei Indikatoren

Die schlechte Performance der Divergenz wirft die Frage auf, wie sich Failure Swings (Fehlschwankungen) verhalten. Fehlschwankungen sind kleine Versionen bullisher oder bearisher Divergenzen, die auf dem RSI und anderen Indikator-Charts zu sehen sind.

Abbildung 5.6 zeigt ein Beispiel anhand des RSI-Charts für Mueller. Failure Swings sehen aus wie kleine M- oder W-förmige Wendungen wie die mit A markierte. Weitere bullishe und bearishe Failure Swings, die aus demselben Chart, jedoch aus anderen Monaten als den gezeigten stammen, sind in der Einblendung zu sehen. Ihr Aussehen variiert, aber Sie erkennen einen Failure Swing, wenn Sie ihn sehen.

Ich habe zwei vertikale Linien in den Chart eingezeichnet, um zu zeigen, wie der Failure Swing bei A mit dem Kurs übereinstimmt. In diesem Beispiel hätten Sie nicht viel Zeit gehabt, um den Failure Swing zu erkennen, bevor der Kurs nach oben schoss, aber die längerfristige Entwicklung deutete darauf hin, dass die Wende im Februar von Dauer war (da der Kurs bis weit in den März hinein stieg).

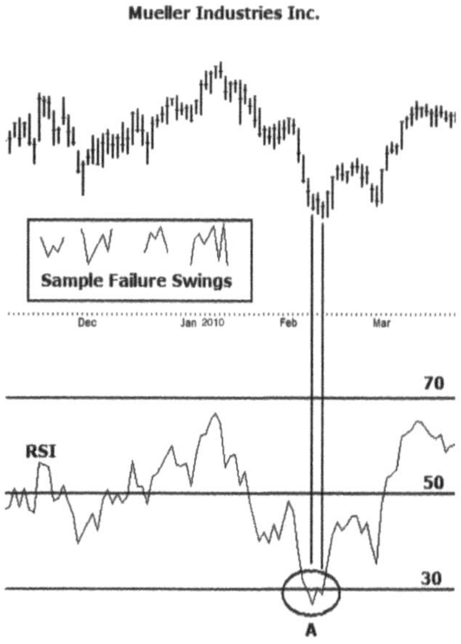

Abb. 5.6 Failure Swings sind kleine M- oder W-förmige Schwankungen im Indikator.

Ich habe Failure Swings nicht getestet, daher weiß ich nicht, wie gut sie funktionieren. Ich habe sie jedoch erfolgreich beim Trading eingesetzt und halte sie daher für wertvoll.

Die Theorie hinter Failure Swings besagt, dass sie auftreten sollten, wenn sich der Indikator im überkauften oder überverkauften Bereich befindet. Auch hier suchen Sie nach einem Kurs, der bereit ist, sich umzukehren. Ein weiterer Tipp ist, Muster zu finden, bei denen das rechte Tief über dem linken liegt, wie es bei A der Fall ist. Das soll eine bullishere Bewegung anzeigen. Bei Hochpunkten suchen Sie nach einem niedrigeren rechten Hoch. Keiner der M-förmigen Failure Swings in der Einblendung sieht überzeugend aus, aber Sie können sie in Ihren Charts für den Indikator Ihrer Wahl finden und sehen, wie sich der Kurs verhält.

- Suchen Sie nach kleinen M- oder W-förmigen Wendungen, die in den überkauften oder überverkauften Bereichen beginnen. Am besten ist es, wenn das rechte Hoch unterhalb – oder das rechte Tief oberhalb – des linken liegt.

8. Einstiegsmuster: Flat Base

Das Flat-Base-Muster ist wie ein Ausschlag, der nicht verschwindet: Ich werde es in dieser Trilogie noch einmal erwähnen. Das Muster ist eine einfache Methode, um Aktien zu finden, deren Kurs nicht nur um 20 Prozent steigt, sondern sich verdoppelt oder verdreifacht. Das wird natürlich nicht jedes Mal passieren, und es kann eine längere Haltedauer erfordern, um diese Ziele zu erreichen.

Abbildung 5.7 zeigt JetBlue Airways auf dem Wochenchart unter Verwendung der linearen Preisskala. Das bedeutet, dass der vertikale Abstand von 2 zu 3 derselbe ist wie der zwischen 15 und 16. Auf einer logarithmischen Skala sind die Abstände unterschiedlich.

Der Kurs bewegte sich horizontal, nachdem er im Sommer 2008 abgestürzt war. Seit Mitte 2009 bewegt sich der Kurs zwischen 5 und 7, als würde er auf die Freigabe zum Start warten. Die Abbildung ist ein Beispiel für ein Flat-Base-Muster, bei dem sich der Kurs über einen längeren Zeitraum seitwärts bewegt.

Das ideale Flat-Base-Muster hat eine flache Oberkante und einen flachen Boden mit geringen Kursschwankungen nach oben und unten. Die Aktie bewegt sich monatelang oder sogar jahrelang seitwärts, bis es zu einem Ausbruch kommt. Das ist der Zeitpunkt, an dem der Kurs über der Oberkante des Musters schließt. Selbst dann steigt der Kurs möglicherweise nicht so hoch, dass die Luft ohne Sauerstoffflaschen zu dünn zum Atmen ist. Vielmehr verläuft der Anstieg wie bei den meisten Steigungen: Der Kurs steigt zunächst an und fällt dann wieder zurück, bevor er zum nächsten höheren Niveau aufsteigt.

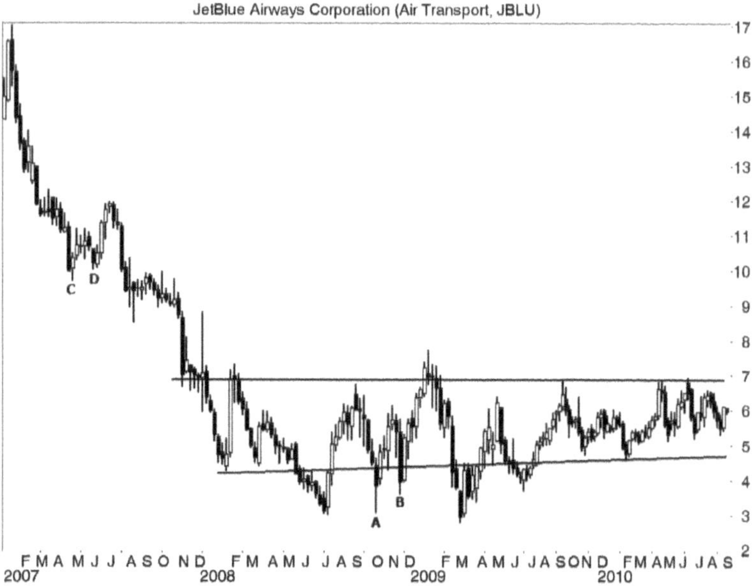

Abb. 5.7 Ein Flat-Base-Muster im Chart von JetBlue.

Das Erkennen einer flachen Basis erfordert etwas Vorstellungskraft. Wie Abbildung 5.7 zeigt, sind weder die Oberseite noch die Unterseite vollkommen flach. Wenn Sie barfuß darauf laufen würden, könnten Sie sich Stichwunden zuziehen. (Eine Person hat mir per E-Mail ein Bild geschickt, auf dem sie auf glühender Holzkohle läuft. Ich glaube, sie trägt jetzt Prothesen.)

Zeichnet man den Chart ohne den starken Rückgang von 17 neu, sieht er aus wie eine Mondlandschaft: eine zerklüftete Landschaft mit scharfen Gipfeln und Tälern, die als flache Basis nur schwer zu erkennen ist.

Für die Mustererkennung hilft es, Wochen- oder Monatscharts und die lineare Skala zu verwenden. Dadurch wird die vertikale Kursbewegung bei großen Schwankungen stärker komprimiert.

- Verwenden Sie die lineare Skala, um nach Flat Bases zu suchen.
- Wechseln Sie zu Wochen- oder Monatscharts.
- Der Kurs wird unregelmäßig geformt sein, sich aber über Monate oder Jahre horizontal bewegen, oft begrenzt durch einen unsichtbaren Boden und eine unsichtbare Decke.

Sobald der Kurs die Obergrenze der Handelsspanne durchbricht, könnte dies ein Kaufsignal sein. Recherchieren Sie das Unternehmen, um die Wachstumsaussichten zu verstehen und zu erfahren, warum der Kurs steigt. Nehmen Sie eine Position ein, wenn Ihnen gefällt, was Sie herausfinden. Wenn sich der Kurs der Aktie verdoppeln oder verdreifachen wird, haben Sie genügend Zeit, um einen Kauf zu tätigen. Häufig kehrt der Kurs an die Obergrenze der Spanne zurück, sodass sich ein weiterer Einstiegspunkt ergibt.

Vielleicht möchten Sie den Einstieg mit einem Schlusskurs über dem einfachen gleitenden 30-Wochen-Durchschnitt verbinden. Das garantiert zwar keinen Erfolg, kann Ihnen aber dabei helfen, Aktien auszuwählen, die bereit sind, zu steigen, anstatt sich in einer etwas höheren Spanne seitwärts zu bewegen.

9. Identifizieren und Handeln von Kurslücken (Gaps)

Ich habe einen Artikel über Kurslücken für eine Zeitschrift geschrieben, und schon bald hat jemand eine illegale Kopie davon im Internet veröffentlicht. Allein auf einer Website wurde der Artikel über 1.200 Mal heruntergeladen. Das deutet darauf hin, dass Trader Gaps lieben. Ich bevorzuge Frauen.

Im letzten Kapitel wurde erwähnt, dass Gaps in etwa 20 bis 25 Prozent der Fälle als Unterstützungs- oder Widerstandsbereiche fungieren. Das ist eine schwache Performance. Die *Art* der Kurslücke liefert jedoch einen Hinweis auf das zukünftige Kursverhalten.

Area Gaps

Auf dem Tageschart treten regelmäßig verschiedene Arten von Lücken auf. In **Abbildung 5.8** zeige ich eine ideale Situation. Der Kurs bewegt sich seitwärts in einer locker aussehenden Konsolidierungszone, in der sich ein Area Gap bildet. Area Gaps treten häufig in Seitwärtsphasen auf, werden jedoch schnell wieder geschlossen. *Schließen* bedeutet, dass der Kurs so weit zurückgeht, dass er den durch die Lücke entstandenen Bereich wieder ausgleicht. In diesem Beispiel schließt der Kurs die Lücke am nächsten Tag. Die durchschnittliche Zeit zum Schließen eines Area Gaps beträgt drei Tage, basierend auf einer Stichprobe von 484 Area Gaps bei 97 Aktien von 1991 bis 2004.

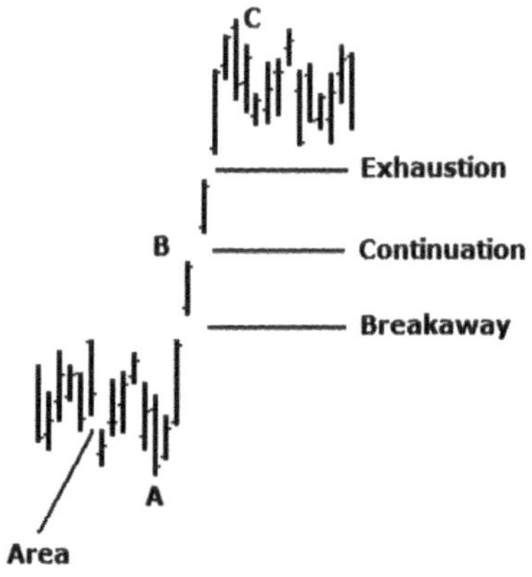

Abb. 5.8 Die verschiedenen Gap-Typen treten auf, während eine Aktie weiter steigt.

Das Volumen ist an Tagen mit Kurslücken tendenziell hoch, fällt jedoch bei einem Area Gap innerhalb von ein oder zwei Tagen wieder auf ein normales Niveau zurück. Der Kurs bildet eine Kurve, während er die Lücke schließt, was bedeutet, dass nach dieser Lücke keine neuen Hochs oder Tiefs mehr auftreten. Mit anderen Worten: Der Kurs bewegt sich weiter seitwärts.

- Area Gaps treten in Konsolidierungszonen bei hohem Volumen auf, aber der Kurs schließt die Lücke schnell und konsolidiert weiter.

Breakaway Gaps

Breakaway Gaps (auch Ausbruchslücken genannt) treten auf, wenn der Kurs eine Konsolidierungszone verlässt und ein neuer Trend beginnt. Das Volumen ist in der Regel hoch und bleibt mehrere Tage lang über dem Durchschnitt. Der Kurs erreicht weiterhin neue Höchststände, und es dauert in einem Bullenmarkt durchschnittlich 136 Tage, bis ein Aufwärts-Breakaway-Gap geschlossen wird, basierend auf einer Stichprobe von 737 Breakaway Gaps aus 132 Aktien. Bei bearishen Breakaway Gaps (Bullenmarkt, Abwärtsausbruch aus einer Konsolidierungszone) dauert es durchschnittlich 168 Tage, bis die Lücke geschlossen wird.

- Breakaway Gaps treten auf, wenn der Kurs bei hohem Volumen eine Konsolidierungsregion verlässt. Die Lücke schließt sich nicht schnell.

Abbildung 5.8 zeigt ein Beispiel für ein Breakaway Gap, wenn der Kurs die Konsolidierungszone verlässt.

Continuation Gaps

Continuation Gaps (Fortsetzungslücken) sind selten. Ich habe 495 davon gefunden, aber dafür waren 173 Aktien erforderlich. Sie treten am häufigsten in einer geradlinigen Aufwärtsbewegung auf, meist zwischen einem Breakaway Gap am Anfang und einem Exhaustion Gap am Ende. Da sie in der Mitte eines Preistrends auftreten, werden sie von manchen als Measuring oder Runaway Gaps bezeichnet. Misst man die Strecke vom Beginn des Trends bis zur Mitte der Fortsetzungslücke und projiziert diesen Wert nach oben, lässt sich abschätzen, wie weit der Kurs voraussichtlich steigen wird.

Die Abbildung zeigt die Messregel für Continuation Gaps. Berechnen Sie den Abstand von A nach B (die Mitte der Lücke oder, wenn Sie konservativer sein möchten, den unteren Rand der Lücke) und addieren Sie ihn zu B, um das Ziel C zu erhalten.

Continuation Gaps schließen sich bei Aufwärtsausbrüchen durchschnittlich nach 98 Tagen, abwärts nach 77 Tagen. Das Gap tritt im Kursverlauf nach 43 Prozent beziehungsweise 57 Prozent des Weges bis zum Ende des Aufwärts- beziehungsweise Abwärtstrends auf.

- Continuation Gaps treten nahe der Mitte eines geradlinigen Kursverlaufs auf, oft bei hohem Volumen.

Exhaustion Gaps

Exhaustion Gaps (Erschöpfungslücken) treten gegen Ende eines Trends auf. Oft führt ein Breakaway Gap zu einem starken Kursanstieg, und ein Exhaustion Gap beendet den Trend. Das Volumen ist hoch, da die Trader hektisch versuchen auszusteigen – als stünde das Gebäude in Flammen.

Nach dem Exhaustion Gap bewegt sich der Kurs seitwärts und korrigiert einen Teil des Anstiegs, wodurch das Gap oft geschlossen wird. Mit anderen Worten: Der Kurs erreicht keine neuen Hochs (Aufwärtstrend) oder Tiefs (Abwärtstrend) mehr. Exhaustion Gaps können recht groß sein. Wenn Sie also eine Lücke von mehreren Punkten sehen, handelt es sich wahrscheinlich um ein Exhaustion Gap.

Abbildung 5.8 zeigt eine Erschöpfungslücke, die in eine Konsolidierungsphase übergeht. Ich habe 471 Exhaustion Gaps bei 173 Aktien gefunden, die sich bei Aufwärtstrends durchschnittlich nach 9 Tagen und bei Abwärtstrends nach 14 Tagen schlossen.

- Exhaustion Gaps treten am Ende von Trends bei hohem Volumen auf und schließen sich schnell.

Wie man Kurslücken tradet

Das Trading von Gaps hängt von der Art der Kurslücke ab. Hier sind einige Tipps:

- Wenn eine Lücke eine Konsolidierungszone verlässt, handelt es sich um ein **Breakaway Gap**. Dies bedeutet in der Regel, dass eine starke Bewegung bevorsteht, da Breakaway Gaps so lange brauchen, um sich zu schließen.

- Wenn eine Kurslücke nach oben innerhalb einer Konsolidierungszone auftritt, aber das Hoch nicht über den Höchstkurs des Konsolidierungsbereichs hinausgeht, handelt es sich wahrscheinlich um ein Area Gap. Ignorieren Sie dieses. Warten Sie, bis sich der Kurs aus der Konsolidierungszone befreit hat, bevor Sie eine Position eingehen.

- Das Volumen ist für diese Kurslücken kein entscheidender Faktor, außer bei einem Area Gap. Das Volumen geht nach einem **Area Gap** in der Regel schnell zurück, da sich der Kurs nicht weit bewegt, bevor er zurückläuft und die Lücke schließt. Bei den anderen Arten bleibt das Volumen in der Regel einige Tage lang hoch.

- *Nachdem* sich ein Trend gebildet hat, ist mit einer **Erschöpfungslücke** zu rechnen. Fortsetzungslücken sind so selten, dass sie außer bei wenig gehandelten Aktien kein Grund zur Sorge sind. Bei einer Erschöpfungslücke sollte der Kurs fast sofort in eine Konsolidierungszone eintreten. Wenn der Kurs seinen Trend fortsetzt, handelt es sich um eine Fortsetzungslücke.

- Handelt es sich um eine **Erschöpfungslücke**, ist mit einer heftigen Umkehr zu rechnen. Abbildung 5.1 zeigt ein Beispiel dafür bei den Gaps J und K. Wenn Sie ein Exhaustion Gap erkennen können, kann das Traden in die entgegengesetzte Richtung eine profitable kurzfristige Strategie sein (um die Gegenbewegung zu nutzen).

- Wenn der Kurs eine große Lücke bildet, handelt es sich um eine **Erschöpfungslücke**. Der Kurs wird seinen Trend beenden und in eine Konsolidierung übergehen, wobei ein Teil der vorherigen Bewegung korrigiert wird.

10. Das Muster, mit dem man nie verliert: Der umgekehrte Dead Cat Bounce

Ich habe aufgrund eines umgekehrten Dead Cat Bounce 15-mal Aktien verkauft und bei jedem Trade Geld verdient. In anderen Fällen habe ich mich entschieden, länger zu halten, um noch mehr Geld zu verdienen. Der umgekehrte Dead Cat Bounce ist eines meiner Lieblingsmuster, und ich gehe in „Swing- and Day-Trading", Kapitel 5, noch einmal darauf ein.

Stellen Sie sich vor, Sie besitzen IBM-Aktien. Vor Börsenbeginn gibt das Unternehmen besser als erwartete Gewinne bekannt, und die Aktie eröffnet mit einer Kurslücke 15 Prozent höher. Was tun Sie?

Wenn Sie aufmerksam sind, erkennen Sie, dass es sich wahrscheinlich um ein Exhaustion Gap handelt. Die Lücke wird sich wahrscheinlich nicht so schnell schließen, aber die Wahrscheinlichkeit eines zumindest teilweisen Rücksetzers ist hoch. Wenn ich bereits einen Gewinn in der Aktie hätte, würde ich verkaufen und etwa zwei Wochen warten, bis der Kurs zurückgekommen ist. Danach könnte ich die Aktie jederzeit erneut kaufen.

Wenn eine Aktie aufgrund von Nachrichten mit einem Gap nach oben springt, sollten Sie einen Verkauf in Betracht ziehen. Wenn Sie die Aktie halten, bedeutet dies in der Regel, dass der Kurs seine Gewinne (zumindest teilweise) wieder abgibt und Sie sich später für einen Verkauf entscheiden, jedoch zu einem niedrigeren Preis.

Manchmal ist es jedoch die beste Wahl, eine Position zu halten. Wenn die Nachrichtenankündigung auf bessere Zeiten hindeutet, könnte die Aktie weiter steigen, nur mit einer geringeren Geschwindigkeit. Es ist jedoch schwierig, einzuschätzen, wie die Aktie reagieren wird.

Ich ging beispielsweise davon aus, dass die Aktie von Southwest Airlines im Juni 2004 weiter gut laufen würde, als das Unternehmen eine vorläufige Vereinbarung mit der Gewerkschaft der Flugbegleiter erzielte. Nach der Bekanntgabe stieg der Kurs nur um 8 Prozent, aber aus einem kleinen Buchgewinn wurde ein größerer. Ich beschloss, die Aktie zu halten, doch dann fiel sie wie ein von einer AMRAAM-Rakete getroffener Kampfjet. Eine Stop-Loss-Order rettete mich mit einem Verlust von 3 Prozent aus der Aktie. Das war die gute Nachricht, denn die Aktie fiel weiter um 14 Prozent unter den Kurs, zu dem ich verkauft hatte.

- Wenn der Markt Ihnen einen Gewinn beschert, schnappen Sie ihn sich und laufen Sie zur Bank.

Die Richtung von Aktie oder Markt bestimmen

Die Bestimmung der Marktrichtung ist eher eine Kunst als eine Wissenschaft. Es ist, als würde ich Ihnen sagen, wie Sie einen Tennisball auf eine Dose werfen sollen, die ich auf der anderen Seite des Platzes aufgestellt habe. Ich kann Ihnen sagen, dass Sie etwas mehr nach rechts zielen sollen, aber ich kann Ihnen nicht die Fähigkeit vermitteln, das verdammte Ding jedes Mal zuverlässig zu treffen. Diese müssen Sie selbst entwickeln. Ich kann Ihnen jedoch einige nützliche Tipps geben, wie zum Beispiel *auf die Dose zu zielen und nicht auf den Schiedsrichter*. Die Tipps 11 bis 14 sind für kurzfristige Trader nützlich.

11. Wie entwickeln sich die Futures?

Wenn Sie schon lange genug traden, kennen Sie diesen Tipp wahrscheinlich: Wie entwickeln sich die S&P- und die Nasdaq-Futures? Ich nutze die Website Yahoo! Finance, weil dort die Futures im Vergleich zum Fair Value vor Börsenbeginn angezeigt werden. Wenn der Wert einer zweistelligen Zahl wie 20 oder höher (oder -20 und niedriger) entspricht, ist mit einer positiven (negativen) Eröffnung des Marktes zu rechnen.

- Wenn die S&P- oder Nasdaq-Futures eine große Bewegung nach oben oder unten machen, ist mit einer entsprechenden Eröffnung des Aktienmarkts zu rechnen.

12. Kurssprünge. Was nun?

Abbildung 5.9 zeigt zwei Kerzen. Die linke ist ein Muster, das Ihnen begegnen kann, wenn der Preis einen umgekehrten Dead Cat Bounce macht. Denken Sie daran, dass der Kurs in diesem Fall aufgrund von Nachrichten sprunghaft ansteigt. Oft schließt der Kurs bei oder nahe dem Tageshoch. Die Abbildung zeigt, was typischerweise am nächsten Tag passiert, und das ist wichtig, wenn Sie verkaufen möchten.

Ich habe 565 Aktien von Oktober 2005 bis September 2010 untersucht und 14.557 Fälle gefunden, in denen Aktien genau zum Tageshoch schlossen. Dann habe ich ausgewertet, was am nächsten Tag passierte.

Abb. 5.9 Die rechte Kerze zeigt das typische Profil, wenn der Kurs am Vortag auf dem Tageshoch schließt.

Wird der Kurs ein höheres Hoch erreichen? Ja, in 81 Prozent der Fälle, aber die Aktie wird in 55 Prozent der Fälle niedriger schließen. Um wie viel wird die Aktie an diesem Tag steigen? Der mediane Anstieg beträgt 1,38 Prozent. Sie haben also eine 50:50-Chance, dass Ihre Aktie um 1,38 Prozent über den Schlusskurs des Vortages steigt. Ein Drittel der Aktien wird um mehr als 2,5 Prozent steigen.

Wenn Sie glauben, dass die Aktie am Tag nach dem Schlusskurs auf Tageshoch fallen wird, dann platzieren Sie eine Limit-Order, um 1,38 Prozent über dem vorherigen Hoch zu verkaufen. Der Kurs sollte das Ziel in etwa der Hälfte der Fälle erreichen.

Zur Veranschaulichung zeigt **Tabelle 5.3** die Häufigkeitsverteilung des Abstands zum vorherigen Schlusskurs in Prozent. Beispielsweise stiegen die Aktien in 9 Prozent der Fälle um weniger als 0,25 Prozent über den vorherigen Schlusskurs. In zwei Dritteln der Fälle (67 Prozent) erreichten die Aktien kein Hoch von 2,25 Prozent über dem vorherigen Schlusskurs. Verwenden Sie die Tabelle, um den Preis zu bestimmen, zu dem Sie eine Limit-Order platzieren möchten.

- Wenn der Kurs nach einem Sprung nach oben bei einem Tageshoch schließt, platzieren Sie eine Limit-Order, um am nächsten Tag zu einem Preis von 1,38 Prozent über dem Schlusskurs zu verkaufen. Das sollte in etwa der Hälfte der Fälle zum Erfolg führen.

13. Mit Tails den Gewinnen hinterherjagen

Vor langer Zeit habe ich gelesen, dass Tails zuverlässiger sind, wenn sie bei Minor Lows auftreten als bei Minor Highs. Das ist wahr, und ich werde meinen Beweis gleich erläutern. Zunächst einmal: Was ist ein Tail?

Abstand	**0,25 %**	**0,50 %**	**0,75 %**	**1,00 %**	**1,25 %**
Verteilung	9 %	11 %	10 %	9 %	8 %
Kumulativ	9 %	20 %	30 %	39 %	47 %
Abstand	**1,50 %**	**1,75 %**	**2,00 %**	**2,25 %**	**2,50 %**
Verteilung	6 %	6 %	5 %	4 %	33 %
Kumulativ	53 %	59 %	63 %	67 %	100 %

Tab. 5.3 Häufigkeitsverteilung der Kurssteigerungen.

Ein *bearisher Tail* oder *Spike*, wie er manchmal genannt wird, ist eine eintägige Kursbewegung, deren Kursspanne deutlich über die sie umgebende Landschaft hinausragt – wie ein einsamer Baum auf einem Hügel (bei Minor Highs). Die Idee dahinter: Wenn ein langer Kursbalken nahe dem Tagestief schließt, bedeutet dies, dass die Bullen versucht haben, ein neues Hoch zu halten, es aber nicht geschafft haben, sodass eine Abwärtsbewegung folgen wird.

Bei *bullishen Tails* zeigen die Spikes nach unten und fallen weit unter das benachbarte Kursgeschehen. Sie erscheinen in Tälern, und der Kurs muss nahe dem Tageshoch schließen. Sie deuten darauf hin, dass die Bären im Laufe des Tages Abwärtsdruck ausgeübt haben, aber den Kaufdruck nicht abwehren konnten, der den Kurs dazu zwang, über dem Tagestief zu schließen. Dies deutet auf einen steigenden Preistrend hin.

Abbildung 5.10 zeigt einige Beispiele bei Minor Highs (D und C) und Minor Lows (A und B). Nach den Regeln des folgenden Tests erscheinen keine weiteren Tails im Chart (oft aufgrund der Lage des Schlusskurses).

Abb. 5.10 Tails bei Minor Highs und Minor Lows.

Tabelle 5.4 zeigt die Ergebnisse eines Tests, den ich mit 565 Aktien von Oktober 2000 bis September 2010 durchgeführt habe. Ich habe alle Minor Highs oder Minor Lows gefunden, die mindestens 5 Tage von benachbarten Gipfeln oder Tälern entfernt waren (weshalb Punkt D in Abbildung 5.10 qualifiziert ist). Das bedeutet: Ein Hoch mit einem potenziellen Tail muss das höchste Hoch innerhalb von 5 Tagen davor bis 5 Tage danach sein (insgesamt 11 Tage). Dasselbe gilt für Täler: Das Tief muss das niedrigste Tief innerhalb von 5 Tagen vor und nach dem Tal sein.

Beschreibung	Durchschnittlicher Anstieg/Rückgang	5%-Ausfallrate
Tails bei Minor Highs	-13%	11%
Keine Tails bei Minor Highs	-11%	17%
Tails bei Minor Lows	14%	8%
Keine Tails bei Minor Lows	13%	11%

Tab. 5.4 Ergebnisse von Tails bei Minor Highs und Minor Lows.

Nachdem ich ein Hoch oder Tief gefunden hatte, prüfte ich, ob sich der Kurs mit den beiden angrenzenden Tagen höchstens zu 50 Prozent überlappt. Dieser Filter ließ Spikes übrig, die deutlich über oder unter dem umliegenden Kursgeschehen herausragten. Dann schränkte ich die verbleibenden auf einen Schlusskurs ein, der nahe (innerhalb der halben Balkenhöhe) am Tief (bei Minor Highs) oder nahe am Hoch (bei Minor Lows) liegen musste. Einige erfordern engere Werte, aber eine Überprüfung der Auswahl zeigte, dass der Prozess funktionierte.

Ich habe den Rückgang vom höchsten Hoch des Tails bis zum Tiefpunkt des nächsten Tals oder vom niedrigsten Tief des Tails (bei einem Minor Low) bis zum Hoch des nächsten Gipfels gemessen. Dies sind die Swing-Tiefs und Swing-Hochs, und Tabelle 5.4 zeigt die prozentualen Bewegungen.

Als beispielsweise ein bearisher Tail bei einem Minor High auftrat, fiel der Kurs vom Hoch- bis zum Tiefpunkt um durchschnittlich 13

Prozent. Wenn kein Tail auftrat, betrug der Rückgang durchschnittlich nur 11 Prozent.

Bei bullishen Tails betrug der Anstieg vom Tiefpunkt bis zum Hoch durchschnittlich 14 Prozent, verglichen mit 13 Prozent bei den Minor Lows ohne Tail.

In beiden Fällen signalisierten die Tails eine etwas größere Bewegung.

Um zu bestimmen, welche Art von Tail (bullish oder bearish) besser funktioniert, ist ein direkter Vergleich des durchschnittlichen Anstiegs oder Rückgangs kein fairer Test. Eine Aktie kann nur ihren gesamten Wert verlieren (ein Rückgang von 100 Prozent), aber der Anstieg kann unbegrenzt sein. Ich habe beschlossen, zu zählen, wie viele Aktien es nicht schafften, sich nach dem Tail mehr als 5 Prozent zu bewegen. Die Messung ist die gleiche wie beim vorherigen Test (das heißt vom höchsten Hoch zum nächsten Tief oder vom niedrigsten Tief zum nächsten Hoch).

Ich stellte fest, dass bei bearishen Tails – also solchen bei Minor Lows – 11 Prozent nicht um mehr als 5 Prozent gefallen sind. Im Vergleich dazu lag die Ausfallrate bei bullishen Tails bei 8 Prozent. Wenn keine Tails vorhanden waren, waren die Ausfallraten mit 17 beziehungsweise 11 Prozent deutlich höher.

Basierend auf den Zahlen in Tabelle 5.4 sind bullishe Tails zuverlässiger als bearishe. Das ergibt Sinn, da der Markt Bullen gegenüber Bären bevorzugt (siehe den Dow Jones Industrial Average in den 1920er-Jahren im Vergleich zu heute).

- Bullishe Tails treten bei Minor Lows auf, wenn der Kurs unter die benachbarten Kursbalken fällt, aber nahe dem Höchststand schließt. Sie signalisieren eine Aufwärtsbewegung.

- Bearishe Tails treten bei Minor Highs auf, wie ein einsamer Baum auf einem Hügel. Sie deuten auf einen bevorstehenden Rückgang hin. Sie sind nicht so zuverlässig wie bullishe Tails.

Ein Hinweis zur Vorsicht: Versuchen Sie nicht, Tails zu traden und die in Tabelle 5.4 gezeigten Gewinne zu erwarten. Die Ergebnisse basieren auf Hunderten von *perfekten* Swing-Trades.

14. Rückgang bei hohen Kursbalken

Haben Sie sich jemals gefragt, wie sich der Preis am Tag nach einer großen Bewegung entwickelt? Ich habe mich entschlossen, dies herauszufinden, und habe 565 Aktien aus dem Zeitraum von Oktober 2005 bis September 2010 verwendet, wobei ich 21.656 Stichproben gefunden habe. Ich habe nach Kursbalken gesucht, die mehr als doppelt so hoch waren wie der Durchschnitt der 22 Handelstage (etwa ein Kalendermonat). Um den Trend zu bestimmen, habe ich eine lineare Regression über die Schlusskurse der letzten neun Kalendertage verwendet.

Tabelle 5.5 zeigt die Ergebnisse. Die Tabelle verwendet jeweils die Prozentsätze für den Aufwärts- beziehungsweise Abwärtstrend (die Spalte „Trend ignorieren" verwendet alle Stichproben).

Beispielsweise erreichten Aktien während eines kurzfristigen Aufwärtstrends in 31 Prozent der Fälle am Tag nach einem hohen Kursbalken ein höheres Hoch. Bei einem Abwärtstrend erreichten sie in 32 Prozent der Fälle ein neues Hoch. Wenn man den Trend ignoriert, erreichten die Kurse in 32 Prozent der Fälle nach einem hohen Kursbalken ein neues Hoch. Umgekehrt bedeutet dies, dass die Kurse in 68 Prozent der Fälle kein neues Hoch erreichten (sie gingen zurück).

Die nächste Tabellenzeile zeigt, wie oft die Kurse nach einem hohen Kursbalken ein niedrigeres Tief erreichten, jeweils als Prozentsatz der Aufwärts- beziehungsweise Abwärtstrends. Die Ergebnisse ähneln denen der vorherigen, wobei der Kurs am häufigsten ein niedrigeres Tief erreicht, wenn der Trend nach oben zeigt. Das ist eine gegenläufige Bewegung.

- Der Kurs erreicht in mindestens 68 Prozent der Fälle am Tag nach einem hohen Kursbalken kein niedrigeres Tief (bei Abwärtstrends) oder höheres Hoch (bei Aufwärtstrends).

Beschreibung	Aufwärtstrend	Abwärtstrend	Trend ignorieren
Höheres Hoch	31 %	32 %	32 %
Niedrigeres Tief	28 %	27 %	27 %
Höherer Schlusskurs	48 %	47 %	48 %
Niedrigerer Schlusskurs	51 %	52 %	51 %

Tab. 5.5 Kursverhalten nach einem hohen Kursbalken.

Die beiden unteren Zeilen in Tabelle 5.5 zeigen, wo der Kurs am Tag nach einem hohen Kursbalken im Vergleich zum vorherigen Schlusskurs *schließt*. In den meisten Fällen (51 oder 52 Prozent) schließt der Kurs unabhängig vom Aufwärts- oder Abwärtstrend niedriger.

- Nach einem hohen Kursbalken zeigt der Kurs eine leichte Tendenz, am nächsten Tag niedriger zu schließen.

Das Markttief finden

Wie oft haben Sie schon versucht, Aktien vom Boden abzufischen, nur um nach dem Kauf festzustellen, dass es doch noch nicht der Boden war? Ich habe das zusammen mit allen anderen während der Baisse von 2007 bis 2009 durchgemacht. Allerdings habe ich meine Positionsgröße auf ein Achtel des Standes zum Höhepunkt der Hausse reduziert und dann das Wasser getestet, wenn ich das Gefühl hatte, dass ich etwas Geld verdienen könnte. Schließlich drehte der Markt und ich begann, mich einzukaufen, wobei ich bei einigen meiner Versorger-Aktien die Trendwende innerhalb weniger Tage erwischte.

Wie habe ich den Tiefpunkt des Marktes erwischt? Das wird in den Tipps 15 bis 20 erläutert.

15. Hässlicher Doppelboden: Ein höherer Boden

Ein höherer Boden ist das, was ich liebevoll als hässlichen Doppelboden bezeichne. Das ist der Fall, wenn der Kurs ein zweites Tief ausbildet, das mindestens 5 Prozent höher liegt als das erste. Zu einem hässlichen Doppelboden wird es, wenn der Kurs über dem Hochpunkt zwischen diesen beiden Tiefs *schließt*.

Der Abwärtstrend im März in Abbildung 5.10 zeigt beispielsweise wichtige Wendepunkte, bei denen der zweite Tiefpunkt niedriger ist als der erste. Nur an Punkt A sehen wir den ersten Hinweis auf eine Trendwende. Punkt A liegt nicht mindestens 5 Prozent über dem vorherigen Tiefpunkt, sodass er nicht als hässlicher Doppelboden gilt.

Betrachten Sie den Abwärtstrend in Abbildung 5.7. Bei C und D bildet der Kurs zwei Tiefs aus, aber D liegt nur 3 Prozent über C, sodass es sich nicht um einen hässlichen Doppelboden handelt. Ignorieren Sie ihn. Es handelt sich nicht um ein Muster, auf das man mit einer Investition setzen sollte.

Betrachten Sie nun die Tiefpunkte A und B. Diese beiden Täler liegen mehr als 17 Prozent auseinander. Wenn der Kurs über dem Hoch zwischen A und B schließt, werden die Kursschwankungen zu einem gültigen hässlichen Doppelboden. Mit einem Buy-Stop, 1 Cent über dem Hoch platziert, wären Sie in einen Aufwärtstrend eingestiegen, der den Kurs bis zum Hoch im Januar 2009 um 25 Prozent nach oben trieb.

Hier sind die Richtlinien zur Identifizierung hässlicher Doppelböden:

- Der Kurs tendiert nach unten und führt zum ersten Tiefpunkt.
- Es gibt zwei Tiefpunkte, aber der zweite liegt mindestens 5 Prozent über dem ersten.
- Das Volumen geht in 81 Prozent der Fälle von Tiefpunkt zu Tiefpunkt zurück.

- Das Muster wird bestätigt, wenn der Kurs über dem Hoch zwischen den beiden Tiefpunkten *schließt.*

Wenn Sie darauf warten, dass ein hässlicher Doppelboden als gültig bestätigt wird, reduzieren Sie Ihre Verluste beim Bottom-Fishing. Sie glauben, ich mache Witze? Schauen Sie sich einen beliebigen Chart mit einem Abwärtstrend an und sehen Sie, wie oft das Muster eine profitable Wende signalisiert. Der Schlüssel liegt darin, auf die Bestätigung zu warten. Wenn sich das Muster nicht *bestätigt,* wird der Kurs weiter fallen. Wenn es sich bestätigt, haben Sie gute Chancen, Geld zu verdienen, und Sie kaufen möglicherweise nahe dem Tiefpunkt.

16. Bullishe Chartmuster tauchen auf

Wenn der Kurs neue Jahreshöchststände erreicht, gehen bullishe Chartmuster in den Winterschlaf. Beispielsweise ist es *unwahrscheinlich,* dass ein Doppel*boden* auftritt, wenn der Kurs neue Höchststände erreicht. Stattdessen sehen Sie Doppel-Tops, Schulter-Kopf-Schulter-Tops und andere Arten von *bearishen* Mustern, keine bullishen.

An Marktböden hingegen strecken bullishe Muster ihre Nasen aus dem Loch wie ein Kaninchen, das die Luft schnüffelt. Dies gilt insbesondere für Rohr-Böden (Pipe Bottoms). Ich weiß nicht, was es mit Pipes auf sich hat, aber sie sind so zahlreich wie Regenwürmer nach einem Regenschauer.

Wechseln Sie zur Wochenansicht. Suchen Sie nach zwei Kurs-Spikes, die direkt nebeneinander liegen und deutlich unter das umliegende Terrain hinausragen. Die beiden Spikes müssen nicht gleich lang sein. Tatsächlich verbessert sich die Performance, wenn sie unterschiedlich lang sind – allerdings gilt das in einem Bullenmarkt. In einem Bärenmarkt, wenn die Aktie nahe dem gleichen Kursniveau einen Boden bildet, verbessert sich die Performance. Abbildung 5.7 zeigt einen Rohr-Boden bei B.

Ich habe beobachtet, dass viele Rohr-Böden in derselben Branche und bei anderen Aktien auftreten, wenn der Markt seinen Tiefpunkt erreicht. Wenn das passiert, ist das noch nicht der absolute Tiefpunkt. Vielmehr erholt sich der Kurs und bildet dann einen zweiten Tiefpunkt. Auch am zweiten Tiefpunkt treten wieder Rohre auf, nur nicht so viele wie beim ersten Mal. Dieser zweite Tiefpunkt könnte der Wendepunkt zwischen Bären- und Bullenmarkt sein.

- Wenn viele Aktien Rohr-Böden aufweisen, achten Sie auf eine Erholung, die zu einem zweiten Tiefpunkt führt. Dieser zweite Tiefpunkt könnte das Ende des Bärenmarkts bedeuten.

17. Zahlreiche Herabstufungen von Aktien

Wenn Broker Aktien herabstufen, ist die Talsohle nahe. Ich habe eine Analyse der Herabstufungen der Aktien durchgeführt, die ich von Januar 1995 bis September 2010 verfolgt habe. Tabelle 5.6 zeigt die Ergebnisse für die beiden Bärenmärkte von März 2000 bis Oktober 2002 und von Oktober 2007 bis März 2009.

Ich habe 745 Aktien verwendet und 8.984 Rating-Änderungen gefunden. Ich habe das Datum der Änderung und den Kurs des S&P 500 Index an diesem Tag protokolliert, nicht den Kurs der Aktie. Diese Methode ermöglichte es, die Rating-Änderung im Vergleich zum Marktumfeld zu verfolgen.

Markt	Typ	0-25 % Bärenmarkt-Beginn	26-50 %	51-75 %	76-100 % Bärenmarkt-Ende
2000–2002 Bärenmarkt	Hochstufungen	17 %	28 %	27 %	28 %
2000–2002 Bärenmarkt	Herabstufungen	16 %	38 %	16 %	31 %
2007–2009 Bärenmarkt	Hochstufungen	31 %	20 %	28 %	21 %
2007–2009 Bärenmarkt	Herabstufungen	22 %	22 %	22 %	34 %

Tab. 5.6 Veränderungen von Aktien-Ratings im Zeitverlauf.

Die Idee hinter dieser Methode ist: Da eine Flut alle Boote hebt, ist es nützlich, zu bestimmen, wann diese Flut kommt oder geht. Die Flut ist eine Metapher für den Gesamtmarkt.

Sehen wir uns die vier Zeilen der Tabelle genauer an. Die Prozentsätze oben in der Tabelle zeigen, an welchem Punkt im Bärenmarkt die Rating-Änderung stattfand, sowohl zeitlich als auch preislich (was zufällig zu denselben Ergebnissen führte), im Vergleich zum S&P 500 Index.

Für den Bärenmarkt von 2000 bis 2002 war es ein unglücklicher Schachzug, Anleger zum Kauf von Aktien mit einer Rating-Heraufstufung zu ermutigen, gerade als der Markt bearish wurde. Glücklicherweise geschah dies nur in 17 Prozent der Fälle. Am rechten Ende der Tabelle hatten nur 28 Prozent der Aktien eine *Hochstufung* erfahren, innerhalb von 25 Prozent bis zum *Ende* des Bärenmarkts. Gerade als der Markt kurz davor war, seinen Boden zu bilden, gaben nur wenige Broker bullishe Prognosen ab.

Bei den Herabstufungen warnten nur 16 Prozent der Aktien innerhalb der ersten 25 Prozent eines Bärenmarkts vor einem bevorstehenden Rückgang. Das bedeutet, dass 84 Prozent weiterhin bullish waren. Ganze 31 Prozent signalisierten weitere Probleme, gerade als der Bärenmarkt zu Ende ging.

Während des Bärenmarkts von 2007 bis 2009 wurden 31 Prozent der Aktien zu Beginn des Bärenmarkts heraufgestuft. Hoppla! 21 Prozent wurden gegen Ende des Bärenmarkts heraufgestuft. Die Herabstufungen blieben bis zum Ende des Bärenmarkts mit 22 Prozent unverändert, bevor sie dann auf 34 Prozent anstiegen. Die Broker stuften die Aktien kurz vor ihrer Erholung herab.

- Wenn Broker Aktien flächendeckend herabstufen und nur wenige heraufstufen, könnte das Ende des Bärenmarkts nahe sein.

- Wenn viele Broker Aktien hochstufen und nur wenige herabstufen, könnte ein Bärenmarkt bevorstehen.

18. Sie haben das Gefühl, alles verkaufen zu müssen

Buy-and-Hold-Anleger, die ihr Portfolio in einem Bärenmarkt häufig überprüfen, geraten emotional unter Druck. Da der Bär ihre Bestände wie Rindfleisch auf einem Campingplatz zerfleischt, sind die Anleger zunehmend angewidert von dem schwindenden Wert.

Schließlich befürchten sie, dass der Markt auf null fallen wird und dass sie ihre Bestände in Bargeld umwandeln sollten. Wenn alle anderen die gleiche Entscheidung treffen, steigt das Volumen, der Kurs stürzt ab (oder bewegt sich über mehrere Tage hinweg linear nach unten) und dann beginnt eine Erholung. Das ist das Ende des Bärenmarkts.

Natürlich ist es in diesem Moment schwierig, zu sagen, wann dies geschieht. Vielleicht können Zahlen eine Orientierungshilfe bieten. Der Bärenmarkt begann im März 2000 bei einem Höchststand von 1.552,87 im S&P 500 und erreichte im Oktober 2002 mit 768,63 seinen Tiefpunkt, was einem Rückgang von 51 Prozent entspricht. Der Bärenmarkt von 2007 bis 2009 brach um 58 Prozent ein. Mit anderen Worten: Wenn Sie alles verkaufen möchten, berechnen Sie den Rückgang des S&P 500 Index vom Höchststand bis zum aktuellen Wert. Wenn er um etwa 50 Prozent gefallen ist, dann sind Sie nahe am Tiefpunkt. Sie können genauso gut warten. Der Bärenmarkt von 1972 bis 1973 führte zu einem Preisrückgang von 50 Prozent.

- Wenn der S&P 500 Index um 50 Prozent gegenüber seinem Höchststand gefallen ist, befindet er sich nahe dem Tiefpunkt.

19. Tiefpunkt bei hohem Volumen

In dem gerade beschriebenen Szenario, in dem die Menschen den Wert ihrer Portfolios betrachten und sich zum Verkauf entschließen, steigt das Volumen sprunghaft an. Diese Klimax-Tiefpunkte sind aufgrund des unregelmäßigen Volumens der Indizes schwer zu erkennen.

Wenn Sie zur monatlichen Preisskala wechseln und sich das Volumen während der letzten beiden Bärenmärkte ansehen, werden Sie feststellen, dass das Volumen in dem Monat seinen Höhepunkt erreichte, in dem der Preis seinen Tiefpunkt erreichte. Im Oktober 1987, einem weiteren Bärenmonat, erreichte das Volumen seinen Höhepunkt und der Index fiel um 34 Prozent.

Vergleichen Sie dies mit dem Tiefpunkt des Bärenmarkts am 1. Oktober 1974. Das Volumen stieg sprunghaft an und erreichte den zweithöchsten Wert des Jahres.

- Das Volumen steigt an den Tiefpunkten der Bärenmärkte sprunghaft an.

20. Schlechte Nachrichten bewegen nichts, gute Nachrichten beflügeln den Markt

Dies ist mein Lieblingsindikator, um einen wichtigen Markttiefpunkt zu erkennen. Wenn schlechte Nachrichten keinen starken Rückgang des Marktes verursachen und gute Nachrichten ihn in die Höhe schnellen lassen, dann haben Sie Ihren Tiefpunkt oder zumindest eine bullishe Erholung in einem Bärenmarkt gefunden.

Um dies zu beurteilen, durchsuche ich die Nachrichten, insbesondere wenn es zu einer großen Bewegung (mehr als 150 Punkte) kommt. Warum ist der Marktindex gestiegen? Wenn die Arbeitslosenanträge in die Höhe schnellen und der Markt um 30 Punkte fällt (gähn), dann ist das ein gutes Zeichen. Schlechte Arbeitslosenberichte können die Märkte um Hunderte von Punkten einbrechen lassen, aber wenn dies nicht der Fall ist, dann ist das ein Hinweis auf eine Marktwende.

Lassen Sie sich nicht von einem einzigen Wirtschaftsbericht dazu verleiten, mit Ihrem Einkaufswagen zur nächsten Kasse mit der kürzesten Schlange zu eilen. Oftmals revidieren die Behörden Wirtschaftsberichte. Wenn jedoch die überwiegende Mehrheit der Anzeichen darauf hindeutet, dass schlechte Nachrichten den Markt nicht mehr so stark beeinträchtigen wie früher und gute Nachrichten ihn aus der Talsohle holen, könnte dies ein Signal für ein Markttief sein.

- Wenn gute Nachrichten den Markt beflügeln und schlechte Nachrichten kaum Auswirkungen haben, ist mit dem Ende einer Baisse zu rechnen. Wenn das Gegenteil der Fall ist, ist mit einem Marktrückgang zu rechnen.

21. Früh einsteigen: Partielle Anstiege und Rückgänge

Abbildung 5.11 zeigt ein Beispiel für einen sogenannten partiellen Rückgang. Dieser tritt in einem Chartmuster namens Broadening Bottom (sich verbreiternde Bodenbildung) auf. Ein sich verbreiterndes Muster ist genau das, wonach es klingt. Der Kurs erreicht im Laufe der Zeit höhere Hochs und tiefere Tiefs. Jede Seite sollte mindestens zwei Berührungen der jeweiligen Trendlinie aufweisen (am besten jedoch drei oder mehr).

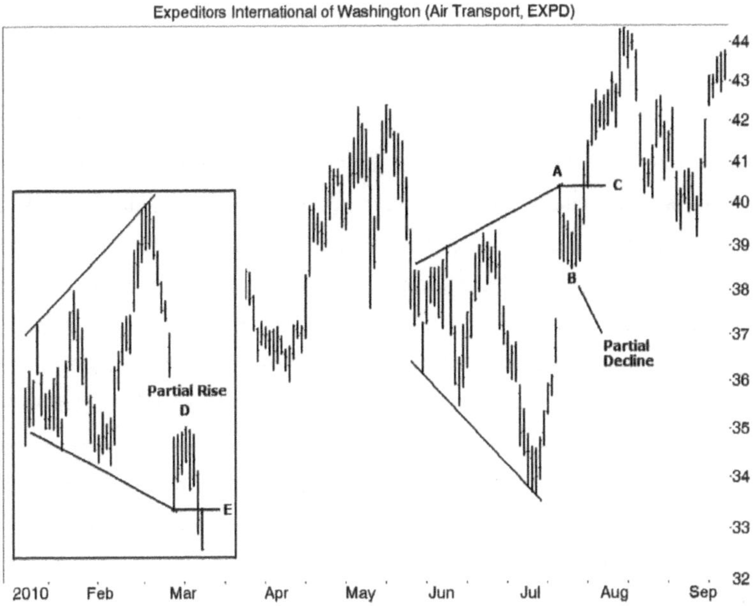

Abb. 5.11 Ein partieller Rückgang in einem Broadening-Bottom-Chartmuster deutet auf einen Ausbruch nach oben hin.

Sobald ein gültiges Muster etabliert ist, das heißt genügend Berührungen der Trendlinie stattgefunden haben, sollte man darauf achten, dass der Kurs die obere Trendlinie berührt und sich nach unten bewegt, ohne jedoch vor der Umkehrung zu nahe an die untere Trendlinie heranzukommen. Wenn er erneut die obere Trendlinie berührt, kommt es häufig zu einem sofortigen Ausbruch nach oben. Das ist ein partieller Rückgang.

Abbildung 5.11 zeigt ein Beispiel, bei dem der Kurs jede Trendlinie des Broadening Bottoms dreimal berührt, wobei die letzte Berührung bei A erfolgt. Danach fällt der Kurs auf B und dreht dann um, bevor er bei C aus dem Chartmuster ausbricht. C entspricht einer horizontalen Linie, die am oberen Rand des Chartmusters gezogen wird. Ein Schlusskurs über diesem Kurs bedeutet einen Aufwärtsausbruch. Ein partieller Rückgang erfolgt bei B, wenn der Kurs die obere Trendlinie verlässt und dann die Richtung umkehrt, um nach oben auszubrechen.

Stellen Sie sich vor, dass der Broadening Bottom auf den Kopf gestellt wird, wie ich es in der Einblendung zeige. Punkt D stellt einen partiellen Anstieg dar. Er verhält sich genauso wie ein partieller Rückgang, nur umgekehrt. Der Kurs berührt die untere Trendlinie, steigt bis zu D – ohne die obere Trendlinie zu berühren oder ihr nahe zu kommen – und fällt dann, wobei er einen Ausbruch inszeniert, wenn der Kurs unter E schließt.

Bei der Suche nach Beispielen für Abbildung 5.11 kam ich zu dem Schluss, dass partielle Anstiege und Rückgänge nicht mehr so gut funktionieren wie früher. Von 1991 bis 2004 sagten partielle Rückgänge bei sich verbreiternden Böden in 80 Prozent der Fälle einen Aufwärtsausbruch in einem Bullenmarkt korrekt voraus. Bei sich verbreiternden Tops funktionierte ein partieller Anstieg in 72 Prozent der Fälle in einem Bullenmarkt. Ich habe neuere Muster nicht getestet, um zu sehen, wie sich diese Technik verhält, daher sollten Sie bei der Anwendung dieser Methode vorsichtig sein.

Partielle Rückgänge und partielle Anstiege treten am häufigsten bei den verschiedenen Arten von sich verbreiternden Mustern und Rechtecken auf.

- Ein partieller Anstieg sagt einen Ausbruch nach unten voraus. Ein partieller Rückgang sagt einen Ausbruch nach oben voraus.

22. Musterbreite und Performance

Ich habe in einer Zeitschrift gelesen, dass es bei breiten Mustern länger dauert, bis der Kurs sein Ziel erreicht, als bei schmalen Mustern. Dort hieß es, dass es gängige Praxis sei, eine Position für eine Musterbreite zu halten, aber man habe festgestellt, dass man umso besser abschneidet, je länger man hält. Es wird empfohlen, das Dreifache der Musterbreite zu halten.

Ich beschloss, meinen eigenen Test durchzuführen. Ich verwendete 45 verschiedene Arten von Chartmustern bei 1.283 Aktien von Mai 1988 bis Juli 2010 und fand 26.873 bekannte gute Muster (das heißt, ich habe jedes einzelne über die Jahre hinweg überprüft, und sie sind kein Produkt der automatisierten Mustererkennung).

Ich habe die Breite jedes Chartmusters von Anfang bis Ende gemessen und dann ermittelt, wo das ultimative Hoch oder Tief eine Trendwende darstellte (ein Rückgang beziehungsweise Anstieg von mindestens 20 Prozent). Die in **Tabelle 5.7** aufgeführten Performance-Zahlen repräsentieren Tausende von *perfekten* Trades, sodass Ihre Ergebnisse variieren können.

Die Tabelle zeigt eine Häufigkeitsverteilung des damit verbundenen Anstiegs oder Rückgangs vom Schlusskurs am Tag vor dem Ausbruch (um Lücken zu berücksichtigen) bis zum endgültigen Hoch (Aufwärtsausbrüche) oder Tief (Abwärtsausbrüche).

Beispielsweise stiegen Chartmuster mit Aufwärtsausbrüchen tendenziell schnell auf das ultimative Hoch. Tatsächlich fanden 38 Prozent es innerhalb einer Musterbreite, und 20 Prozent erreichten ihr Hoch innerhalb von zwei Musterbreiten. Ich stellte fest, dass 69 Prozent der Chartmuster mit Aufwärtsausbrüchen innerhalb von drei Musterbreiten ihren Höchststand erreichten (das ist die Summe von 38, 20 und 11 Prozent).

Die nächste Zeile in der Tabelle zeigt die Performance, sortiert nach der Zeit, die benötigt wurde, um das ultimative Hoch als Vielfaches der Musterbreite zu erreichen. Diejenigen, die das ultimative Hoch innerhalb einer Musterbreite erreichten, stiegen um durchschnittlich 18 Prozent. Muster, die zwischen einer und zwei Musterbreiten benötigten, stiegen im Durchschnitt um 29 Prozent. Nach drei Musterbreiten flacht die Steigerungsrate zumindest für eine Weile tendenziell ab.

Dies gilt insbesondere für Abwärtsausbrüche, die nach zwei Musterbreiten tendenziell nachlassen (sie fallen um durchschnittlich 24 Prozent). Beispielsweise fallen Muster, die vier Musterbreiten benötigen, um das endgültige Tief zu erreichen, um durchschnittlich 27 Prozent unter den Schlusskurs des Tages vor dem Ausbruch. Das Gleiche gilt auch für fünf Musterbreiten. Die Zahlen deuten darauf hin, dass ein Halten von mehr als zwei Musterbreiten nur einen geringen zusätzlichen Ertrag für das eingegangene Risiko bringt.

Beachten Sie den Unterschied in der Performance zwischen Aufwärts- und Abwärtsausbrüchen. Muster mit Aufwärtsausbrüchen, die acht Vielfache der Musterbreite benötigen, schneiden doppelt so gut ab wie solche mit Abwärtsausbrüchen. Der Grund dafür ist, dass eine Aktie unbegrenzte Gewinne erzielen, aber nur 100 Prozent ihres Wertes verlieren kann.

Breiten-Multiplikator	1	2	3	4	5	6	7	8	9	>9
Verteilung	38%	20%	11%	7%	5%	4%	3%	2%	1%	9%
Gewinn	18%	29%	37%	43%	44%	47%	54%	56%	65%	72%
Wertpapier	**Aufwärtsausbrüche (oben)**				**Abwärtsausbrüche (unten)**					
Verteilung	55%	21%	10%	5%	3%	2%	1%	1%	1%	2%
Verlust	17%	24%	25%	27%	27%	28%	30%	28%	32%	31%

Tab. 5.7 Häufigkeitsverteilung der Musterbreite im Verhältnis zur Performance.

- Nach einem Aufwärtsausbruch aus einem Chartmuster erzielt man in der Regel die besten Gewinne in kürzester Zeit, wenn man eine Aktie bis zu drei Musterbreiten lang hält.

- Nach einem Abwärtsausbruch aus einem Chartmuster bringt das Leerverkaufen der Aktie für mehr als zwei Musterbreiten nur wenig zusätzliche Rendite für das damit verbundene Risiko.

23. Der Kurs fällt schneller, als er steigt

„Der Kurs fällt schneller, als er steigt“, sagte Linda mir während eines Telefonats. Woher wusste sie das? „Aus Erfahrung“, sagte sie. Viele Menschen vermuten, dass dies wahr ist, aber wie kann man es beweisen? Ich habe einen Weg gefunden und die Zahlen in meinem Buch „Encyclopedia of Chart Patterns“ dokumentiert.

Ich verwende gern symmetrische Dreiecke, da sie in 56 Prozent der Fälle nach oben ausbrechen (basierend auf Zahlen, die bis Mitte 2011 aktualisiert wurden), was bedeutet, dass die Richtung nahezu zufällig ist. In einem Bullenmarkt steigt der Kurs in 139 Tagen um durchschnittlich 29 Prozent, während er bei einem Ausbruch nach unten in 43 Tagen um 13 Prozent fällt. Damit schließe ich meine Beweisführung ab.

„Hä?“, fragen Sie sich vielleicht. Wenn der Kurs in 43 Tagen um 13 Prozent fällt, bedeutet das, dass er in 139 Tagen um 40 Prozent steigen sollte, wenn die beiden Geschwindigkeiten gleich sind. Wenn Sie es immer noch nicht verstehen, ändern Sie die Tage auf 40 und 120. Wenn der Aufwärtsausbruch dreimal so lange dauert, sollte er dreimal so weit steigen, also um 39 Prozent (13 Prozent × 3) statt um die tatsächlichen 29 Prozent. Der Rückgang ist viel schneller als der Anstieg.

- Der Kurs fällt schneller, als er steigt.

Dies gilt nicht nur für symmetrische Dreiecke, sondern auch für andere Chartmuster. Chartmuster bieten lediglich eine bequeme Möglichkeit, ein solches Verhalten zu testen. Die Auswirkungen davon sind erheblich. Sie können mit Leerverkäufen einer Aktie mehr Geld verdienen als mit Long-Positionen. Es bedeutet auch, dass Sie sofort verkaufen sollten, wenn der Kurs aus einem Chartmuster nach unten ausbricht, obwohl Sie einen Aufwärtstrend erwartet haben. Oftmals sind die ersten Tage nach einem Ausbruch von den größten Bewegungen geprägt, daher ist die Reaktionsgeschwindigkeit wichtig.

24. Spiegel für die Trendvorhersage

Wie viele von Ihnen können nicht widerstehen, sich im Spiegel anzusehen, wenn Sie an einem vorbeigehen? Wenn Sie sich betrachten, achten Sie auf die Symmetrie. Sie haben eine Schulter links und eine rechts, genauso wie Sie zwei Augen, zwei Ohren und sogar zwei Nasenlöcher haben.

Kursmuster weisen manchmal die gleiche Art von Symmetrie auf, und das kann Ihnen helfen, die Kursentwicklung zu bestimmen. Ein Schulter-Kopf-Schulter-Top basiert auf Symmetrie sowohl im Kurs als auch in der Zeit. Jede Schulter sollte in der Nähe des gleichen Kurses ihren Höchststand erreichen und einen ähnlichen Abstand zum Kopf haben.

Betrachten Sie **Abbildung 5.12**. Das Diagramm erinnert mich an meine College-Zeit. Ich hoffte, ein vierjähriges Stipendium für mein Studium zu erhalten, indem ich als Pilot zur Air Force ging. Eine der Prüfungen, die sie durchführt, zeigt zwei Luftaufnahmen eines Geländes (zum Beispiel einer Stadt) mit einem Dutzend oder mehr markierten Punkten (um es schwieriger zu machen, hat die eine Karte mehr Punkte als die andere). Ihre Aufgabe ist es, einen Punkt auf dem linken Bild mit dem richtigen Punkt auf dem rechten Bild zu verbinden.

Das klingt vielleicht einfach, aber man muss es in 30 Sekunden schaffen, und die beiden Bilder wurden mit unterschiedlichen Brennweiten (eines ist herangezoomt, das andere nicht), zu unterschiedlichen Tageszeiten und gedreht aufgenommen. Ich glaube, ich habe keine der Fragen richtig beantwortet. Jahrzehnte später bin ich ein führender Experte für Mustererkennung. Was soll man dazu noch sagen? Wie Sie sich vielleicht denken können, habe ich kein Stipendium bekommen. Anscheinend ist es für Piloten wichtig, zu wissen, wie man navigiert ...

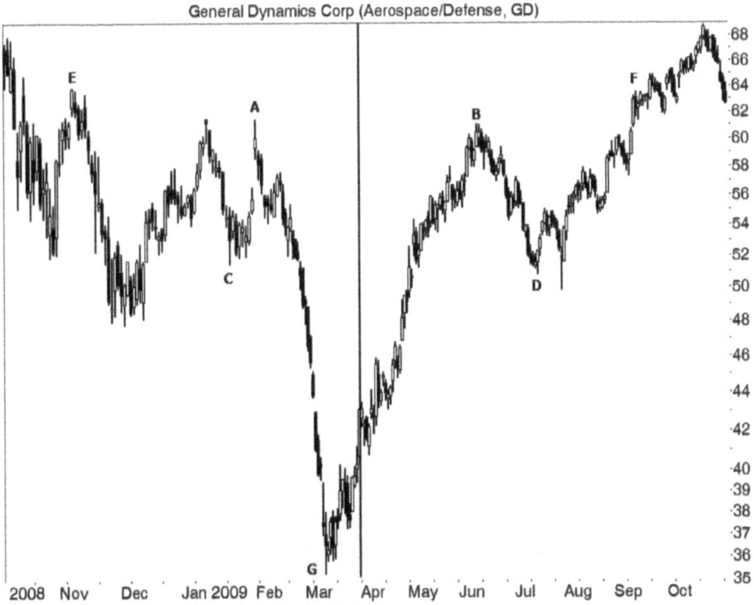

Abb. 5.12 Die Gipfel und Täler erscheinen in etwa derselben Entfernung von der Mittellinie.

Wie auch immer, zurück zu Abbildung 5.12: Beachten Sie, wie die Punkte links von der vertikalen Linie mit denen auf der rechten Seite übereinstimmen. Wenn Sie die rechte Hälfte ausblenden würden, könnten Sie die linke Hälfte nehmen, spiegeln und als eine Art Orientierungshilfe verwenden, um sich durch die Kurslandschaft zu bewegen, während sie sich entfaltet.

Zum Beispiel haben die Punkte A und B ungefähr die gleiche Höhe und Entfernung von der Linie. C und D stimmen überein, ebenso wie

E und F. Betrachten Sie den Rückgang von A nach G. Beachten Sie, wie er mit dem Anstieg von G nach B übereinstimmt.

Solche Kursspiegel funktionieren überraschend gut. Bei aufsteigenden Kurstrends (zum Beispiel, wenn der Preis ein neues Hoch erreicht) sind sie nicht sehr effektiv. Wie das Diagramm zeigt, ist dies keine perfekte Methode, aber sie gibt Ihnen zumindest einen Anhaltspunkt dafür, was Sie erwarten können.

- Überlegen Sie sich, wie sich der Kurs in Zukunft entwickeln wird, indem Sie die Kursbewegung um einen Höchst- oder Tiefststand herum spiegeln.

25. Trendlinien-Spiegel: Eine weitere Spiegelung

Wie oft haben Sie sich schon gefragt, wie weit der Kurs nach einem Trendlinienbruch fallen würde? Trendlinien-Spiegelungen geben Ihnen eine Antwort darauf. Betrachten Sie die Trendlinie AB in **Abbildung 5.13.** Da der Kurs nach oben tendiert, habe ich die Linie entlang der Täler gezogen.

Der Kurs signalisierte einen Rückgang, als er im Februar die Trendlinie durchbrach. Ich habe den Abstand vom vorherigen Hoch zur Trendlinie gemessen, C bis D: 33,35 – 28,90 oder 4,45. Wenn man diesen Anstieg über die Trendlinie hinweg widerspiegelt – an der Stelle, an der der Kurs schließlich beschloss, sich nach unten zu bewegen (E bei 30,21) –, ergibt sich ein Ziel von 30,21 – 4,45 oder 25,76. Der Kurs bei F erreicht seinen Tiefpunkt bei 25,89 und verfehlt das Ziel um nur 13 Cent.

Funktioniert diese Technik immer? Nein. Manchmal durchbricht der Kurs eine Trendlinie und bewegt sich entlang dieser, bevor er in einem flacheren Winkel weiterläuft. Dies gilt insbesondere, wenn der Kurs eine steile Trendlinie durchbricht. Ich habe für den Kurs auch die logarithmische Skala verwendet. Dies wirkt sich darauf aus, wo die Trendlinie den Kurs schneidet. Wenn Sie also die lineare Skala verwenden, erhalten Sie andere Ergebnisse.

Abb. 5.13 Eine Trendlinien-Spiegelung von C bis D entspricht der Distanz von E bis F.

- Spiegeln Sie den vertikalen Abstand über eine Trendlinie, um besser vorhersagen zu können, wie weit der Kurs fallen wird.

Diese Spiegelungstechnik funktioniert auch bei abfallenden Trendlinien. Die Projektion könnte jedoch eher eine Mindestbewegung darstellen, da Aufwärtsbewegungen tendenziell weiter gehen.

26. Vermeiden Sie Kursberge

Ein Kursberg ist genau das, wonach es klingt: Der Kurs steigt stark an und fällt dann wieder zurück. **Abbildung 5.14** zeigt ein Beispiel.

Bevor ich auf Kursberge eingehe, beachten Sie, dass A und C die Punkte B und D um den Gipfel E herum spiegeln. Mit anderen Worten: Die Punkte links vom Gipfel erscheinen auch auf der rechten Seite. Dies ist ein weiteres Beispiel für eine Kursspiegelung, diesmal jedoch auf einer monatlichen Skala.

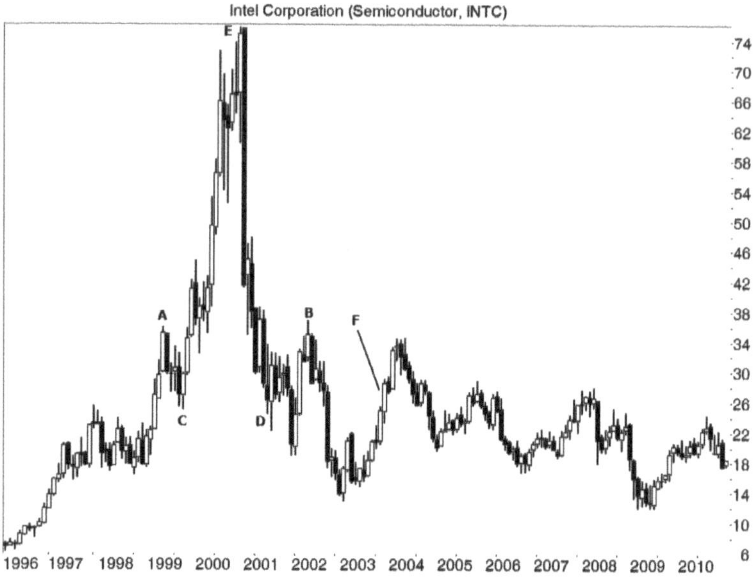

Abb. 5.14 Ein Kursberg entsteht, und selbst ein Jahrzehnt später hat sich die Aktie noch nicht erholt.

Die Abbildung zeigt Intel während der Technologieblase zur Jahrtausendwende, und der Aktienchart ist repräsentativ für andere Technologie-Aktien aus dieser Zeit. Die Preisskala ist linear, um den Anstieg und Fall der Aktie zu betonen.

Beachten Sie, dass sich der Kurs auch ein Jahrzehnt später noch nicht erholt hat und nicht einmal annähernd den alten Höchststand erreicht hat. Die Anleger, die die Aktie auf dem Weg zum Höchststand bei E gekauft haben, mussten über ein Jahrzehnt warten, um ihr Geld zurückzubekommen, und sie warten immer noch.

Die Moral dieser Geschichte ist einfach. Wenn eine Aktie einen Kursberg bildet, sollten Sie nicht erwarten, dass sich der Kurs in naher Zukunft erholt.

Betrachten wir dies einmal aus einem anderen Blickwinkel. Stellen Sie sich vor, der Bärenmarkt von 2000 bis 2002 ist vorbei und der Kurs ist bis zum Punkt F gestiegen. Eine Reihe hoher weißer Kerzen zeugt von der Begeisterung, die Trader wahrscheinlich empfanden, als der Kurs von C nach E stieg. Können wir davon ausgehen, dass sich der Aufwärtstrend fortsetzt?

Er hat zuvor 74 erreicht, warum also nicht noch einmal? Die Antwort lautet, dass es eine weitere Blase geben wird, aber wahrscheinlich nicht bei Halbleiter-Aktien. Beispielsweise sind Biotech-Aktien derzeit sehr gefragt. Wenn ein neues Medikament von der FDA zugelassen wird, kann der Kurs so schnell steigen wie der Herzschlag eines Patienten mit Blutdruckproblemen. Der Chart von Human Genome Sciences (HGSI) zeigt das gleiche Muster wie Intel, nur mit einem flacheren Verlauf danach. Der Kurs erreichte im Jahr 2000 einen Höchststand von fast 116, kam ein Jahrzehnt später auf 35 und liegt derzeit (August 2012) bei 14,24.

- Vermeiden Sie Investitionen in Aktien, die einen Kursberg zeigen.

Wie lange dauert es, bis ein Kursberg wieder erklommen wird?

Abbildung 5.14 und der obige Text lassen vermuten, dass es Jahrzehnte dauern wird, bis der Kurs erneut versucht, einen Kursberg zu erklimmen. Deshalb habe ich recherchiert, wie lange es dauert.

Ich habe meinen Computer so programmiert, dass er alle Hochpunkte findet, nach denen der Kurs zwischen Januar 1990 und September 2010 um mindestens 50 Prozent gefallen ist. Ich habe 565 Aktien durchforstet und 481 Stichproben erhalten. Jede Aktie musste einen Schlusskurs von über 3 Dollar aufweisen. Dadurch wurden Wertpapiere ausgeschlossen, die ich nicht berücksichtigen wollte, da Aktiensplits die historischen Kurse auf wenige Cent reduzieren können. Kleine Bewegungen dieser Aktien führen zu unrealistischen prozentualen Veränderungen.

Es dauerte durchschnittlich 4,3 Jahre, bis der Kurs einen Kursberg überschritt. Wenn man auch jene Kursberge mit einbezieht, die noch nicht überschritten wurden, steigt die durchschnittliche Zeit auf

4,9 Jahre. Wenn man nur diejenigen zählt, die noch nicht den alten Höchststand erreicht haben, steigt der Durchschnitt auf 5,6 Jahre, Tendenz steigend.

- Im Durchschnitt kann es mehr als fünf Jahre dauern, bis sich der Kurs nach einem Kursberg wieder erholt hat.

14 Verkaufstipps, die Sie kennen sollten

Die Entscheidung, wann man verkauft, und der tatsächliche Verkauf können einfach oder schwierig sein, je nachdem, wie Sie Ihr Geld verwalten. Eine nützliche Technik bei langfristigen Positionen ist die Frage: Ist jetzt der richtige Zeitpunkt, um short zu gehen? Wenn eine Position Geld verliert, fast täglich zu fallen scheint und kein Ende in Sicht ist, ist es dann an der Zeit, die Position zu schließen? Wenn Sie ausblenden können, dass Sie die Aktie besitzen, und sie als potenziellen Short-Kandidaten betrachten, kann das hilfreich sein.

Eine meiner Lieblingsmethoden ist es, die Rolle mit meiner Mutter zu tauschen. Wenn sie die Aktie besitzen würde und ich nicht, was würde ich ihr raten, damit zu tun? Dann folge ich diesem Rat.

- Wenn Sie eine Trading-Entscheidung in Betracht ziehen, was würden Sie Ihren Eltern raten, mit derselben Aktie zu tun?

Die Verkaufsentscheidung ist ein mentales Spiel. Jeder kleine Verlust wird zu einem großen Verlust, Dollar für Dollar. Wenn Sie Ihre Verluste nicht begrenzen, werden sie größer. Wann hat sich ein großer Verlierer das letzte Mal tatsächlich erholt und einen Gewinn erzielt? Hat das Jahre gedauert? Schauen Sie sich Abbildung 5.14 noch einmal an und fragen Sie sich, wie lange die Leute, die Intel über 40 gekauft haben, die Aktie halten müssen, um die Gewinnschwelle zu erreichen.

Wenn Sie lernen möchten, wie man verkauft, empfehle ich Ihnen das Buch „When to Sell“ (Mamis, 1977), aber auch die folgenden Tipps können hilfreich sein. Diese 14 Tipps, die in meiner Liste mit den Nummern 27 bis 40 aufgeführt sind, helfen Ihnen bei der Entscheidung, wann Sie verkaufen sollten:

27. Verwenden Sie Stopps.
28. Verkaufen Sie, wenn Sie falschliegen.
29. Verkaufen Sie bei unerwarteten Ereignissen.
30. Verkaufen Sie bei Trendwenden.
31. Verkaufen Sie Blue Chips bei einem Rückgang um 10 Prozent.
32. Der Indikator sagt „Verkaufen“: Befolgen Sie ihn.
33. Befolgen Sie Ihre Regeln.
34. Verkaufen Sie bei Bestätigung eines bearishen Musters.
35. Verkaufen Sie zum Kursziel.
36. Verkaufen Sie bei Durchbrechen der Unterstützung.
37. Verkaufen Sie bei Branchenschwäche.
38. Schwache Fundamentaldaten.
39. Verkaufen Sie bei Hype.
40. Was würde Tom tun?

27. Verwenden Sie Stopps

Ich habe Stopps bereits besprochen, daher möchte ich hier nur noch einmal kurz darauf eingehen. Anstatt sich ständig den Kopf darüber zu zerbrechen, ob Sie eine Aktie verkaufen sollen, können Sie mit einer richtig platzierten Stop-Loss-Order die Unsicherheit beseitigen, die bei einer Verkaufsentscheidung auftritt. Sie müssen nicht wie ein Day-Trader jede Bewegung der Aktie überwachen. Stattdessen übernimmt der Stopp diese Aufgabe und schließt Ihre Position, wenn etwas schiefgeht.

Lassen Sie es mich anders ausdrücken. Die Profis verwenden Stopps; sie wissen, wann sie verkaufen müssen. Nehmen Sie Ihr Trading ernst, oder spielen Sie nur? Werden Sie zum Profi, indem Sie richtig platzierte Stopps verwenden.

- Verwenden Sie Stop-Loss-Orders für kurzfristige Trades.

28. Verkaufen Sie, wenn Sie falschliegen

Bevor Sie eine Investition tätigen, fragen Sie sich, wie weit sich der Kurs wahrscheinlich bewegen wird, sowohl nach oben als auch nach unten. Bei welchem Kurs wird der Markt sagen, dass ich einen Fehler gemacht habe? Wenn Sie sich diese Fragen *vor* dem Trading stellen, können Sie den Ausstiegspreis genau bestimmen. Zu wissen, wann man aussteigen und sich aus dem Spiel zurückziehen muss, ist schon die halbe Miete. Die andere Hälfte erledigen Sie, indem Sie einen Stopp bei dem festgelegten Ausstiegspreis setzen.

- Bei welchem Kurs wird mir der Markt signalisieren, dass ich einen Fehler mache?

29. Verkaufen Sie bei unerwarteten Ereignissen

Manchmal kaufe ich in ein Chartmuster hinein, bevor es sich bestätigt, beispielsweise in einen Doppelboden mit einem Shelf am rechten Boden. Ein Shelf entsteht, wenn sich der Preis mehrere Tage lang horizontal bewegt und ein flaches Plateau bildet. Dies ist ein Unterstützungsbereich und ein guter Zeitpunkt zum Kaufen. Ein unterhalb des Shelfs platzierter Stopp begrenzt den potenziellen Verlust auf ein Minimum, während der Doppelboden einen starken Aufwärtstrend vorhersagt.

Leider funktioniert diese Konstellation nicht immer. Manchmal kühlt sich die Aktie ab und fällt. Wenn der Stopp gesetzt ist, fängt er die bearishe Trendwende ab. Wenn nicht, verkaufe ich, wenn das Unerwartete eintritt. Ich hatte erwartet, dass die Aktie steigen würde, aber das ist nicht geschehen. Zeit zum Aussteigen.

Hier ist ein weiteres Beispiel: Symmetrische Dreiecke sind, wie bereits erwähnt, berüchtigt dafür, doppelt zu scheitern. Wenn der Kurs zu meinen Gunsten ausbricht und dann in die entgegengesetzte Richtung einbricht, schließe ich den Trade. Es könnte zu einem doppelten Scheitern kommen oder der Kurs könnte um die Hälfte fallen, aber ich bleibe nicht dabei, um das herauszufinden. Ich steige aus dem Trade aus. Sofort!

Eine andere Situation tritt beim Bottom-Fishing auf. Der Kurs tendiert seit Monaten nach unten, also muss er sich dem Boden nähern. „Wenn sie bei 50 schon ein Schnäppchen war, ist sie bei 25 ein absoluter Glücksgriff", sagt Ihr Broker. „Das ist ein Rabatt von 50 Prozent! Was kann man daran nicht mögen?"

Sie kaufen die Aktie bei 25, nur um dann festzustellen, wie es sich anfühlt, sie bei 10 zu besitzen. Die Aktie ist jetzt eindeutig näher am Tiefpunkt als zuvor, aber null ist immer noch weit entfernt. Sie könnte so weit fallen. Wenn der ursprüngliche Kauf ein Fehler war, steigen Sie sofort aus dem Trade aus.

- Wenn eine Aktie eine ungünstige oder unerwartete Entwicklung nimmt, verkaufen Sie sie.

30. Verkaufen Sie bei Trendwenden

Wenn der Markt 20 Prozent von einem Hoch fällt, stufen wir dies als Bärenmarkt ein. Ein Bullenmarkt ist ein Markt, der um 20 Prozent von einem Tief aus steigt. Warum wenden wir diese Einstufung nicht auch auf einzelne Aktien an? Ich stufe eine 20-prozentige Umkehr als Trendwende ein.

Wenn eine Aktie um 20 Prozent oder mehr von einem Hoch gefallen ist, dann ist sie in bearishes Terrain geraten. Werden Sie sie los. Diese einfache Regel begrenzt die meisten Verluste auf 20 Prozent (aber eine Aktie kann auch einen Sprung nach unten machen, sodass Sie ein 60-prozentiges Loch in Ihrer Brieftasche haben). Das ist immer noch enorm, aber es ist besser als zu sehen, wie Ihre Lieblingsaktie zu einem mittelmäßigen Wert wird und dann zu einem Loser, wenn sie Tag für Tag weiter fällt, bis sie vor dem Bankrott steht. Lassen Sie das nicht zu. Verkaufen Sie, nachdem sich eine Trendwende vollzogen hat.

- Wenn eine Aktie 20 Prozent von einem Hoch fällt, verkaufen Sie sie.

31. Verkaufen Sie Blue Chips bei einem Rückgang von 10 Prozent

Eine mir bekannte Vermögensverwalterin verwendet 10 Prozent als Verkaufsschwelle, jedoch nur für Blue-Chip-Aktien. Anderen Aktien lässt sie mehr Spielraum für Schwankungen. „Die Entscheidung, wann man eine langfristige Position verkauft, ist schwierig", sagt sie.

Und so macht sie es: Wenn ein Blue Chip 5 Prozent von einem Hoch fällt, schaut sie sich das genauer an. Der Rückgang ist ein Warnsignal, dass sich auf fundamentaler oder technischer Seite etwas ändern könnte.

Wenn der Kurs um 10 Prozent fällt, hat sich das Warnsignal in ein Verkaufssignal verwandelt. Sie verkauft mindestens die Hälfte, oft aber auch die gesamte Position. Dies gilt nur für Blue-Chip-Aktien, die von Tag zu Tag nicht stark schwanken.

Bei Nicht-Blue-Chips ist es besser, andere Methoden zu verwenden.

- Verkaufen Sie eine Blue-Chip-Aktie, wenn sie 10 Prozent gegenüber dem Hoch gefallen ist.

32. Der Indikator sagt „Verkaufen": Befolgen Sie ihn

Ich bin kein Indikator-Fan. Das bedeutet, dass mein Lieblingsindikator der Kurs ist, nicht das Volumen, nicht der RSI, nicht der CCI und auch kein anderer Indikator. Vielleicht sind Sie anders. Vielleicht mögen Sie den MACD. Gut. Aber wenn er „Verkaufen" sagt, dann verkaufen Sie. Natürlich können Sie nach weiteren Informationen suchen, die Ihre Entscheidung bestätigen.

Wenn Sie das Verkaufssignal des Indikators mit anderen Indikatoren bestätigen, stellen Sie sicher, dass diese einen Mehrwert bieten. Ich erinnere mich, von jemandem gelesen zu haben, der den MACD zusammen mit einem Gleitender-Durchschnitt-Crossover-Schema verwendet hat. Warum? Beide Techniken verwenden gleitende Durchschnitte, sodass er sich auf ein doppeltes Signal verlassen hat.

Wenn Sie drei Indikatoren verwenden und alle auf Momentum basieren, ist das nicht die Vielfalt, die Sie suchen.

- Verkaufen Sie auf der Grundlage eines Trendfolge-Indikators, wenn sich der Preis in einer Trading-Range bewegt?

- Verwenden Sie einen Indikator, der für Trading-Ranges entwickelt wurde, wenn der Preis einen Trend aufweist?

- Verwenden Sie zu viele Indikatoren, die keinen Mehrwert bieten?

Vertrauen Sie den von Ihnen verwendeten Tools, aber wählen Sie das richtige für die jeweilige Aufgabe aus. Im Notfall kann ein Meißel als Schraubendreher dienen, aber möchten Sie diese Schraube wirklich mit einem fein geschliffenen Meißel drehen?

Wenn Sie Ihren Werkzeugkasten öffnen und drei Flachkopfschraubendreher derselben Größe sehen, brauchen Sie zwei davon? Behalten Sie nur die Indikatoren, die am besten funktionieren. Auf diese Weise können Sie mit Zuversicht verkaufen, wenn Sie ein Verkaufssignal erhalten.

Probieren Sie dieses Experiment aus: Zeichnen Sie Ihre Indikatoren auf demselben Chart wie den Kurs ein und überlagern Sie sie. Wenn sie alle zur gleichen Zeit drehen, wozu brauchen Sie sie dann? Sie können einfach den Kurs betrachten und feststellen, welche Signale Ihre Indikatoren gerade geben. Halten Sie es einfach.

- Legen Sie Ihre Indikatoren über denselben Kurschart, um zu sehen, ob sie gleichzeitig Signale geben. Entfernen Sie Duplikate.

- Verstehen Sie Ihre Indikatoren, damit Sie ihnen glauben, wenn sie zum Verkauf auffordern.

33. Befolgen Sie Ihre Regeln

Schauen Sie sich Ihre Trades an und stellen Sie sich folgende Frage: Hätte ich mehr Geld verdient, wenn ich meine Regeln befolgt hätte? Die Antwort auf diese Frage ist ein einfaches, aber wirkungsvolles Instrument.

Ich erzählte meinem Bruder diese Geschichte, um ihm etwas über das Verkaufen zu verdeutlichen: Joe besaß IBM-Aktien zu einem Kurs von 50 Dollar pro Stück mit einer Stop-Loss-Order bei 47 Dollar. Der Kurs fiel auf 47,25 Dollar, und er hob die Stopporder auf, weil er überzeugt war, dass sich der Kurs wieder erholen würde, und nicht vor der großen Bewegung ausgestoppt werden wollte. Was geschah?

Am nächsten Tag fiel der Kurs auf 46,39 Dollar. Dann geschah ein Wunder. Die Aktie startete einen entschlossenen Aufwärtstrend und verzeichnete drei Wochen lang täglich Gewinne. Er verkaufte die Aktie zu 62 Dollar und ein paar Cent.

Einige Trades später gab Widget Inc. fast täglich nach. Joe hatte einen Stopp bei 23 Dollar gesetzt. Als sich die Aktie diesem Kurs näherte, hob er den Stopp erneut auf. „Es hat schon einmal funktioniert", sagte er. „Es wird wieder funktionieren."

Die Aktie fiel noch einige Tage lang, erholte sich dann aber wieder. Die Erholung war nicht so steil wie bei IBM, aber da er die Aktie gehalten hatte, erzielte er einen stattlichen Gewinn. Es schien, als hätte Joe ein Gespür dafür, wann die Aktie ihren Tiefpunkt erreichen würde.

Beim nächsten Trade machte er sich nicht einmal die Mühe, einen Stopp zu setzen, sondern hatte einen mentalen Wendepunkt von 10,50 im Kopf. „Wenn die Aktie darunter fällt, ist es Zeit, zu verkaufen."

Jeden Tag gab die Aktie etwas nach. Dann brach sie ein und fiel innerhalb einer Sitzung von 10,63 auf 9,75, was einem Einbruch von 8 Prozent entspricht. „Es sind nur 88 Cent", sagte er. „Das wird sich bald ändern." Er war ein Experte darin, Tiefpunkte vorherzusagen, daher wusste er, dass die Wende nahe war. Er musste nur abwarten, bis die große Erholung kam, die mit Sicherheit folgen würde.

Diesmal jedoch durchbrach der Schlusskurs unter 10 eine wichtige Unterstützungsmarke, aber als Neuling wusste Joe nichts von solchen Dingen. Der Rückgang um 8 Prozent war nur der Anfang einer rasanten Abwärtsbewegung, bei der die Aktie jeden Tag weiter fiel. Bald erreichte die Aktie 6,63.

Einen Monat später erreichte die Aktie mit 4,27 ihren Tiefstand. Hat sie sich über Nacht verdreifacht, um wieder die Gewinnschwelle von 13 zu erreichen? Nein. Stattdessen stagnierte die Aktie über ein Jahr lang.

Was hat Joe falsch gemacht? Er hat gegen seine eigene Regel verstoßen (die Stopporder aufgehoben) und hatte Glück, als sich IBM erholte. Diese Entscheidung führte zu einer schlechten Angewohnheit, die durch den Erfolg mit Widget noch verstärkt wurde. Das führte dazu, dass er bei seinem letzten Trade einen Verlust erlitt, der sein Portfolio stark belastete.

- Würden Sie mehr Geld verdienen, wenn Sie Ihre Trading-Regeln befolgen würden?

34. Verkaufen Sie bei Bestätigung eines bearishen Musters

Was bedeutet *Bestätigung*? Das variiert von Chartmuster zu Chartmuster, aber oft bedeutet es, dass der Kurs außerhalb einer Begrenzungslinie der Formation schließt oder über die Höhe des Chartmusters hinausgeht (das heißt, der Kurs schließt über dem Hoch oder unter dem Tief eines Chartmusters). Ein bestätigtes Muster verwandelt zufällige Kursschwankungen in ein gültiges Kauf- oder Verkaufssignal.

Ich habe schon Aktien vor der Bestätigung eines bearishen Chartmusters verkauft und Geld gespart, als der Kurs fiel. Ich habe auch schon zu früh verkauft und zugesehen, wie sich der Kurs umkehrte, sodass ich nur noch zuschauen konnte, als die Aktie einen Höhenflug erlebte.

Ein Beispiel hierfür wäre der Verkauf während der Bildung der rechten Schulter eines Schulter-Kopf-Schulter-Tops. Der Kurs fällt, schließt aber nicht unterhalb der Nackenlinie (dem Bestätigungssignal), bevor er sich wieder erholt.

Wenn der Kurs ein bearishes Chartmuster bestätigt, dann verkaufen Sie, und zwar schnell. Wie ich bereits erklärt habe, fällt der Kurs schneller, als er steigt. Wenn Sie verkaufen, sobald Sie Ihren Fehler entdecken, können Sie Millionen sparen (träumen Sie groß).

- Verkaufen Sie, wenn sich ein bearishes Chartmuster als gültig bestätigt.

35. Verkaufen Sie zum Kursziel

Es gibt einen alten Witz, der besagt, dass man zuerst schießt und dann behauptet, dass das, was man getroffen hat, das Ziel war. Für kurzfristige Trader (Swing- und Day-Trader) gilt: Verkaufen Sie, wenn der Kurs ein vorab festgelegtes Ziel erreicht.

Ich verwende die Messregel für Chartmuster, um ein Ziel festzulegen. Bei vielen Chartmustern addieren Sie die Höhe des Musters zum Ausbruchskurs, um das Ziel zu erhalten.

Wenn beispielsweise die Höhe eines Eva-&-Eva-Doppelbodens vom tiefsten Tief bis zum Hoch zwischen den beiden Böden 5 Dollar beträgt und der Ausbruchspreis 100 Dollar ist, dann liegt das Ziel bei 105 Dollar. Der Preis wird das Ziel in 67 Prozent der Fälle in einem Bullenmarkt erreichen, wenn er sich wie die 412 Muster verhält, die ich in meinem Buch „Encyclopedia of Chart Patterns" untersucht habe.

Hier ist ein weiterer Tipp: Wenn Sie die Höhe mit dem Prozentsatz multiplizieren, der das Kursziel erreicht, erhalten Sie ein genaueres, zuverlässigeres Ziel. In diesem Fall wäre das neue Ziel 100 Dollar + 5 Dollar × 67 Prozent oder 103,35 Dollar.

- Verwenden Sie die Messregel für Chartmuster, um zu beurteilen, wie weit sich der Kurs wahrscheinlich bewegen wird. Multiplizieren Sie die Höhe des Musters mit dem Prozentsatz, der das Kursziel erreicht (zu finden in „Encyclopedia of Chart Patterns"), um ein zuverlässigeres Ziel zu erhalten.

Bei der Verwendung der Messregel muss der gesunde Menschenverstand Vorrang haben. Wenn beispielsweise eine Aktie bei 10 Dollar geschlossen hat und ein Doppel-Top eine Höhe von 11 Dollar hat, sagt die Messregel, dass der Kurs unter null fallen wird. Wenn ein aufsteigendes Dreieck 5 Dollar hoch ist und die Aktie bei 10 Dollar notiert, wird der Kurs dann wirklich 15 Dollar erreichen? Das wäre ein Anstieg um 50 Prozent! Das ist möglich, aber unwahrscheinlich.

- Rechnen Sie den prognostizierten Anstieg oder Rückgang in einen Prozentsatz um, um zu sehen, ob die Bewegung sinnvoll ist.

36. Verkaufen Sie bei Durchbrechen der Unterstützung

Im vorigen Kapitel wurden Unterstützung und Widerstand behandelt, sodass Sie nun ein Experte auf diesem Gebiet sein sollten. Aber wie wenden Sie dieses Wissen beim Trading an?

Wenn ich eine Unterstützungszone finde, werde ich aufmerksam, wenn der Kurs unterhalb dieser Region *schließt*. Ich betone *schließt*, weil ein bloßes Durchstoßen nicht ausreicht. Oftmals verhält sich der Kurs wie ein Tornado, der den Boden berührt und dann wieder in die Wolken aufsteigt, um nie wieder gesehen zu werden. Wenn der Kurs fallen wird, möchte ich sicher sein, dass er tatsächlich nach unten geht, indem ich auf einen Schlusskurs unterhalb der unteren Begrenzung der Konsolidierungszone warte.

Für eine hochwertige Unterstützungszone suche ich nach einem soliden Block horizontaler Kursbewegungen – je enger, desto besser. Eine lockere Struktur bedeutet, dass ein Kurs keine klare Richtung hat und wie ein Korken auf einem Teich während eines Sturms auf und ab schwankt.

„Eng" bedeutet, dass sich die Kurse von Tag zu Tag stark überschneiden. Oft sieht das im Chart wie eine solide schwarze Wand aus. Dann bestimme ich, wie weit diese vom aktuellen Kurs entfernt ist. Wenn sie nahe ist, sagen wir ein paar Prozentpunkte, ist es möglich, dass der Kurs sie bei einem Ausbruch durchbricht und weiter sinkt. Wenn sie 4 bis 12 Prozent entfernt ist, ist es wahrscheinlicher, dass die Aktie von dieser Unterstützung abprallt und zum Ausbruchspreis zurückkehrt, was mir eine zweite Gelegenheit zum Ausstieg bietet. Ich werde weiter unten auf Throwbacks und Pullbacks eingehen, aber es geht darum, zu bestimmen, wie weit sich der Kurs bewegen wird, und auf dieser Grundlage eine Trading-Entscheidung zu treffen.

- Wenn der Kurs unterhalb der Unterstützung schließt, bestimmen Sie, wo der Kurs seinen Rückgang beenden könnte. Befindet sich die Unterstützung in der Nähe, ist mit einem Pullback zu rechnen.

37. Verkaufen Sie bei Branchenschwäche

Wie oft hat eine Aktie in Ihrem Portfolio einer Schwesteraktie die Beine weggezogen, nur weil sie in derselben Branche tätig ist? Wenn andere Aktien der Branche Schwäche zeigen, ist es vielleicht an der Zeit, zu verkaufen.

Schwäche kann eine Trendwende von oben nach unten bedeuten, oder Branchenaktien können bearishe Chartmuster wie Doppel-Tops und Schulter-Kopf-Schulter-Tops aufweisen. Oftmals werden Sie das gleiche Chartmuster bei anderen Branchenaktien wiederholt sehen, möglicherweise mit leichten Abweichungen (der zweite Gipfel eines Doppel-Tops ist beispielsweise niedriger als der vorherige, während bei Ihrer Aktie das Doppel-Top perfekt aussieht).

- Beobachten Sie das Verhalten von Aktien derselben Branche als Hinweis auf Schwäche oder Stärke.

38. Schwache Fundamentaldaten

Fundamentaldaten sind ein hervorragendes Instrument zur Auswahl unterbewerteter Qualitätsaktien, aber sie sind weniger nützlich, wenn es darum geht, zu entscheiden, wann verkauft werden soll. Warum? Weil die Zahlen, die Sie im Quartalsbericht finden, mindestens einen Monat alt sind, vielleicht sogar älter. Ich würde mich eher auf Insiderverkäufe verlassen, aber das ist auch nicht viel besser. Ein Insider kann viele Gründe zum Verkauf haben, kauft die Aktie aber nur, wenn er glaubt, dass sie Potenzial hat.

Wenn Sie jedoch den 10-Q- oder 10-K-Bericht überprüfen und feststellen, dass die Verschuldung übermäßig hoch ist, der Cashflow wie ein Teich im Sommer versiegt oder die Umsätze wie ein Fallschirmspringer abstürzen, dann ist es an der Zeit, einen Verkauf in Betracht zu ziehen. Das gilt insbesondere dann, wenn die Produktpreise aufgrund des Wettbewerbs sinken oder die Rohstoffkosten explodieren. Das kommt häufig bei Chemieunternehmen vor.

Steigende Lagerbestände bei Bekleidungshändlern sind ein weiterer Grund zur Sorge. Wenn niemand die Ware kauft, müssen sie sie so lange rabattieren, bis sie verkauft ist.

Ich erinnere mich an einen Trade mit Hot Topic. Ich dachte, es würde eine weitere Michaels Stores werden, mit der ich fast 5.000 Prozent Gewinn gemacht habe. Es hatte die gleichen Eigenschaften, die ich an Michaels attraktiv fand. Ich studierte das Unternehmen. Ich fragte meinen Bruder danach, und seine Töchter liebten den Laden. Also kaufte ich die Aktie.

Dann erfuhr ich, dass das Unternehmen Goth-Artikel verkaufte. Gegen den neuesten Modetrend ist nichts einzuwenden, aber mir wurde klar, dass das Unternehmen für meinen Geschmack zu trendig war. Ich vermutete, dass es den nächsten Modetrend verpassen würde und ich auf meinen Aktien sitzen bleiben würde. Ich verkaufte die Aktie mit einem Verlust von 8 Prozent. Vier Tage nach meinem Verkauf fiel der Aktienkurs aufgrund enttäuschender Verkaufszahlen um 28 Prozent. Innerhalb eines Monats fiel er um weitere 31 Prozent. Wow! Glücklicherweise habe ich meinen kleinen Verlust bei einer kleinen Position hingenommen und bin ausgestiegen.

Der Ölpreis ist ein weiterer wichtiger Faktor, den es zu beobachten gilt. Ein fallender Ölpreis kommt vielen Branchen zugute, während ein steigender Preis für Treibstoff Fluggesellschaften, die ihre Kosten nicht absichern (oder falsch einschätzen), in den Ruin treibt. Auch andere Rohstoffe spielen eine wichtige Rolle. Bestimmen Sie, was die wichtigsten Bestandteile des Produkts eines Unternehmens sind, und prüfen Sie, ob deren Kosten steigen oder sinken. Manchmal wird dies im Quartalsbericht oder im 10-K-Bericht angegeben, aber Sie können auch den Investor-Relations-Service fragen.

- Wenn die Kosten der verkauften Waren ungewöhnlich stark steigen, könnte es Zeit sein, zu verkaufen.

- Achten Sie auf sich verschlechternde Fundamentaldaten, zum Beispiel auf Gemeinkosten, die schneller steigen als Umsatz oder Gewinn.

39. Verkaufen Sie bei einem Hype

Wenn Sie Aktien eines Unternehmens besitzen, das Pet Rocks (Haustiere aus Steinen) herstellt, und Sie hören, wie Moderatoren von Late-Night-Talkshows Witze über Pet Rocks machen, dann nähert sich der Zeitpunkt, um zu verkaufen.

Wenn der Hype extrem wird und die Aktie in die Höhe schießt, dann beobachten Sie sie genau oder verkaufen Sie sie einfach. Zu langes Warten kann teuer werden, insbesondere wenn die Aktie über Nacht um 70 Prozent fällt.

Ein gutes Beispiel für den Verkauf bei einem Hype ist, wenn Sie eine Biotechnologie-Aktie besitzen und auf die FDA-Zulassung eines neuen Medikaments warten. Wenn diese Zulassung kommt, sollten Sie in Betracht ziehen, mindestens die Hälfte zu verkaufen. Alle wollen nun kaufen, und das ist der Zeitpunkt, zu dem Sie verkaufen sollten.

- Verkaufen Sie bei einem Hype. Wenn alle über das neueste Gadget sprechen, ist der Höhepunkt nahe. Verkaufen Sie!

40. Was würde Tom tun?

Eine Finanzberaterin ruft mich alle paar Wochen an, um mich um Rat zu fragen. Was mir an ihren Anrufen gefällt, ist, dass sie meine eigenen Überzeugungen bestätigen. Sie beschreibt einen Trade und verkauft immer, wenn sich etwas ändert. Wenn die Aktie fällt, verkauft sie. Wenn die Umsätze schwach sind, besucht sie Geschäfte in der Nähe, um sich ein besseres Bild von der Lage im Einzelhandel zu machen.

Wenn ich mit der Entscheidung „Verkaufen oder Halten“ hadere, stelle ich mir die Frage: Was würde sie tun?

Sie können mich als Stellvertreter nehmen. Ich bin ein Marktprofi, jemand, der beim Trading seine Emotionen außen vor lässt. Wenn ich Ihre Aktie besitzen würde, würde ich sie verkaufen, mehr kaufen oder einfach halten? Fragen Sie sich: „Was würde Tom tun?“ Dann handeln Sie entsprechend. Dieser Ratschlag mag dumm klingen, aber er funktioniert.

- Wenn Sie einen Verkauf in Betracht ziehen, fragen Sie sich: „Was würde Tom tun?“

Visuelle Tipps

Die folgenden fünf Tipps runden das Kapitel ab. Diese Tipps sind visueller Natur und helfen Ihnen zu entscheiden, wann Sie handeln sollten und wann nicht. Sie helfen dabei, das zukünftige Kursverhalten vorherzusagen, darunter auch mein Favorit, die Wende an der Dreiecksspitze.

41. Zeichnen von 3-Punkt-Kanälen

Das Zeichnen von 3-Punkt-Kanälen ist eine Technik, die meiner Meinung nach nicht sehr bekannt ist, aber durchaus ihre Vorteile hat. In **Abbildung 5.15** zeige ich zwei Methoden, um sie zu zeichnen.

Stellen Sie sich vor, Sie haben drei wichtige Wendepunkte wie die bei A, B und C gezeigten. Zeichnen Sie eine Trendlinie, die die Täler A und C verbindet, und verlängern Sie diese in die Zukunft (D). Zeichnen Sie eine Linie parallel zur AC-Linie, beginnend bei B. Beachten Sie, dass sich der Kurs in der Nähe von E, also nahe der oberen Kanallinie, umkehrt. Die von ABC ausgehenden Linien bilden einen 3-Punkt-Kanal.

Zeichnen Sie nach einem Abwärtstrend des Kurses 3-Punkt-Kanäle, um eine Vorstellung davon zu bekommen, wie sich der Kurs in Zukunft entwickeln könnte. Leider funktioniert dies nicht sehr gut. Die Technik hängt von der Steigung der AC-Linie und davon ab, wie weit der Kurs über diese Linie bis zu B gestiegen ist.

Abb. 5.15 Ein 3-Punkt-Kanal weist im Mai den Weg nach oben, und die Andrews Pitchfork bildet im November einen Kanal.

Wenn die Steigung 30 bis 45 Grad beträgt, kann die Linie den Kurs gut abbilden (oder zumindest seinem Aufwärtstrend folgen). Der Kurs scheint in etwa diesem Winkel zu folgen. Steilere Linien sind wahrscheinlich zu optimistisch, um realistisch zu sein.

Wenn die Aktie nicht der oberen Trendlinie bei E folgt, zeichnen Sie die Linie neu, sodass dies der Fall ist. Die parallelen Linien geben Ihnen einen Hinweis auf den zukünftigen Kursverlauf.

- Ein 3-Punkt-Kanal gibt einen Hinweis darauf, wohin sich der Kurs entwickeln könnte.

42. Andrews Pitchfork

Ich bevorzuge eine Technik namens Andrews Pitchfork, um einen Kanal zu zeichnen. Beginnen Sie mit drei aufeinanderfolgenden Wendepunkten ähnlicher Größe. Zeichnen Sie für die beiden letzten eine Linie, die sie verbindet. Ich zeige das in Abbildung 5.15 als Schwankung von H nach G, obwohl die Linie möglicherweise schwer zu erkennen ist.

Zeichnen Sie eine weitere Linie vom Beginn des Preistrends, in diesem Fall F, zu einem imaginären Punkt in der Mitte zwischen G und H (die Mitte ist eigentlich der Durchschnitt der Preise bei G und H) und verlängern Sie diese in die Zukunft, I. Die FI-Linie wird als Medianlinie bezeichnet und stellt den Griff der Pitchfork dar. Vervollständigen Sie die Pitchfork, indem Sie die äußeren Zinken parallel zur Medianlinie bei G und H zeichnen (wodurch die Zinken GK und HJ entstehen).

Bei einem steigenden Preistrend sollten zwei der Schwungpunkte Minor Lows sein. Bei einem fallenden Preistrend sollten zwei der Wendepunkte Minor Highs sein. Einige verwenden Berührungen der höheren und niedrigeren Bollinger-Bänder, um zwei der Schwungpunkte auszuwählen, wobei der dritte vom Beginn des Trends stammt.

Die Idee hinter Andrews Pitchfork ist, dass der Preis tendenziell zwischen den äußeren Zinken der Pitchfork bleibt. Somit markieren die Linien Unterstützungs- und Widerstandsbereiche. Wenn der Kurs in einem Aufwärtstrend die untere Kanallinie GK durchbricht, bedeutet dies, dass der Kurs die Unterstützung durchbrochen hat. Wenn der Kurs in einem Abwärtstrend die Linie HJ durchbricht, bedeutet dies, dass der Kurs den Overhead-Widerstand durchbrochen hat. Das Durchbrechen einer der beiden Linien bedeutet eine Veränderung des kurz- bis mittelfristigen Trends.

Wenn der Kurs die Pitchfork verlässt, wieder eintritt und die Medianlinie überschreitet, sollten Sie in Betracht ziehen, den Trade zu schließen.

Markthochs treten häufig an oder zwischen den beiden oberen Linien auf, und Markttiefs treten an oder zwischen den beiden unteren Linien auf. Kurzfristige Umkehrungen treten auf, wenn der Kurs die Medianlinie berührt oder sich ihr nähert. Eine Umkehr an der Medianlinie kann ein guter Zeitpunkt sein, um in bestehende Positionen einzusteigen oder diese aufzustocken.

Die Einblendung in Abbildung 5.15 zeigt zwei Trading-Techniken unter Verwendung der Andrews Pitchfork. In der linken Abbildung bewegt sich der Kurs von der oberen Zinke aus, bildet einen Wendepunkt bei L und nähert sich der Medianlinie bei M, ohne sie jedoch zu berühren. Es folgt eine starke Aufwärtsbewegung.

Das Gegenteil davon tritt bei Aufwärtstrends auf. Der Kurs dreht bei N, berührt jedoch vor der Umkehr nicht die Medianlinie O. Die folgende Bewegung ist in der Regel stark.

Ron Jaenisch (Oktober 1996) beschreibt die Regel: „Wenn Kurse einen Wendepunkt bilden, aber die Medianlinie nicht erreichen, gleichen sie dies oft aus, indem sie beim Bilden des nächsten Wendepunkts noch weiter in die entgegengesetzte Richtung laufen."

- Der Kurs tendiert dazu, zwischen den äußeren Zinken der Pitchfork zu bleiben, und zeigt damit Unterstützung oder Widerstand.

- Wenn der Kurs eine der äußeren Zinken durchbricht, bedeutet dies eine Änderung des kurz- bis mittelfristigen Trends.

- Wenn der Kurs über die oberste Zinke steigt und dann wieder in die Pitchfork eintritt und die Medianlinie nach unten kreuzt, sollten Sie einen Verkauf in Betracht ziehen.

- Wenn der Kurs unter die unterste Zinke fällt und dann wieder in die Pitchfork eintritt und die Medianlinie nach oben kreuzt, sollten Sie eine Short-Position schließen.

- In einem Aufwärtstrend treten Hochs in der Regel an oder zwischen den beiden oberen Zinken auf. Tiefs in einem Abwärtstrend treten an oder zwischen den beiden unteren Zinken auf.

- Wenn an der Medianlinie eine Umkehr eintritt, sollten Sie einen Trade eingehen oder einen bestehenden Trade aufstocken.

- Wenn der Kurs versucht, die Medianlinie zu erreichen, aber an einem anderen Wendepunkt scheitert, sollten Sie mit einer starken Bewegung in die entgegengesetzte Richtung rechnen.

43. Vorsicht vor Throwbacks und Pullbacks

Ein Throwback tritt auf, nachdem ein Chartmuster nach oben durchbrochen wurde, wenn der Kurs steigt und dann innerhalb eines Monats zum Ausbruchsniveau oder zur Trendlinie der Formation zurückkehrt oder sich dieser annähert. Die Distanz zwischen dem Chartmuster und dem Kurs hinterlässt oft einen kleinen weißen Raum, wenn sich der Kurs abrundet. Ein Pullback funktioniert nach dem gleichen Prinzip, jedoch nach einem Abwärtsausbruch, bei dem der Kurs zum Ausbruch oder zur Trendlinie der Formation zurückkehrt.

Throwbacks und Pullbacks sind wichtige Chartmuster. Anfänger, die sich ihrer Existenz nicht bewusst sind, schließen möglicherweise Positionen zu ungünstigen Zeitpunkten und erleiden einen Verlust, kurz bevor der Kurs die Ausbruchsrichtung wieder aufnimmt.

Abbildung 5.16 zeigt ein Beispiel für einen Throwback. Der Kurs bricht aus einem symmetrischen Dreieck aus, wenn er über der oberen Trendlinie schließt und bei A seinen Gipfel erreicht, bevor er sich umkehrt und im Throwback zum Chartmuster zurückkehrt. Wenn sich der Kurs dem Niveau der Dreiecksspitze bei B nähert, findet er Unterstützung und setzt seine Aufwärtsbewegung fort.

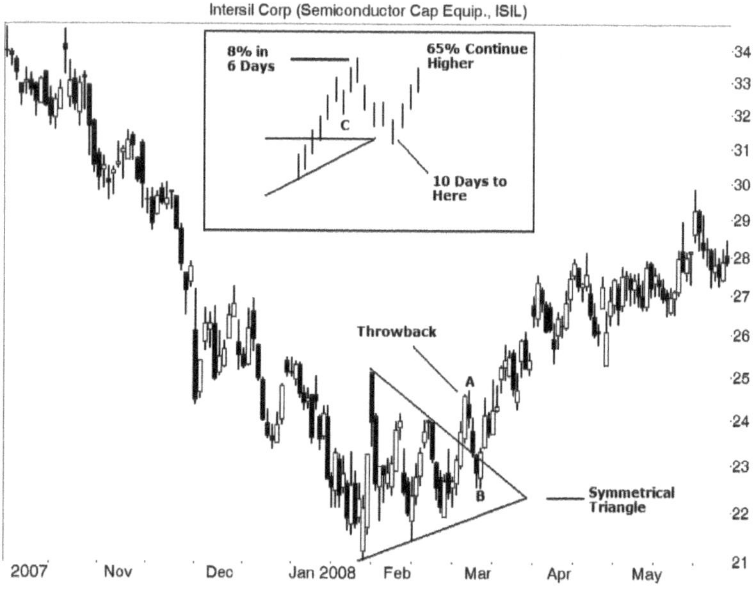

Abb. 5.16 Ein Throwback ausgehend von einem symmetrischen Dreieck stellt eine Pause innerhalb der Aufwärtsbewegung dar.

Die AB-Bewegung ist der Throwback. Obwohl Throwbacks viele Formen annehmen können, erscheint die typische Konfiguration in der Einblendung. Ich habe 26.542 Chartmuster aus über zwei Jahrzehnten untersucht und festgestellt, dass 55 Prozent der Ausbrüche nach oben von einem Throwback begleitet werden.

Nach dem Ausbruch aus einem Chartmuster steigt der Kurs durchschnittlich 6 Tage lang und steigt um 8 Prozent über den Ausbruchskurs (gemessen vom Break-out bis zum höchsten Hoch, bevor der Kurs zurückfällt). Dann dreht der Kurs um, hinterlässt eine Lücke (C) im Chart und benötigt 10 Tage, um zum Ausbruchsniveau oder zur Trendlinie der Formation zurückzukehren. Danach steigt der Kurs in 65 Prozent der Fälle weiter an. Per Definition muss ein Throwback innerhalb eines Monats abgeschlossen sein.

Beachten Sie, dass es sich bei den Zahlen um Durchschnittswerte handelt. Der in Abbildung 5.16 dargestellte Throwback von Intersil erreichte sein Hoch innerhalb von zwei Tagen und kehrte am nächsten Tag zum Ausbruchspreis zurück, obwohl es zwei weitere Tage dauerte, bis er seinen Boden bei B erreichte.

- Throwbacks treten in etwa der Hälfte aller Chartmuster auf und führen dazu, dass die Aktie innerhalb eines Monats zum Ausbruchspreis zurückkehrt.

Abbildung 5.17 zeigt ein Beispiel für einen Pullback. Der Kurs bricht nach unten aus und fällt auf A, bevor er zum Scheitelpunkt des Dreiecks zurückkehrt. Schließlich erreicht der Kurs ein Hoch bei B, bevor er geradlinig nach unten fällt.

Die Einblendung zeigt die durchschnittliche Ausprägung eines Pullbacks basierend auf derselben Untersuchung von Chartmustern. Pullbacks treten in 57 Prozent der Fälle auf und benötigen durchschnittlich 6 Tage, um 9 Prozent zu fallen. Dann beginnt der Kurs eine Erholung und benötigt insgesamt 11 Tage, um zum Ausbruchsniveau zurückzukehren. Danach setzen nur 47 Prozent von ihnen ihren Abwärtstrend fort. Ein Pullback muss innerhalb eines Monats abgeschlossen sein.

- Ein Pullback tritt in etwas mehr als der Hälfte der Fälle auf und bringt die Aktie zurück zur Trendlinie der Formation oder zum Ausbruchspreis, bevor sie ihren Abwärtstrend fortsetzt.

Wie die Abbildungen 5.16 und 5.17 zeigen, bewegt sich der Kurs zunächst in Richtung des Ausbruchs, kehrt dann aber um, bevor er sich wieder in Richtung des ursprünglichen Ausbruchs bewegt. Diese Art von Fake-Out überrascht unerfahrene Trader und wirft sie mit einem Verlust aus ihrer Investition. Lassen Sie sich nicht täuschen. Erwarten Sie das Unerwartete.

Erfahrene Swing-Trader erkennen den Ausbruch und nutzen ihn für einige Tage, um dann vor Beginn der Umkehr ihre Gewinne mitzunehmen. Wenn der Throwback oder Pullback abgeschlossen ist, steigen sie wieder ein und halten die Aktie, um die Fortsetzung der Ausbruchsbewegung abzuwarten.

Abb. 5.17 Dieser Pullback zeigt eine Erholung, die über die Oberkante des Musters hinausschießt, bevor der Abwärtstrend wieder aufgenommen wird.

44. Der Scheitelpunkt des Dreiecks sagt Wendepunkte voraus

Ich habe zum ersten Mal von Frost und Prechter (Wiley, 1999) erfahren, dass sich der Kurs am Scheitelpunkt eines Dreiecks umkehrt. **Abbildung 5.18** zeigt ein Beispiel für ein aufsteigendes Dreieck, das durch eine horizontale obere Trendlinie und eine ansteigende Trendlinie entlang der Täler gebildet wird. Die beiden Trendlinien treffen sich am Scheitelpunkt C.

Ich habe eine vertikale Linie vom Gipfel bei A nach B gezogen, um zu zeigen, wie nahe der Scheitelpunkt am Gipfel liegt.

Ist es ein Zufall, dass die beiden fast perfekt übereinstimmen? Das wollte ich herausfinden und habe mich entschlossen, es zu testen.

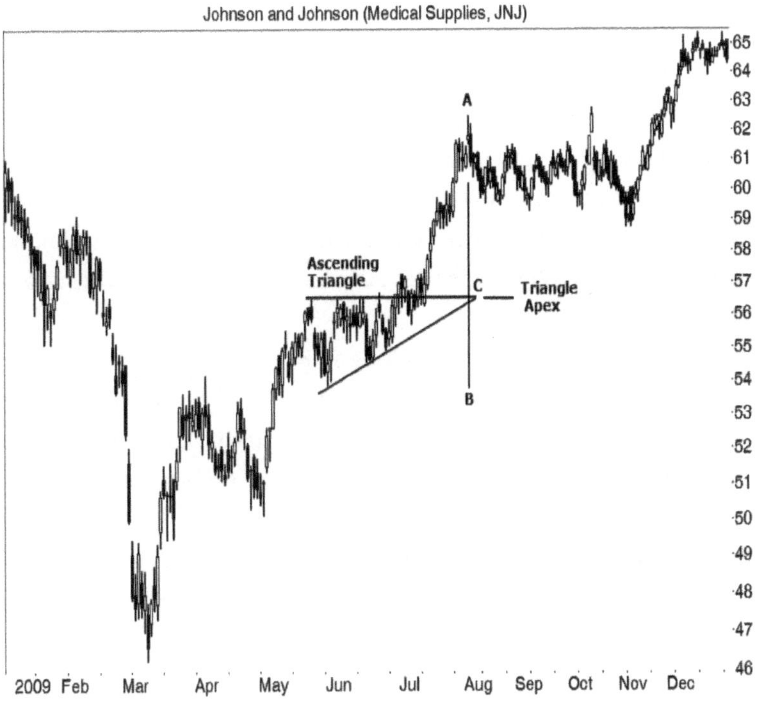

Abb. 5.18 Der Kurs erreicht sein Hoch nahe der Spitze eines aufsteigenden Dreiecks.

Visueller Test

Ich habe drei Tests durchgeführt. Im ersten Test habe ich 388 Aktien verwendet und 221 aufsteigende, absteigende und symmetrische Dreiecke vom 30. Oktober 2006 bis zum 27. Januar 2008 gefunden. Ich habe die Begrenzungslinien der Dreiecke sorgfältig eingezeichnet und gezählt, wie oft der Scheitelpunkt innerhalb weniger Tage in der Nähe eines Minor Highs oder Minor Lows lag. In 75 Prozent der Fälle lag der Scheitelpunkt in der Nähe des Wendepunkts.

- In 75 Prozent der Fälle bildete der Kurs innerhalb weniger Tage um den Scheitelpunkt des Dreiecks ein Hoch oder ein Tief.

Automatisierter Test

Im zweiten Test ließ ich meinen Computer die Trendlinien automatisch zeichnen, was bedeutet, dass er nicht so genau war wie der erste Test. In diesem Test suchte ich nicht nach Übereinstimmungen zwischen dem Scheitelpunkt des Dreiecks und Minor Highs oder Minor Lows, sondern nach großen Wendepunkten im Kursverlauf. Ich verglich visuell den Kursverlauf vor und nach dem Scheitelpunkt des Dreiecks. In 60 Prozent der Fälle kam es zu einer Richtungsänderung.

Beispielsweise zeigt die Abbildung 5.18 den Erfolg des ersten Tests, weil Kurs und Dreiecksspitze bei A und C fast übereinstimmen. Im zweiten Test würde sie ebenfalls den Erfolg zeigen, da der Kurs bis zu A steigt und sich dann nach C nach unten und seitwärts bewegt.

- In 60 Prozent der Fälle änderte der Kurs innerhalb weniger Tage um den Scheitelpunkt des Dreiecks seine Richtung.

Mathematischer Test

Der letzte Test verwendete eine andere Datenbank, die sich von Juli 1991 bis Juli 1996 erstreckte und bekannte gute Chartmuster von

500 Aktien enthielt. Ich habe jeweils den nächstgelegenen Gipfel oder das nächste Tal innerhalb eines Monats um den Scheitelpunkt jedes Dreiecks ermittelt. Der durchschnittliche Abstand zwischen einem Gipfel oder Tal und dem Scheitelpunkt betrug 3,6 Tage. Im Vergleich dazu beträgt der durchschnittliche Abstand zwischen *allen* Gipfeln oder Tälern 13,1 Tage. Die Hälfte davon, also 6,55 Tage, wäre der durchschnittliche Abstand, wenn man sich in der Mitte zwischen dem Gipfel oder Tal befände. Mit anderen Worten: Der Durchschnitt von 3,6 Tagen ist näher, als der Zufall (6,55 Tage) vermuten lässt.

- Der durchschnittliche Abstand zwischen Gipfel oder Tal und Scheitelpunkt des Dreiecks beträgt 3,6 Tage.

45. Volumen vor dem Ausbruch

In vielen Chartmustern tendiert das Volumen vom Beginn des Musters bis zum Ende nach unten, wie ein Keil, der unter eine Tür gelegt wird, um sie offen zu halten.

Das Volumen nimmt in der Regel einige Tage vor dem Ausbruch noch weiter ab. **Abbildung 5.19** zeigt ein Beispiel. Beachten Sie, dass das Volumen mit der Bildung des symmetrischen Dreiecks nach unten tendiert (C). Einige Tage vor dem Ausbruch sinkt es noch weiter, was ein Hinweis darauf ist, dass der Ausbruch bevorsteht (Linie B). Dann erfolgt der Ausbruch bei A. Ich habe die vertikale Linie A zwischen Kurs und Volumen eingezeichnet, um zu zeigen, wie sie sich zueinander verhalten. In diesem Fall hat sich das Volumen kaum verändert, als der Kurs außerhalb der oberen Trendlinie schloss, was ungewöhnlich ist.

- Das Volumen tendiert dazu, einige Tage vor dem Ausbruch sehr niedrige Werte zu erreichen.

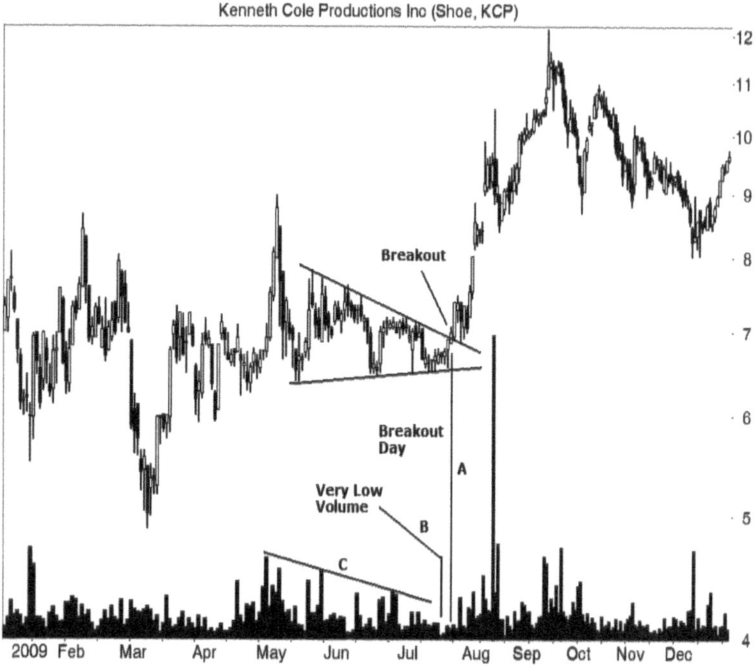

Abb. 5.19 Das Volumen tendiert nach unten und wird einige Tage vor dem Ausbruch sehr niedrig.

Kapitel-Checkliste

In diesem Kapitel wurden viele Tipps zum Verhalten des Aktienmarkts gegeben, die Sie zur Verbesserung Ihres Tradings oder Ihrer Investitionen nutzen können. Nachfolgend finden Sie eine Checkliste, die Ihnen dabei helfen kann.

- ☐ Wenn der Kurs in der Nähe eines alten Hochs oder Tiefs stagniert, könnte er sich umkehren. Siehe „1. Den richtigen Zeitpunkt für den Ausstieg finden: Die 2B-Regel".

- ☐ Gescheiterte Formationen schneiden etwas schlechter ab als reguläre Chartmuster. Siehe „2. Gescheiterte Formationen gewinnbringend handeln“.

- ☐ Die Aktienperformance verbessert sich, wenn die neue Ausbruchsrichtung mit dem von der Branche und dem allgemeinen Markt gezeigten Preistrend übereinstimmt. Siehe „2. Gescheiterte Formationen gewinnbringend handeln“.

- ☐ Fibonacci-Erweiterungen sind nicht genauer als jedes andere Instrument zur Bestimmung eines möglichen Kursumkehrpunkts. Siehe „4. Mythos: Fibonacci-Erweiterungen funktionieren!“.

- ☐ Divergenzen deuten auf eine bevorstehende Kurswende hin. Suchen Sie nach Divergenzen entlang der Spitzen in einem Aufwärtstrend und entlang der Täler in einem Abwärtstrend. Siehe „5. Ist die Indikator-Divergenz ein Reinfall?“.

- ☐ Achten Sie beim RSI-Indikator auf Divergenzen, wenn er eine überkaufte oder überverkaufte Situation signalisiert (Bereiche, in denen eine Kursumkehr wahrscheinlicher ist), mit zwei Wendepunkten im Abstand von etwa einem Monat bis sechs Wochen. Siehe „5. Ist die Indikator-Divergenz ein Reinfall?“.

- ☐ Bullishe Divergenzen schlagen den Markt häufiger nicht, als dass sie funktionieren. Siehe „Test der Divergenz“.

- ☐ Nur die bullishe Divergenz funktioniert, und zwar nur in einem Bullenmarkt. Siehe Tabelle 5.1.

- ☐ Wenn der RSI-Indikator während der Divergenz flach bleibt, verbessert sich die Performance nur in einem Bärenmarkt. Siehe Tabelle 5.2.

- ☐ Achten Sie auf kleine M- oder W-förmige Wendungen, die in den überkauften oder überverkauften Bereichen beginnen. Am besten ist es, wenn das rechte Hoch unterhalb – oder das rechte Tief oberhalb – des linken liegt. Siehe „7. Gute Eier: Failure Swings bei Indikatoren".

- ☐ Verwenden Sie die lineare Skala, um in den Wochen- oder Monatscharts nach Flat Bases zu suchen. Siehe „8. Einstiegsmuster: Flat Base".

- ☐ Area Gaps treten in Konsolidierungszonen bei hohem Volumen auf, aber der Kurs schließt die Lücke schnell und konsolidiert weiter. Siehe „Area Gaps".

- ☐ Breakaway Gaps treten auf, wenn der Kurs bei hohem Volumen eine Konsolidierungsregion verlässt. Die Lücke schließt sich nicht schnell. Siehe „Breakaway Gaps".

- ☐ Continuation Gaps treten nahe der Mitte eines geradlinigen Kursverlaufs auf, oft bei hohem Volumen. Siehe „Continuation Gaps".

- ☐ Exhaustion Gaps treten am Ende von Trends bei hohem Volumen auf und schließen sich schnell. Siehe „Exhaustion Gaps".

- ☐ Eine Liste mit Trading-Tipps finden Sie unter „Wie man Kurslücken tradet".

- ☐ Nach einem Exhaustion Gap kommt es manchmal zu einer heftigen Umkehr. Siehe „Wie man Kurslücken tradet".

- ☐ Wenn der Markt Ihnen einen Gewinn beschert, bringen Sie ihn zur Bank. Siehe „10. Das Muster, mit dem man nie verliert: Der umgekehrte Dead Cat Bounce".

- ☐ Wenn die S&P- oder Nasdaq-Futures eine große Bewegung nach oben oder unten machen, ist mit einer entsprechenden Eröffnung des Aktienmarkts zu rechnen. Siehe „11. Wie entwickeln sich die Futures?“.

- ☐ Wenn der Kurs nach einem Sprung nach oben bei einem Tageshoch schließt, platzieren Sie eine Limit-Order, um am nächsten Tag zu einem Preis von 1,38 Prozent über dem Schlusskurs zu verkaufen. Siehe Tabelle 5.3.

- ☐ Bullishe Tails treten bei Minor Lows auf, wenn der Kurs unter die benachbarten Kursbalken fällt, aber nahe dem Höchststand schließt. Sie signalisieren eine Aufwärtsbewegung. Siehe Tabelle 5.4.

- ☐ Bearishe Tails treten bei Minor Highs auf wie ein einsamer Baum auf einem Hügel. Sie deuten auf einen bevorstehenden Rückgang hin. Sie sind nicht so zuverlässig wie bullishe Tails. Siehe Tabelle 5.4.

- ☐ In mindestens 68 Prozent der Fälle erreicht der Kurs am Tag nach einem hohen Kursbalken (doppelte durchschnittliche Höhe eines Monats) kein niedrigeres Tief oder höheres Hoch. Siehe Tabelle 5.5.

- ☐ Nach einem hohen Kursbalken zeigt der Kurs eine leichte Tendenz, am nächsten Tag niedriger zu schließen. Siehe Tabelle 5.5.

- ☐ Verwenden Sie hässliche Doppelböden, um einen Wechsel von Bären- zu Bullenmarkt zu erkennen. Siehe „15. Hässlicher Doppelboden: Ein höherer Boden“.

- ☐ Wenn viele Aktien Rohr-Böden aufweisen, achten Sie auf eine Erholung, die zu einem zweiten Tiefpunkt führt. Dieser zweite Tiefpunkt könnte das Ende des Bärenmarkts bedeuten. Siehe „16. Bullishe Chartmuster tauchen auf“.

- ☐ Wenn Broker Aktien flächendeckend herabstufen und nur wenige heraufstufen, könnte das Ende des Bärenmarkts nahe sein. Siehe Tabelle 5.6.

- ☐ Wenn der S&P 500 Index um 50 Prozent gegenüber seinem Höchststand gefallen ist, befindet er sich nahe dem Tiefpunkt. Siehe „18. Sie haben das Gefühl, alles verkaufen zu müssen“.

- ☐ Das Volumen steigt an den Tiefpunkten der Bärenmärkte sprunghaft an. Siehe „19. Tiefpunkt bei hohem Volumen“.

- ☐ Wenn gute Nachrichten den Markt beflügeln und schlechte Nachrichten kaum Auswirkungen haben, ist mit dem Ende einer Baisse zu rechnen. Siehe „20. Schlechte Nachrichten bewegen nichts, gute Nachrichten beflügeln den Markt“.

- ☐ Ein partieller Anstieg sagt einen Ausbruch nach unten voraus. Ein partieller Rückgang sagt einen Ausbruch nach oben voraus. Siehe „21. Früh einsteigen: Partielle Anstiege und Rückgänge“.

- ☐ Nach einem Aufwärtsausbruch aus einem Chartmuster erzielt man in der Regel die besten Gewinne in kürzester Zeit, wenn man eine Aktie bis zu drei Musterbreiten lang hält. Siehe Tabelle 5.7.

- ☐ Nach einem Abwärtsausbruch aus einem Chartmuster bringt das Leerverkaufen der Aktie für mehr als zwei Musterbreiten nur wenig zusätzliche Rendite für das damit verbundene Risiko. Siehe Tabelle 5.7.

- ☐ Der Kurs fällt schneller, als er steigt. Siehe „23. Der Kurs fällt schneller, als er steigt“.

- ☐ Überlegen Sie sich, wie sich der Kurs in Zukunft entwickeln wird, indem Sie die Kursbewegung um einen Höchst- oder Tiefststand herum spiegeln. Siehe „24. Spiegel für die Trendvorhersage“.

- ☐ Spiegeln Sie den vertikalen Abstand über eine Trendlinie, um vorherzusagen, wie weit der Kurs fallen wird. Siehe „25. Trendlinien-Spiegel: Eine weitere Spiegelung“.

- ☐ Vermeiden Sie Investitionen in Aktien, die einen Kursberg zeigen. Siehe „26. Vermeiden Sie Kursberge“.

- ☐ Im Durchschnitt kann es mehr als fünf Jahre dauern, bis sich der Kurs nach einem Kursberg wieder erholt hat. Siehe „Wie lange dauert es, bis ein Kursberg wieder erklommen ist?“.

- ☐ Wenn Sie eine Trading-Entscheidung in Betracht ziehen, was würden Sie Ihren Eltern raten, mit einer ähnlichen Beteiligung zu tun? Siehe „14 Verkaufstipps, die Sie kennen sollten“.

- ☐ Verwenden Sie eine Stop-Loss-Order für kurzfristige Trades. Siehe „27. Verwenden Sie Stopps“.

- ☐ Bei welchem Kurs wird mir der Markt signalisieren, dass ich einen Fehler mache? Siehe „28. Verkaufen Sie, wenn Sie falschliegen“.

- ☐ Wenn eine Aktie eine ungünstige oder unerwartete Entwicklung nimmt, verkaufen Sie sie. Siehe „29. Verkaufen Sie bei unerwarteten Ereignissen“.

☐ Wenn eine Aktie 20 Prozent von einem Hoch fällt, verkaufen Sie sie. Siehe „30. Verkaufen Sie bei Trendwenden“.

☐ Verkaufen Sie eine Blue Chip-Aktie, wenn sie 10 Prozent gegenüber ihrem Hoch gefallen ist. Siehe „31. Verkaufen Sie Blue Chips bei einem Rückgang von 10 Prozent“.

☐ Verstehen Sie Ihre Indikator-Tools, damit Sie ihnen glauben, wenn sie zum Verkauf auffordern. Siehe „32. Der Indikator sagt ‚Verkaufen‘: Befolgen Sie ihn“.

☐ Legen Sie Ihre Indikatoren über denselben Kurschart, um zu sehen, ob sie gleichzeitig Signale geben. Entfernen Sie Duplikate. Siehe „32. Der Indikator sagt ‚Verkaufen‘: Befolgen Sie ihn“.

☐ Würden Sie mehr Geld verdienen, wenn Sie Ihre Trading-Regeln befolgen würden? Siehe „33. Befolgen Sie Ihre Regeln“.

☐ Verkaufen Sie, wenn sich ein bearishes Chartmuster als gültig bestätigt. Siehe „34. Verkaufen Sie bei Bestätigung eines bearishen Musters“.

☐ Verwenden Sie die Messregel, um zu beurteilen, wie weit sich der Kurs wahrscheinlich bewegen wird. Siehe „35. Verkaufen Sie zum Kursziel“.

☐ Rechnen Sie den prognostizierten Anstieg oder Rückgang in einen Prozentsatz um, um zu sehen, ob die Bewegung sinnvoll ist. Siehe „35. Verkaufen Sie zum Kursziel“.

☐ Wenn der Kurs unterhalb der Unterstützung schließt, bestimmen Sie, wo der Kurs seinen Rückgang beenden könnte. Befindet sich die Unterstützung in der Nähe, ist mit einem Pullback zu rechnen. Siehe „36. Verkaufen Sie bei Durchbrechen der Unterstützung".

- ☐ Beobachten Sie das Verhalten von Aktien derselben Branche als Hinweis auf Schwäche oder Stärke. Siehe „37. Verkaufen Sie bei Branchenschwäche".

- ☐ Achten Sie auf sich verschlechternde Fundamentaldaten, zum Beispiel auf Gemeinkosten, die schneller steigen als Umsatz oder Gewinn. Siehe „38. Schwache Fundamentaldaten".

- ☐ Verkaufen Sie bei einem Hype. Wenn alle über das neueste Gadget sprechen, ist der Höhepunkt nahe. Verkaufen Sie. Siehe „39. Verkaufen Sie bei einem Hype".

- ☐ Wenn Sie einen Verkauf in Betracht ziehen, fragen Sie sich: „Was würde Tom tun?" Siehe „40. Was würde Tom tun?".

- ☐ Ein 3-Punkt-Kanal gibt einen Hinweis darauf, wohin sich der Kurs entwickeln könnte. Siehe „41. Zeichnen von 3-Punkt-Kanälen".

- ☐ Verwenden Sie Andrews Pitchfork, um Kursentwicklungen zu bestimmen. Siehe „42. Andrews Pitchfork".

- ☐ Throwbacks treten in etwa der Hälfte aller Chartmuster auf und führen dazu, dass die Aktie innerhalb eines Monats zum Ausbruchspreis zurückkehrt. Siehe „43. Vorsicht vor Throwbacks und Pullbacks".

- ☐ Ein Pullback tritt in etwas mehr als der Hälfte der Fälle auf und bringt die Aktie zurück zur Trendlinie der Formation oder zum Ausbruchspreis, bevor sie ihren Abwärtstrend fortsetzt. Siehe „43. Vorsicht vor Throwbacks und Pullbacks".

- ☐ In 75 Prozent der Fälle bildete der Kurs innerhalb weniger Tage um den Scheitelpunkt des Dreiecks ein Hoch oder ein Tief. Siehe „Visueller Test“.

- ☐ In 60 Prozent der Fälle änderte der Kurs innerhalb weniger Tage um den Scheitelpunkt des Dreiecks seine Richtung. Siehe „Automatisierter Test“.

- ☐ Der durchschnittliche Abstand zwischen Gipfel oder Tal und dem Scheitelpunkt des Dreiecks beträgt 3,6 Tage. Siehe „Mathematischer Test“.

- ☐ Das Volumen tendiert dazu, einige Tage vor dem Ausbruch sehr niedrige Werte zu erreichen. Siehe „45. Volumen vor dem Ausbruch“.

6

FEHLER FINDEN UND BEHEBEN

Als ich für Tandy Corp arbeitete, war ich für die Softwareentwicklung eines Bürotelefonsystems zuständig. Mein Chef und ich setzten uns in einen Konferenzraum und begannen, das Projekt zu besprechen. Etwa eine Stunde später musste er gehen und bat mich, das Design auf dem Whiteboard zu skizzieren.

Ich begann, Kreise zu zeichnen und die Zustände mit *„aufgelegt"*, *„abgehoben"* und *„Konferenz"* zu beschriften, wobei ich sie mit Linien verband. Nach etwa 15 Minuten hielt ich inne, um über das Design nachzudenken, und stellte fest, dass das Telefon, wenn man alles auf das Wesentliche reduzierte, entweder aufgelegt oder abgehoben war. Nur diese beiden Zustände waren von Bedeutung. Ich wusste, dass meinem Chef diese Erkenntnis nicht gefallen würde, aber ich dachte, ich hätte ein starkes Argument.

Als er zurückkam, brauchte er nur 30 Sekunden, um meine Idee zu verwerfen. Zu meinen beiden Zuständen gab es noch viele andere, wie *Wahlwiederholung, Klingeln, Warten* und so weiter. Als wir fertig waren, hatten wir die acht Fuß lange Tafel mit Kreisen und Linien gefüllt.

Das gleiche Gefühl habe ich, wenn ich am Ende jedes Jahres meine Trades überprüfe. Trader können vier Arten von Fehlern machen. Sie kaufen zu früh oder zu spät und sie verkaufen zu früh oder zu spät. Was gibt es sonst noch? Habe ich das Problem zu sehr vereinfacht, sodass das Telefon weiter klingelt, wenn man abhebt? Das ist tatsächlich passiert, aber das war ein Hardwareproblem. Für einen Softwareentwickler ist *alles* ein Hardwareproblem!

Ich habe eine Tabelle entwickelt, um anderen Tradern bei der Analyse dieser vier Fälle zu helfen, und sie auf meiner Website veröffentlicht. Dann habe ich einen Artikel von Peter Kaplan (September 2006) gelesen. Aus meinen vier Zuständen wurden 13, und ich sitze hier und kratze mich am Kopf und frage mich, wie ich sie alle übersehen konnte.

Ich mag meine vier Zustände immer noch, aber um Trading-Fehler zu finden und zu beheben, könnte das Folgende hilfreich sein.

Wie verhielt sich der Markt?

Nach jahrelangem Trading mit Chartmustern wurde mir klar, wie wichtig der Markttrend für den Erfolg eines Trades ist. In „Fundamentalanalyse & Positionstrading“, Kapitel 19 (siehe Abschnitt „Welchen Einfluss hat der Markt auf Aktien?“), werde ich eine Studie diskutieren, die besagt, dass eine Aktie in 64 Prozent der Fälle dem Markt nach oben oder unten folgt. Warum sollten Sie sich gegen diese Wahrscheinlichkeit stellen?

- Erhöhen Sie Ihre Erfolgschancen und Ihre Profitabilität, indem Sie mit dem Trend handeln.

Es spielt keine Rolle, wie stark der Markt *vor* dem Einstieg in den Trade tendierte, wenn er sich nach dem Einsatz Ihres Kapitals plötzlich umkehrt. Für den Erfolg ist es wichtig, richtig zu erraten, dass sich der

Markt in eine Richtung gedreht hat, die einen Trade unterstützt. Ich werde später auf den Beweis eingehen.

Bewerten Sie bei abgeschlossenen Trades, wie sich der Markt während des Haltens der Aktie entwickelt hat. Vergleichen Sie den Schlusskurs des S&P 500 Index am Tag des Verkaufs mit dem am Tag des Kaufs. Wenn der Markt zwischen diesen beiden Punkten stark gestiegen (oder gefallen) ist, dann gab es einen Markttrend, der wie eine schnelle Strömung wirkte, die Ihr Boot mitgerissen hat. Wenn sich der Markt kaum bewegt hat, deutet dies auf einen Seitwärts- oder Trading-Range-Markt hin. Ein Seitwärtsmarkt ist für Swing-Trader nicht schlecht, aber Sie müssen dennoch entweder eine Aufwärts- oder eine Abwärtswelle nutzen.

Was Sie suchen, ist eine Möglichkeit, die zukünftige Richtung des Marktes vor dem Kauf zu bestimmen.

- Entsprach die Trading-Richtung (long in einem Aufwärtsmarkt, short in einem Abwärtsmarkt) der Marktrichtung?

Eine einfache Möglichkeit, den zukünftigen Markttrend zu erraten, besteht darin, den aktuellen Trend zu bestimmen und davon auszugehen, dass er sich fortsetzen wird. Dabei können gleitende Durchschnitte helfen. Ein gleitender Durchschnitt über 9 Perioden hilft beispielsweise dabei, Störsignale auszugleichen und den zugrunde liegenden kurzfristigen Trend aufzuzeigen. Ein steigender Markt zeigt einen nach oben geneigten gleitenden Durchschnitt, ein fallender Markt einen nach unten geneigten.

- Verwenden Sie einen gleitenden Durchschnitt, um den Markttrend zu bestimmen.

Sie können die Länge und Art des gleitenden Durchschnitts entsprechend Ihrem Trading-Stil wählen (ich bevorzuge einen einfachen gleitenden Durchschnitt). Day- und Swing-Trader sollten einen schnell reagierenden gleitenden Durchschnitt wie 9 Perioden verwenden (Perioden bedeuten für Day-Trader „Preisbalken“ und für Swing-Trader „Tage“). Positionstrader sollten je nach ihrer erwarteten Haltedauer einen gleitenden Durchschnitt über 50 oder 200 Tage verwenden.

Eine weitere Möglichkeit, die Länge des gleitenden Durchschnitts zu bestimmen, besteht darin, die durchschnittliche Haltedauer für Trades zu berechnen, die ein Jahr oder weniger dauern (für Swing- und Positionstrader). Für mich sind das 86 Kalendertage. Teilen Sie diese Zahl durch 2 (ein Zyklus dauert zwei Perioden) und rechnen Sie sie in Handelstage um.

Es gibt ungefähr 21 Handelstage pro Monat (252 Tage pro Jahr, aber das variiert von Jahr zu Jahr). Ich würde also einen gleitenden Durchschnitt über 33 Tage testen, um zu sehen, wie er sich entwickelt (86 ÷ 2 = 43 Kalendertage oder etwa sechs Wochen, was 33 Handelstagen entspricht). Die Verwendung eines gleitenden Durchschnitts über 33 Tage hilft mir, die aktuelle Marktentwicklung einzuschätzen und zu beurteilen, ob sich der Trend fortsetzen wird (und wie lange).

Für Buy-and-Hold-Anleger ist es hilfreich, den Markttrend zu bestimmen, da der Markt langfristig steigt, aber während der Laufzeit des Trades wird der Markt über längere Zeiträume nach oben oder unten tendieren. Versuchen Sie, Aktien gegen Ende eines Bärenmarkts (wenn Sie erkennen können, wann das ist) oder zu Beginn eines Bullenmarkts auszuwählen.

- Gibt es einen nahen Overhead-Widerstand, der eine Bewegung begrenzen könnte?

Achten Sie auf den Widerstand im Marktdurchschnitt (zum Beispiel im S&P 500 Index), um zu bestimmen, wie lange der Trend anhalten könnte. Denken Sie daran, dass der Kurs irgendwann den Widerstand durchbrechen wird.

Da der Markt nur eine von vielen Kräften ist, die den Kurs beeinflussen, kann es sein, dass die Branche, zu der die Aktie gehört, einen größeren Einfluss auf die Aktie hat als der allgemeine Markt. Das haben meine Tests ergeben, und darauf werde ich später noch näher eingehen.

Trendete die Branche?

Bewerten Sie den Branchentrend. Bevor ich eine Aktie kaufe, zähle ich die Anzahl der Aktien, die in derselben Branche steigen, im Vergleich zu denen, die fallen.

Als ich beispielsweise den Kauf von Aktien von Coldwater Creek (CWTR) in Betracht zog, stellte ich fest, dass 16 Aktien von Bekleidungshändlern im Aufwärtstrend waren und drei im Abwärtstrend. Das sagte mir, dass die Branche bullish war, und ich erwartete, dass auch der allgemeine Markt steigen würde.

Eine weitere Möglichkeit, die Richtung der Branche zu bestimmen, besteht darin, einen börsengehandelten Fonds (ETF) oder Sektorfonds zu finden, der die Branche abdeckt, in die Sie investieren möchten. Wenn ich beispielsweise Advanced Micro Devices (AMD), einen Hersteller von Halbleitern, kaufen möchte, könnte ich den Halbleiter-HOLDRs (SMH) als Vertreter der Branche wählen. Steigt dieser ETF, deutet dies auf eine florierende Branche hin.

- Vergleichen Sie den Trend von Aktien derselben Branche oder verwenden Sie einen ETF/Sektorfonds, der die Branche repräsentiert.

Vergleichen Sie den Sektorfonds oder ETF mit dem entsprechenden Marktindex (Nasdaq für Technologiewerte, S&P 500 für alle anderen Werte). Ich teile den Preis des ETF durch den Index für einen Relative-Stärke-Test. Wenn der Technologiewert den Index übertrifft, was ich mir wünsche, zeigt ein Liniendiagramm, dass das Verhältnis steigt.

Wenn der Markt den ETF übertrifft, dann fällt die Linie ab. Ein gleitender 1-Monats-Durchschnitt des Verhältnisses hilft dabei, den Trend unter unruhigen Bedingungen einzuschätzen.

- Vergleichen Sie Ihren Branchen-ETF oder Sektorfonds mit dem allgemeinen Markt und kaufen Sie Branchen, die schneller steigen als der Markt (die eine bessere Relative Stärke aufweisen).

Hebt eine Flut wirklich alle Boote?

Um festzustellen, ob ein steigender Markt und eine steigende Branche wirklich helfen, habe ich beschlossen, dies zu testen. Die Ergebnisse finden Sie in **Tabelle 6.1**.

Ich habe alle meine abgeschlossenen Trades verwendet, jedoch folgende ausgeschlossen:

- Solche, für die ich keine Kursdaten mehr hatte
- Day-Trades
- Leerverkäufe
- Nicht-Aktien-Trades (wie Trades mit Optionen oder ETFs)
- Langfristige Investitionen (Gewinne zwischen 1.000 und 5.000 Prozent verzerrten die Ergebnisse)
- Trades, bei denen der Branchentrend nicht bestimmt werden konnte (zum Beispiel wenn drei Aktien einen Aufwärtstrend und drei einen Abwärtstrend verzeichneten)

Damit blieben 357 Trades übrig.

Wenn der Gesamtmarkt, repräsentiert durch den S&P 500 Index, während des Trades einen höheren Schlusskurs verzeichnete und die Mehrheit der anderen Aktien derselben Branche ebenfalls höhere Schlusskurse verzeichnete, erzielte ich durchschnittlich 15 Prozent Gewinn. Wenn sowohl der Markt als auch die Branche während des Trades fielen, verlor ich 10 Prozent. Wenn die Branche fiel, der Markt aber stieg, verlor ich immer noch 7 Prozent. Wenn sich schließlich die

Trends umkehrten – der Markt fiel, die Branche stieg –, erzielte ich 7 Prozent.

Markt	S&P steigt	S&P fällt
Branche steigt	15%	7%
Branche fällt	-7%	-10%

Tab. 6.1 Durchschnittlicher Gewinn oder Verlust nach Markt- und Branchenrichtung.

Das ist mein Beweis für den Einfluss der Branche und des Marktes. Die beste Performance wird erzielt, wenn sowohl die Branche als auch der Markt während eines Trades steigen. An zweiter Stelle steht der Fall, dass die Branche steigt, der Markt jedoch nicht. Mit anderen Worten: Der Branchentrend ist wichtiger als der Markttrend, zumindest für meine Trades.

Die Ersetzung des Durchschnitts durch die Median-Performance (um das Risiko zu beseitigen, dass große Gewinne oder Verluste die Ergebnisse beeinflussen) ändert nichts an dem Trend. Der Branchentrend bleibt wichtiger als die Märkte, und wenn sowohl der Markt als auch die Branche einen Aufwärtstrend verzeichnen, wirkt sich das positiv auf die Ergebnisse aus. Eine Flut hebt alle Boote, und Ebbe senkt alle Boote.

Wenn ich fast alle Trades einbeziehe, insbesondere diejenigen, die länger als ein Jahr gehalten wurden, ändern sich die Prozentsätze, aber nicht der Trend.

- Verbessern Sie die Profitabilität, indem Sie mit den Markt- und Branchentrends handeln.

- Der Branchentrend ist wichtiger als der Markttrend.

Es ist wichtig, die Branchen- und Markttrends vor dem Trading zu kennen (und zu hoffen, dass sich die Trends während des gesamten

Trades fortsetzen), aber sie helfen möglicherweise nicht, wenn Sie den Einstieg verpatzen.

Wie ist das Timing?

Fragen Sie sich bei jedem Trade, ob Sie zu früh, zu spät oder genau zum richtigen Zeitpunkt eingestiegen sind. Das lässt sich beim Trading mit Chartmustern oft leicht beurteilen, da der Ausbruch der Punkt ist, an dem sich der Kurs von einer Seitwärtsbewegung zu einem Trend ändert. Der Ausbruch ist der perfekte Einstiegskurs.

Allerdings funktionieren auch andere Arten des Einstiegs. Throwbacks oder Pullbacks bieten beispielsweise eine weitere Chance, zu einem guten Preis in den Trade einzusteigen. Ich habe auch ein Shelf – einen flachen Bereich am rechten unteren Rand eines Doppelbodens – als weitere Einstiegsmöglichkeit erwähnt. Tatsächlich können während jedes Trades viele akzeptable Einstiegspositionen auftreten, sofern Ihr Trading-Plan dies zulässt.

Früher Einstieg

Lassen Sie uns zunächst den frühen Einstieg betrachten. Steigen Sie regelmäßig zu früh in Trades ein, das heißt, *glauben* Sie, dass die Aktie nach oben ausbrechen wird, und kaufen daher, bevor dies geschieht? Haben Sie bei diesen Trades mehr Geld verdient oder ist die Fehlerquote gestiegen?

Mit anderen Worten: Sie können Ihre Ergebnisse auf zwei Arten bewerten – höherer Gewinn oder erhöhtes Risiko. Wenn eine Aktie 10 erreichen wird, ist es umso besser, je früher (zu einem niedrigeren Preis) Sie kaufen. Wenn Sie früher kaufen, liegt eine Stop-Loss-Order möglicherweise näher am optimalen Kaufpreis, aber das könnte das Risiko eines Misserfolgs erhöhen (wenn die Aktie den Stopp auslöst, weil der Stopp so nahe ist). Wenn die Aktie nicht 10 erreicht, könnten

Sie natürlich in Schwierigkeiten geraten. Wenn Sie vor der Bestätigung (vor dem Ausbruch aus einem Chartmuster) kaufen und sich das Muster nicht bestätigt, könnte der Trade einen Verlust verzeichnen.

- Sind Sie zu früh, zu spät oder genau zum richtigen Zeitpunkt in den Trade eingestiegen?

Der Einstieg in einen Trade anhand von Chartmustern ist einfach, da der Ausbruchspreis oft im Voraus bekannt ist. Es kann beispielsweise schwierig sein, eine Kauforder an einer schrägen Trendlinie zu platzieren, daher warte ich einen Tag, bis der Kurs über der Trendlinie schließt, wodurch das Chartmuster bestätigt und ein Ausbruch eingeleitet wird, und kaufe dann bei Eröffnung am nächsten Tag. Das nenne ich einen perfekten Einstieg.

Später Einstieg

Ich habe meine Trades untersucht und festgestellt, dass ich weniger Geld verdient und das Risiko eines Misserfolgs erhöht habe, wenn ich einen Trade mehr als 5 Prozent über dem Punkt eingegangen bin, an dem ich eigentlich hätte einsteigen sollen. Ich habe festgestellt, dass ich, wenn ich einer Aktie nachgejagt bin, die beispielsweise ausgebrochen ist und sich in einer geraden Linie nach oben bewegt hat, oft kurz vor der Kursumkehr gekauft habe.

Haben Sie das gleiche Problem? Betrachten Sie das Warten auf einen Throwback nicht als späten Einstieg, es sei denn, Sie verpassen auch diesen. Einige Trader steigen erst ein, nachdem ein Throwback abgeschlossen ist. Auf diese Weise vermeiden sie, dass sie eine Aktie besitzen, die zum Ausbruchspreis zurückkehrt und dann weiter abstürzt.

- Jagen Sie keiner Aktie hinterher. Wenn Sie nicht innerhalb von 5 Prozent des Breakouts (optimaler Einstiegspreis) kaufen können, dann lassen Sie den Trade aus oder warten Sie auf einen Rücksetzer.

Frühe und späte Ausstiege

Ausstiege sind schwieriger einzuschätzen. Als ich meine abgeschlossenen Trades untersuchte, war es offensichtlich, wo der Kurs seinen Höhepunkt im Chart erreicht hatte. Wenn ich vor diesem Gipfel ausgestiegen bin, habe ich zu früh verkauft. Das bedeutet, dass ich potenzielle Gewinne verschenkt habe. Allerdings war der Verkauf *nach* dem Höchststand noch schlimmer. Das ist so, als würde man seine Brieftasche oder Geldbörse öffnen, das gesamte Kleingeld herausschütten und dann auch noch die Scheine herausnehmen. Es ist Geld, das Sie in der Hand haben und wegwerfen.

Abbildung 6.1 zeigt ein Beispiel für eine Versorger-Aktie, die ich besaß, in zwei Teile geteilt, damit sie in eine Abbildung passt. Nachdem ich das Ende der Baisse von 2007 bis 2009 abgewartet hatte, kaufte ich die Aktie schließlich acht Tage nach ihrem Tiefpunkt. Punkt A zeigt den ungefähren Kurs und das Datum, und B zeigt den Tiefpunkt der Baisse.

Es dauerte einige Zeit, bis ich erkannte, dass der allgemeine Markt und die Aktie ihren Tiefpunkt erreicht hatten. Obwohl der Chart zeigt, dass ich spät gekauft habe, halte ich dies für einen perfekten Einstieg, da es ein wunderbares Geschenk des Timings ist, so nahe am Ende eines Bärenmarkts zu kaufen.

Der Ausstieg ist eine andere Sache. Der Kurs erreichte seinen Höhepunkt bei D, und das wäre der perfekte Ausstieg gewesen. Da es sich um eine langfristige Position handelte, hatte ich es nicht eilig, zu verkaufen. Allerdings hatte sich die Aktie im Jahr 2010 nicht wesentlich bewegt, und als der Kurs unter den gleitenden 30-Wochen-Durchschnitt fiel und aus Stufe 3 herausfiel (siehe Kapitel 16 in „Fundamentalanalyse & Positionstrading“, Abschnitt „Das Weinstein Set-up“ für eine Erklärung), entschied ich mich zum Verkauf. Punkt C zeigt den Zeitpunkt. Ich halte dies für einen späten Ausstieg. Ich habe den Verkauf zum Höchststand um einen Monat und vier Dollar pro Aktie verpasst. Autsch.

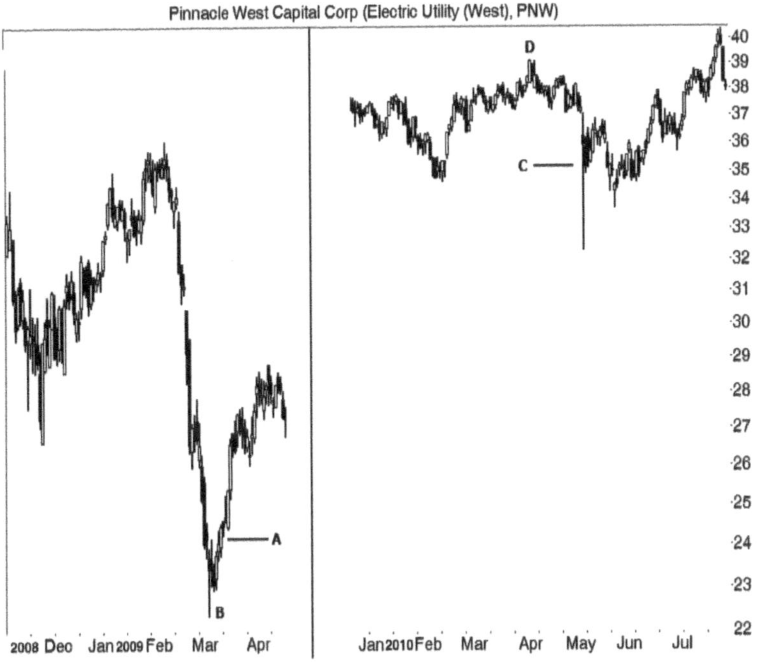

Abb. 6.1 Ein- und Ausstiegszeitpunkt für diese Versorger-Aktie.

Auf ähnliche Weise habe ich alle meine Trades zwischen Januar 2000 und September 2010 ausgewertet. **Tabelle 6.2** zeigt die Ergebnisse, schließt jedoch Day-Trades, Leerverkäufe, Optionen und ETF-Trades aus. Mit anderen Worten: Sie zeigt nur die jüngsten Aktien-Trades.

	Früher Einstieg	Perfekter Einstieg	Später Einstieg	Früher Ausstieg	Perfekter Ausstieg	Später Ausstieg
Verteilung	17 %	63 %	20 %	34 %	30 %	35 %
Gewinn/Verlust	2 %	5 %	-3 %	7 %	6 %	-5 %

Tab. 6.2 Trading-Analyse für das Timing von Einstiegen und Ausstiegen.

Die Zeile „Verteilung" zeigt eine Häufigkeitsverteilung für Einstiege und eine weitere für Ausstiege, ausgedrückt in Prozent. Beispielsweise waren

17 Prozent der Einstiegszeitpunkte zu früh, was zu durchschnittlichen Gewinnen von 2 Prozent führte. Wenn ich später kaufte, als ich hätte kaufen sollen, was in 20 Prozent der Fälle geschah, verlor ich 3 Prozent. Perfekt getimte Trades führten zu Gewinnen von 5 Prozent. Das mag gering erscheinen, aber die Zahlen beinhalten zwei Bärenmärkte und schließen meine größten Gewinne aus, um die Ergebnisse nicht zu verzerren.

Die Zahlen zeigen, dass ich gut darin bin, den richtigen Zeitpunkt für den Kauf auszuwählen. Das ist einfach, wenn ein Chartmuster vorliegt (Kauf beim Ausbruch), aber die Trades umfassen auch andere Situationen, zum Beispiel den Kauf weiterer Aktien, den Kauf, wenn sie aus einer Konsolidierungsphase ausbrechen, oder nach Abschluss eines Throwbacks.

Auf der Ausstiegsseite bin ich in 34 Prozent der Fälle zu früh aus dem Trade ausgestiegen, habe aber durchschnittlich 7 Prozent Gewinn erzielt. Wenn ich zu lange gehalten habe, was in 35 Prozent der Fälle vorkam, habe ich 5 Prozent verloren.

Für meinen Trading-Stil ist es besser, früh als spät in einen Trade ein- und auszusteigen. Beachten Sie, dass die Zahlen für jede Ausstiegsbedingung etwa ein Drittel der Zeit ausmachen. Die Zahlen deuten darauf hin, dass ich ein gutes System für den Einstieg habe, aber nicht für den Ausstieg. Von beiden ist der Ausstieg wichtiger, und genau dort bin ich am schwächsten.

Studieren Sie eine Analyse Ihrer eigenen Trades, um Hinweise zu finden, wie Sie Ihr Timing verbessern können.

- Einen Trade zu lange zu halten ist schlimmer als zu früh zu verkaufen.

Sind alle Einstiegsbedingungen erfüllt?

Wenn Sie ein Trading-System verwenden, halten Sie sich an die Regeln? Handeln Sie voreilig und kaufen Sie, bevor Ihr System einen Einstieg signalisiert? Die Analyse Ihrer Trades kann Aufschluss darüber geben, ob das gut ist. Wahrscheinlich ist es schlecht für die Profitabilität.

Bei der Überprüfung meiner Chartmuster-Trades stelle ich fest, dass ich selten nicht auf einen Ausbruch warte. Wenn ich jedoch versuche, am Boden zu fischen, bin ich oft zu früh dran. Mit anderen Worten: Ich *glaube*, dass die Aktie ihren Boden erreicht hat, kaufe sie also, nur um festzustellen, dass ich um Wochen oder Monate zu früh dran war. Das kann ein kostspieliger Fehler sein. Wie Tabelle 6.2 zeigt, verdiene ich weniger, wenn ich früh in einen Trade einsteige, als wenn das Timing stimmt.

Lassen Sie mich Ihnen eine Geschichte erzählen. Eine Person, die ich Fred nennen werde, schickte mir einen Chart von XYZ (ein fiktives Symbol). „Ich bin Student, habe ein wenig Geld zum Investieren gespart und kann mir diese großartige Gelegenheit nicht entgehen lassen", schrieb er.

Wenn man nur diesen Satz betrachtet, hat man dann nicht das Gefühl, dass er abgeschlachtet werden wird? Er ist bereits in die Aktie verliebt, obwohl er sie noch gar nicht besitzt. Was passiert, wenn der Kurs sich entgegen seiner Überzeugung entwickelt? Er wird seine optimistische Haltung beibehalten, weil (wie er schreibt) „ich weiß, dass XYZ ein guter Kauf ist". Er wird schließlich genau dann das Handtuch werfen, wenn die Aktie ihren Tiefpunkt erreicht, was ihn nicht nur viel Geld, sondern auch seinen Stolz kosten wird.

Aber es gibt etwas, das ich Ihnen noch nicht über ihn erzählt habe. Er muss ein oder zwei Wochen warten, bis das Geld auf sein Konto überwiesen wird. Vielleicht wird die Aktie bis dahin in ungeahnte Höhen steigen oder abstürzen und beweisen, dass seine *großartige Gelegenheit* nichts weiter als die Überheblichkeit eines Anfängers war.

Was hat diese Anekdote mit Einstiegsbedingungen zu tun? Traden Sie nicht, wenn Sie nicht über ausreichend Kapital verfügen. Wenn Sie nicht genug Geld haben, dann traden Sie auf dem Papier. Das habe ich Fred geraten.

- Verlieben Sie sich niemals in eine Aktie.

- Ist jeder Trade ausreichend kapitalisiert?

Übermäßiges Selbstvertrauen: Meine schlechtesten Trades

Meine schlechtesten Trades sind diejenigen, bei denen ich *weiß*, dass ich recht habe. Dieses Gefühl tritt normalerweise auf, wenn ich sechs oder mehr Trades in Folge mit Gewinn abgeschlossen habe. „Trading ist ein einfaches Spiel. Alles, was ich kaufe, verwandelt sich in Gold!" Dann werfe ich alle Vorsicht über Bord und setze übermäßig viel auf eine Aktie, die nicht verlieren kann. „Ich weiß, dass sie steigen wird", nur dass sie schneller fällt als ein Heißluftballon ohne Propangas. Ich halte durch, weil ich weiß, dass sich die Aktie bald erholen und dann doppelt so viel wert sein wird, sodass sich meine Vorhersage erfüllt. Nur tut sie das nicht.

Zwei Wochen bevor die Aktie ihren Boden erreicht, verkaufe ich sie und erleide einen massiven Verlust. Es ist erstaunlich, wie oft es genau so abläuft.

Zu Beginn meiner Trading-Karriere hatte ich mit diesem Verhaltensmuster zu kämpfen, bis ich herausfand, was falsch lief. Jetzt bin ich vorsichtig geworden und verzichte entweder auf fragwürdige Trades oder reduziere die Positionsgröße.

Eine weitere Technik, die ich anwende, besteht darin, nicht darauf zu achten, wie viel Geld ich verdiene. Auf diese Weise ergötze ich mich nicht an einer Reihe von Gewinnen. Ich betrachte jeden Trade als eine weitere Gelegenheit für den Markt, mir das Gegenteil zu beweisen, und gehe daher vorsichtig vor.

Wenn Sie Indikatoren verwenden, um Kaufentscheidungen zu treffen, warten Sie mit dem Kauf, bis die Signale auftreten. *Zu wissen*, dass ein Indikator innerhalb von ein oder zwei Tagen ein Signal geben wird, ist etwas anderes, als tatsächlich zu sehen, wie es ausgelöst wird. Der Kauf einer Aktie, bevor alle Einstiegsbedingungen erfüllt sind, ist ein guter Weg, um Geld zu verlieren.

- Seien Sie nach einer Reihe von Gewinnen beim Trading vorsichtig. Übermäßiges Selbstvertrauen kann zu großen Verlusten führen.
- Warten Sie, bis alle Einstiegsbedingungen erfüllt sind, bevor Sie kaufen.

War die Positionsgröße angemessen?

Ich habe die Positionsgröße bereits in Kapitel 2, Money-Management, behandelt, aber wenn Sie Ihre Trades hebeln und Treffer wie eine Silhouette auf dem Schießstand einstecken, dann ist es Zeit für eine Neubewertung. Wie bereits erwähnt, habe ich in einem Bärenmarkt meine Positionsgröße auf ein Achtel der Größe während eines Bullenmarkts reduziert. Als der Bärenmarkt endete, habe ich die Trade-Größe erhöht, aber das hat Zeit gebraucht.

Ich mag es, viele Wertpapiere in meinem Portfolio zu haben, weil das für Vielfalt sorgt. Das bedeutet eine kleinere Positionsgröße pro Beteiligung, als ich früher getradet habe. Ich verwende auch eine volatilitätsbasierte Positionsgröße (siehe Tabelle 2.2 und Erläuterung).

Wenn Sie Regeln für die Positionsgröße haben und diese befolgen, sollte das kein Problem sein. Sie können eine Position ab und zu verdoppeln, aber überprüfen Sie, wie gut der Trade funktioniert hat. Wenn Sie die Positionsgröße erhöht haben und in Panik geraten sind, dann ist das schlecht.

In „Fundamentalanalyse & Positionstrading“, Kapitel 21 (im Abschnitt „Das Intel-Fiasko“) erzähle ich Ihnen, wie ich beim Trading von Intel in Panik geraten bin. Ich habe die Positionsgröße vor Börsenbeginn um die Hälfte reduziert, aber es hat trotzdem wehgetan. Wenn Sie daran interessiert sind, die Filmrechte zu erwerben, können wir uns darüber einigen.

- Haben Sie jede Position richtig dimensioniert?

Wurde ein anfänglicher Stopp verwendet?

Wenn ich investiere (Buy-and-Hold, aber auch viele Positions-Trades), verwende ich keinen Stopp, es sei denn, ich möchte die Position verkaufen. In diesem Fall verwende ich oft einen Trailing-Stop, der einen Cent unter dem Tief des Vortags liegt. In einem starken Aufwärtstrend steigt der Stopp mit dem Kurs nach oben, aber ich weiß, dass ich ausgezahlt werde, sobald das Momentum nachlässt.

Bei Day-Trades kann die Zeit, die nötig ist, um die Platzierung einer Stop-Loss-Order zu bestätigen, ein Problem darstellen. Anstelle eines festen Stopps verwende ich einen mentalen Stopp. Wenn sich eine Aktie in eine ungünstige Richtung entwickelt, verkaufe ich sie sofort, anstatt mich von einem festen Stopp aus dem Markt nehmen zu lassen. Durch die Verwendung eines mentalen Stopps kann ich mich auf den Trade konzentrieren, anstatt mir Gedanken darüber zu machen, ob die Stopporder bestätigt wurde und ob ich sie dann nachziehen muss.

Bei Swing-Trades ist das jedoch ganz anders. Ich verwende bei jedem Trade einen Stopp. Ich bin kurzfristig und mit geringem Gewinnpotenzial im Trade, daher möchte ich die Verluste überschaubar halten.

Der Beginn eines Trades ist der gefährlichste Zeitpunkt. Der anfängliche Stopp kann weit vom Einstiegspreis entfernt sein, insbesondere bei hochvolatilen Aktien. Wenn der Trade schlecht läuft, verursacht dies einen großen Verlust, und diese Verluste sind die schlimmsten. Sie sind gerade mit der Hoffnung und Zuversicht in einen Trade eingestiegen, dass er einen großen Gewinn bringen wird, nur um dann festzustellen, dass Ihre Hoffnungen zunichtegemacht werden, wenn die Dummköpfe die Aktie gerade so weit nach unten drücken, dass sie den Stopp erreicht.

Als Sie Ihre Trades auf Fehler überprüft haben, war der anfängliche Stopp richtig positioniert? Haben Sie den Stopp ignoriert? Lesen Sie Kapitel 3 dieses Bandes, „Funktionieren Stopps?“, wenn Sie Schwierigkeiten haben, die erste Frage zu beantworten.

- Wurde ein anfänglicher Stopp verwendet?
- War der Stopp richtig positioniert?
- Haben Sie den Stopp ignoriert oder entfernt?

Sind Sie vor dem Stopp ausgestiegen?

In *seltenen* Fällen (vielleicht dreimal pro 500 Trades) senke ich den Stopp (oft aufgrund einer fragwürdigen Platzierung) oder entferne ihn ganz.

Bei langfristigen Trades verwende ich manchmal für eine Weile einen Stopp, wenn ich glaube, dass die Aktie umkehren wird, und ich mein Geld verdoppelt habe. Ich möchte diese Verdopplung mitnehmen, also setze ich einen Stopp. Wenn die Aktie ihren Aufwärtstrend wieder aufnimmt und mir einen komfortablen Gewinnpuffer verschafft, entferne ich den Stopp.

Nehmen wir an, Sie haben einen anfänglichen Stopp gesetzt und die Aktie steigt. Haben Sie den Stopp daraufhin angehoben? Einen Stopp richtig positioniert zu halten, während die Aktie steigt, ist eine wunderbare Möglichkeit, *Ihre Verluste zu begrenzen und Ihre Gewinne laufen zu lassen*. Ich bin sicher, Sie haben diesen Satz schon einmal gehört.

Als ich anfing, bei jedem Trade Stopps zu verwenden, war ich überrascht. Ich wusste, dass dies meine Verluste begrenzen würde, aber ich war auch erfreut, festzustellen, dass ich weniger Gewinn wieder abgab. Es ist ärgerlich, wenn ein großer Gewinn schrumpft und dann ganz verschwindet, wenn eine steigende Aktie dreht und sich in einen Verlust verwandelt. Man schaut sich den Chart an und fragt sich: „Wie konnte das passieren? Warum habe ich nicht am Hoch verkauft?“ Die Verwendung eines Trailing-Stops hilft, dieses Zurückgeben von Gewinnen zu verhindern.

- Haben Sie einen Trailing-Stop verwendet?
- War der Stopp richtig positioniert?
- Sind Sie ausgestiegen, bevor der Stopp ausgelöst wurde?

Haben Sie jemals einen Chart angesehen und gesagt: „Dieser Trade wird ausgestoppt werden"? Der Kurs tendiert nach unten, andere Aktien der Branche schmelzen wie Eiswürfel in einer Pfanne und der Markt befindet sich im freien Fall. Die innere Stimme, die sich mit der Erfahrung entwickelt, sagt: „Verkaufe jetzt!"

In den etwa ein Dutzend Fällen, in denen das passiert ist, habe ich den Stopp in eine Marktorder geändert. Das hat funktioniert und mir Geld gespart. Allerdings sollte das Vorwegnehmen eines Stopps nicht zur Gewohnheit werden! Verkaufen Sie eine Aktie nicht, nur weil sie sich in der Nähe eines Stopps befindet. Viele Aktien, die ich besessen habe, haben ihren Tiefpunkt ein oder zwei Cent über dem Stopp erreicht und sich dann zu Gewinnern entwickelt. Geben Sie der Aktie jede Chance, sich nach oben zu bewegen, aber wenn klar ist, dass sie den Stopp erreichen wird, dann verkaufen Sie den Verlierer.

- Manchmal ist ein vorzeitiger Verkauf klug, aber lassen Sie es nicht zur Gewohnheit werden.

Wie war das Risiko-Ertrags-Verhältnis?

Ich bin kein großer Fan des Risiko-Ertrags-Verhältnisses, aber es scheint bei Tradern und Lehrern sehr beliebt zu sein. Wenn ich einen Stopp setze, weiß ich im Voraus, wie hoch mein Risiko ist: Es ist die Differenz zwischen dem, was ich beim Kauf der Aktie bezahle, und dem Stopp (vorausgesetzt, es kommt nicht zu einer Kurslücke nach unten). Wie sieht es mit dem Ertrag aus? Da liegt das Problem.

Wie hoch wird die Aktie steigen? Wird sie um das 3- oder 4-Fache des Risikos steigen, wie viele behaupten, dass ein gewinnbringender Trade es sollte? Wie oft haben Sie schon eine Aktie verworfen, die sich anschließend verdoppelt hat, weil sie ein Risiko-Ertrags-Verhältnis von weniger als 4:1 hatte (der Ertrag ist gemäß Konvention die erste Zahl)?

Deshalb interessiere ich mich nicht für das Risiko-Ertrags-Verhältnis. Ich kann den Verlust genau einschätzen, aber nicht den Gewinn. Wenn ich jedoch einen kurzfristigen Trade wie einen Swing-Trade vorbereite, bei dem ich ein Kursziel für den Verkauf festlege, dann ist das Verhältnis wichtig. Ich möchte meine Gewinne auf das eingesetzte Kapital maximieren. Zu wissen, wie viel ich mit einem Swing-Trade verdienen werde, ist eine wichtige Information. Bei längeren Trades lasse ich meine Gewinne jedoch laufen und kümmere mich nicht um das Risiko-Ertrags-Verhältnis.

Wenn Sie einen Trade mit definierten Gewinn- und Verlustzielen in Betracht ziehen und das Risiko-Ertrags-Verhältnis weniger als 3:1 oder 4:1 beträgt, sollten Sie sich nach einer anderen Gelegenheit umsehen. Der Ertrag ist einfach nicht hoch genug, um das Verlustrisiko zu rechtfertigen. Anders ausgedrückt: Der Ertrag muss hoch genug sein, um Verlusttrades auszugleichen.

Es wird ein anderer Trade kommen, der die richtigen Voraussetzungen erfüllt. Das ist der Trade, den Sie eingehen sollten. Profis warten auf die richtigen Bedingungen, bevor sie traden. Das sollten Sie auch tun.

- Ignorieren Sie das Risiko-Ertrags-Verhältnis, wenn Sie den Ertrag nicht genau bestimmen können.

- Verwenden Sie für Trades mit Gewinnzielen ein Risiko-Ertrags-Verhältnis von 3:1 oder 4:1 (oder höher).

- Der Ertrag muss hoch genug sein, um Verlusttrades auszugleichen.

Haben Sie bei steigenden Kursen nachgekauft?

In Kapitel 2 haben wir festgestellt, dass Scaling-in funktioniert, aber nur, wenn die Aktie steigt. So trade ich einige Gewinnpositionen. Ich kaufe mehr, wenn der Aktienkurs steigt (Averaging Up), um eine Teilposition auf eine volle Positionsgröße aufzustocken.

Zum Beispiel habe ich mehr Aktien der CH Energy Group (CHG – sie befindet sich gerade in einem Fusionsprozess) zu 39,72 gekauft, da die Rendite 5,4 Prozent betrug und der Kurs nur einen Dollar vom Jahrestief entfernt war. Ich habe verkauft, als der Kurs 54 erreichte, das obere Ende der Trading-Range.

Eine weitere Kaufsituation ergibt sich, wenn ich eine Position in einer Aktie habe und sich mit steigendem Kurs ein neues Chartmuster bildet. Wenn sie nach unten ausbricht, werde ich verkaufen. Wenn der Ausbruch nach oben erfolgt, kann ich eine bestehende Position aufstocken. Zugegeben, ich erhöhe das Risiko und verringere den Gewinn, da ich zu einem höheren Preis kaufe, aber manchmal ist das besser, als das Geld herumliegen zu lassen und fast nichts zu verdienen.

Ihr Trading-Plan sollte festlegen, ob und wann Sie eine Position aufstocken sollten. Legen Sie die Bedingungen fest, die für einen weiteren Kauf erforderlich sind. Wenn Sie eine Position aufstocken, obwohl der Trading-Plan diese Frage entweder nicht behandelt oder vorschreibt, nicht mehr zu kaufen, dann ist das ein Trading-Fehler.

- Erlaubt Ihr Trading-Plan eine Aufstockung (Averaging Up)?

- War es eine profitable Entscheidung, eine Aufstockung (Averaging Up) vorzunehmen?

Haben Sie verbilligt?

Wenn Sie ein Day- oder Swing-Trader sind, sollten Sie kein Averaging Down betreiben. Ich habe bereits in Kapitel 2 erklärt, warum. Für Positionstrader und Buy-and-Hold-Anleger funktioniert der Kauf bei fallenden Kursen, um die Durchschnittskosten zu senken, aber nur, wenn sich die Aktie wieder erholt.

Mein größter Verlust überhaupt entstand durch eine langfristige Investition in Gencorp (GY), als ich die Aktie 2007 vor Beginn des Bärenmarkts kaufte und nur einmal verbilligte. Im Jahr 2008, aus Angst, dass die Aktie vor dem Bankrott stand, verkaufte ich meine Anteile nur drei Tage vor dem Tiefpunkt der Aktie. Drei Tage! Die Aktie bewegte sich acht Monate lang seitwärts und begann dann, sich zu erholen, wobei sich der Kurs in fünf Monaten vervierfachte.

Ich habe in 30 Jahren nur in 6 Prozent der Fälle verbilligt, und 55 Prozent davon waren profitabel mit einem durchschnittlichen Gewinn von nur 21 US-Dollar pro Trade. Diese Rendite deckt kaum die Provisionen und rechtfertigt sicherlich nicht das damit verbundene Risiko.

Wenn Ihr Trading-Plan vorsieht, dass eine Investition es wert ist, bei fallenden Kursen nachgekauft zu werden, dann tun Sie dies mit Bedacht. Achten Sie auf die Größe Ihrer Position. Wenn Sie beispielsweise eine Position in einer Aktie für 20.000 Dollar kaufen und diese jetzt 5.000 Dollar wert ist, könnten Sie versucht sein, weitere 15.000 Dollar zu investieren, um sie wieder auf 20.000 Dollar zu bringen. Das würde einer Anfangsinvestition von 35.000 Dollar (20.000 Dollar + 15.000 Dollar) entsprechen, wodurch Sie einen zu großen Teil Ihres Vermögens in einer einzigen Aktie konzentrieren würden, auch wenn die aktuellen Werte etwas anderes sagen.

Wenn Sie sich für ein Averaging Down entscheiden, tun Sie dies nur einmal und investieren Sie nicht zu viel Geld in die Aktie. Wenn Sie recht haben, wird sich die Aktie erholen und Ihnen eine stattliche Rendite einbringen. Wenn Sie sich irren, schadet es nicht so sehr, wenn die Position klein bleibt oder im Verhältnis zu den anderen Positionen im Portfolio angemessen dimensioniert ist.

- Nur Anleger und Positionstrader sollten verbilligen, und das auch nur in seltenen Fällen.

- Wenn Sie verbilligen, tun Sie dies nur *einmal* und fügen Sie nicht mehr als 50 Prozent Ihrer ursprünglichen Investition hinzu.

Kaufen Sie außerhalb der Saison?

Der letzte Punkt betrifft das Timing. Ich habe mit einem börsengehandelten Fonds im Agrarbereich (namens Powershares DB Agriculture, Symbol: DBA) getradet, weil mir aufgefallen war, dass er oft im Juni seinen Höchststand erreichte. Am 1. Juni erreichte die Aktie genau wie von mir erwartet ihr Hoch. Was ich nicht wusste, war, dass der Fonds meine Steuererklärung komplizieren würde, indem er mir das Formular Schedule K-1 (Partnerschaft) zusandte, da er mit Terminkontrakten oder Straddles handelt. Igitt.

Ich habe meine Trades analysiert, indem ich sie nach Kauf- und Verkaufsdaten und dem mittleren Gewinn oder Verlust sortiert habe (da große Zahlen den Durchschnitt verzerren). Wenn ich eine Aktie im März gekauft habe, habe ich über 25 Prozent mehr Geld verdient als bei einem Kauf in einem anderen Monat (an zweiter Stelle lag der September). Wenn ich im Mai verkauft habe, habe ich mehr als doppelt so viel verdient wie im zweitbesten Monat (Januar).

Der beste Zeitraum für Käufe ist schwieriger zu bestimmen, da kein Zeitraum besonders hervorsticht. Es ist klar, dass Käufe im März oder April besser abschneiden als in den anderen Monaten, aber auch August und September sind gut. Der beste Zeitraum für Verkäufe war zwischen Januar und Mai – vorzugsweise im Mai. In diesem Zeitraum wurden die höchsten Gewinne erzielt, während die anderen Monate Verluste verzeichneten.

Auf Grundlage meiner Trades sollte ich Käufe von Oktober bis Februar (wobei der Dezember ein guter Monat ist) und von Mai bis Juli vermeiden. Verkäufe sollte ich von Juni bis Dezember meiden.

Vielleicht haben Sie schon einmal den Spruch „Sell in May and go away" gehört. Die Analyse meiner Trades stützt diese Überzeugung, da der Mai der profitabelste Zeitpunkt für Verkäufe ist. März und September sind die besten Zeiten für Käufe.

Analysieren Sie Ihre Trades, um Trends zu erkennen. Wenn Sie Schwierigkeiten haben, im Juni mit dem Trading Geld zu verdienen, dann ist das vielleicht der richtige Zeitpunkt für einen Urlaub. Der September ist historisch gesehen der Monat mit der schlechtesten Performance des Jahres, daher könnte dies der richtige Zeitpunkt sein, um den Sattelschlepper vorzufahren und mit neuen Aktien zu füllen.

- Sell in May and go away.

- Sind auf Basis Ihrer Trades bestimmte Monate besser für das Trading geeignet als andere?

Trading-Checkliste

Als ich aufwuchs, schrieb ich ein Tagebuch, in das ich meine Gefühle einfließen ließ, in dem ich meine Gedanken festhielt und meine Träume erforschte. Ich habe es vernichtet. Als Investor, Positions- oder Swing-Trader plane ich jeden Trade und schreibe meine Gedanken vor Beginn jedes Trades auf. Als Day-Trader plane ich zwar immer noch den Handelstag, habe aber oft keine Zeit, jeden Trade zu protokollieren. Ich füge meine Gedanken nach Ende des Handelstags oder zwischen den Trades hinzu.

Warum mache ich mir diese Mühe? Es gibt einen alten Witz, der lautet: „Erfahrung ermöglicht es dir, einen Fehler zu erkennen, wenn du ihn erneut machst." Ein Trading-Tagebuch hilft dabei, auf Erfolgen aufzubauen oder schlechte Gewohnheiten zu erkennen, bevor sie zu einem ernsthaften Problem werden.

Hier ist die Checkliste, die ich befolge, wenn ich über den Kauf eines Wertpapiers nachdenke. Sie ist das Pendant zur Checkliste eines Piloten und genauso wichtig. Einige der hier beschriebenen Punkte werden später in den anderen Büchern dieser Reihe erläutert. Falls Ihnen jetzt noch etwas unklar ist, machen Sie sich keine Sorgen.

☐ Heutiges Datum: Dies ist das Datum, an dem ich den Trade plane, nicht das Datum, an dem der Kauf stattfindet. Möglicherweise kaufe ich die Aktie erst Wochen später – oder gar nicht.

☐ Empfohlene maximale Positionsgröße: Mein Computer ermittelt die Positionsgröße anhand des Rückgangs des Kurses gegenüber dem Jahreshoch. Je größer der Rückgang, desto kleiner die Positionsgröße, da dies darauf hindeutet, dass der Markt möglicherweise in eine bearishe Phase übergeht.

☐ Orderdetails: Dazu gehören die Anzahl der Aktien, der Ordertyp und der Kaufpreis.

☐ Kaufdatum: Wird der Trade ausgeführt, finden Sie hier die Details.

☐ Stopp: 25,58 – 4,6 Prozent. Verwendeter Stopp: Die angezeigten Zahlen stammen aus einer Beispiel-Aktie. Mein Programm berechnet automatisch einen Volatilitätsstopp für mich. Der Begriff *Verwendeter Stopp* bezieht sich auf den tatsächlich verwendeten Stopp-Preis, der sich von einem volatilitätsbasierten Stopp unterscheiden kann.

- ☐ SAR und Aufwärtsziel: Hier werden die zugrunde liegenden Unterstützungs- und Widerstandszonen (SAR) sowie mein gewünschter Gewinn aus dem Trade (Aufwärtsziel) angegeben.

- ☐ Punktzahl: Bei einem Chartmuster-Trade wird anhand eines Punktesystems bewertet, wie gut sich das Chartmuster entwickeln könnte. Dies wird in „Fundamentalanalyse & Positionstrading“ behandelt.

- ☐ Weinstein-Phase: Dies ist eine Zahl von 1 bis 4, die angibt, in welcher Phase sich die Aktie befindet. Der Kauf in Phase 1 oder 2 ist besser als in Phase 3 oder 4. Siehe „Fundamentalanalyse & Positionstrading“, Kapitel 16, Abschnitt „Das Weinstein-Set-up“.

- ☐ Nächste Gewinnveröffentlichung: Dies dient als wichtige Erinnerung, das Datum der nächsten Quartalszahlen zu überprüfen. Ich kaufe keine Aktien, deren Zahlen in weniger als drei Wochen veröffentlicht werden, es sei denn, ich erwarte einen kurzfristigen Trade.

- ☐ Wochenchart: Ich betrachte andere Zeitskalen, um Preistrends und Unterstützungs- und Widerstandszonen zu identifizieren.

- ☐ Indikatoren: Ich betrachte den Wilder Relative Strength Index (RSI) und den Commodity Channel Index (CCI), um nach Divergenzen und aktuellen Trading-Signalen zu suchen.

- ☐ Mein Computer analysiert, wo sich die Aktie innerhalb der jährlichen Hoch-Tief-Spanne befindet, und erstellt eine Prognose, ob die Aktie am nächsten Tag höher oder niedriger schließen wird. Dazu misst er die prozentuale Veränderung des Vortags und sucht nach ähnlichen Bewegungen in der Vergangenheit. Findet er eine, prüft

er, ob der nächste Tag höher oder niedriger geschlossen hat. Diese Ergebnisse werden gesammelt und ausgewertet.
Das Programm berechnet das Rauschen (Trendstärke) und wie sich die Aktie, die Branche und der S&P 500 in den letzten ein, drei und sechs Monaten entwickelt haben.
Schließlich gibt es an, ob das durchschnittliche Volumen in den letzten drei Wochen gestiegen oder gefallen ist, vergleicht die Stärke der Aktie im Verhältnis zum S&P 500 Index und schlägt den besten Tag für den Kauf der Aktie vor, basierend auf den Schlusskursen der letzten zwei Jahre.

☐ Art des Trades: Day-Trading, Swing-Trading, Positionstrading oder Buy-and-Hold.

☐ Gehandeltes Chartmuster: Wenn ich ein Chartmuster trade, identifiziere ich es hier.

☐ Kaufgrund: Das ist der wichtigste Punkt. Warum kaufe ich die Aktie? Ich beschreibe die Kaufstrategie, die ich anwenden werde, und wie ich den Trade einschätze.

Die Verkaufs-Checkliste ist kürzer und besteht aus dem Verkaufsdatum und dem Grund für den Verkauf. Das Programm schlägt auch den besten Tag für den Verkauf vor, basierend auf den Aufwärtsschlusskursen.

Einige Trader führen ihre Journale in Form einer Tabellenkalkulation, damit sie ihre Trades statistisch analysieren können (Gewinn-/Verlustquote, kumulierte Gewinne, durchschnittliche Gewinne und Verluste und so weiter). Das mache ich auch, indem ich jeden Trade aufliste.

- Verwenden Sie eine Kauf- und Verkaufs-Checkliste, damit wichtige Punkte nicht vergessen werden.

Kapitel-Checkliste

In diesem Kapitel ging es um Tipps, wie man herausfinden kann, was bei Trades schiefgelaufen ist, sowie um mögliche Lösungen. Der Nachweis, dass eine Flut alle Boote (Aktien) hebt, war eine interessante Erkenntnis (Tabelle 6.1), aber zu wissen, dass der Branchentrend für den Gewinn wichtiger ist als der Markttrend, ist eine wertvolle Information. Allein das ist den Preis dieses Buches wert.

Im nächsten Buch der Reihe („Fundamentalanalyse & Positionstrading“) beginnen wir mit der Betrachtung des Value-Investings – wir haben Spaß mit Fundamentaldaten. Hier ist eine Checkliste, um das in diesem Kapitel Besprochene zu wiederholen.

- ☐ Erhöhen Sie die Erfolgschancen und die Profitabilität, indem Sie mit dem Trend handeln. Siehe „Wie verhielt sich der Markt?“.

- ☐ Entsprach die Trading-Richtung (long in einem Aufwärtsmarkt, short in einem Abwärtsmarkt) der Marktrichtung? Siehe „Wie verhielt sich der Markt?“.

- ☐ Verwenden Sie einen gleitenden Durchschnitt, um den Markttrend zu bestimmen. Siehe „Wie verhielt sich der Markt?“.

- ☐ Gibt es einen nahen Overhead-Widerstand, der eine Bewegung begrenzen könnte? Siehe „Wie verhielt sich der Markt?“.

- ☐ Vergleichen Sie den Trend von Aktien derselben Branche oder verwenden Sie einen ETF/Sektorfonds, der die Branche repräsentiert. Siehe „Trendete die Branche?“.

- ☐ Vergleichen Sie Ihren Branchen-ETF oder Sektorfonds mit dem allgemeinen Markt und kaufen Sie Branchen, die schneller als der

Markt steigen (und eine bessere Relative Stärke aufweisen). Siehe „Trendete die Branche?".

- ☐ Verbessern Sie die Profitabilität, indem Sie mit den Markt- und Branchentrends handeln. Siehe „Hebt eine Flut wirklich alle Boote?".
- ☐ Der Branchentrend ist wichtiger als der Markttrend. Siehe Tabelle 6.1.
- ☐ Sind Sie zu früh, zu spät oder genau zum richtigen Zeitpunkt in den Trade eingestiegen? Siehe „Früher Einstieg".
- ☐ Jagen Sie keiner Aktie hinterher. Wenn Sie nicht innerhalb von 5 Prozent des Breakouts (optimaler Einstiegspreis) kaufen können, dann lassen Sie den Trade aus oder warten Sie auf einen Rücksetzer. Siehe „Später Einstieg".
- ☐ Einen Trade zu lange zu halten ist schlimmer als zu früh zu verkaufen. Siehe Tabelle 6.2.
- ☐ Verlieben Sie sich niemals in eine Aktie. Siehe „Sind alle Einstiegsbedingungen erfüllt?".
- ☐ Ist jeder Trade ausreichend kapitalisiert? Siehe „Sind alle Einstiegsbedingungen erfüllt?".
- ☐ Seien Sie nach einer Reihe von Gewinnen beim Trading vorsichtig. Übermäßiges Selbstvertrauen kann zu großen Verlusten führen. Siehe „Übermäßiges Selbstvertrauen: Meine schlechtesten Trades".
- ☐ Warten Sie, bis alle Einstiegsbedingungen erfüllt sind, bevor Sie kaufen. Siehe „Übermäßiges Selbstvertrauen: Meine schlechtesten Trades".

- ☐ Haben Sie jede Position richtig dimensioniert? Siehe „War die Positionsgröße angemessen?“.

- ☐ Wurde ein anfänglicher Stopp verwendet? Siehe „Wurde ein anfänglicher Stopp verwendet?“.

- ☐ War der Stopp richtig positioniert? Siehe „Wurde ein anfänglicher Stopp verwendet?“.

- ☐ Haben Sie den Stopp ignoriert oder entfernt? Siehe „Wurde ein anfänglicher Stopp verwendet?“.

- ☐ Haben Sie einen Trailing-Stop verwendet? Siehe „Sind Sie vor dem Stopp ausgestiegen?“.

- ☐ War der Trailing-Stop richtig positioniert? Siehe „Sind Sie vor dem Stopp ausgestiegen?“.

- ☐ Sind Sie ausgestiegen, bevor der Stopp ausgelöst wurde? Siehe „Sind Sie vor dem Stopp ausgestiegen?“.

- ☐ Manchmal ist ein vorzeitiger Verkauf klug, aber lassen Sie es nicht zur Gewohnheit werden. Siehe „Sind Sie vor dem Stopp ausgestiegen?“.

- ☐ Ignorieren Sie das Risiko-Ertrags-Verhältnis, wenn Sie den Ertrag nicht genau bestimmen können. Siehe „Wie war das Risiko-Ertrags-Verhältnis?“.

- ☐ Verwenden Sie für Trades mit Gewinnzielen ein Risiko-Ertrags-Verhältnis von 3:1 oder 4:1 (oder höher). Siehe „Wie war das Risiko-Ertrags-Verhältnis?“.

☐ Der Ertrag muss hoch genug sein, um Verlusttrades auszugleichen. Siehe „Wie war das Risiko-Ertrags-Verhältnis?“.

☐ Erlaubt Ihr Trading-Plan eine Aufstockung (Averaging Up)? Siehe „Haben Sie bei steigenden Kursen nachgekauft?“.

☐ War es eine profitable Entscheidung, eine Aufstockung (Averaging Up) vorzunehmen? Siehe „Haben Sie bei steigenden Kursen nachgekauft?“.

☐ Nur Anleger und Positionstrader sollten verbilligen, und das auch nur in seltenen Fällen. Siehe „Haben Sie verbilligt?“.

☐ Wenn Sie verbilligen, tun Sie dies nur *einmal* und fügen Sie nicht mehr als 50 Prozent Ihrer ursprünglichen Investition hinzu. Siehe „Haben Sie verbilligt?“.

☐ Sell in May and go away. Siehe „Kaufen Sie außerhalb der Saison?“.

☐ Sind auf Basis Ihrer Trades bestimmte Monate besser für das Trading geeignet als andere? Siehe „Kaufen Sie außerhalb der Saison?“

☐ Verwenden Sie eine Trading-Checkliste, damit wichtige Punkte nicht vergessen werden. Siehe „Trading-Checkliste“.

7

WAS WIR GELERNT HABEN

Dieses Kapitel listet alle Erkenntnisse auf, die ich Ihnen auf diesen Seiten vermittelt habe, sortiert nach Kapiteln.

Kapitel 1: Wie man mit 36 in Rente geht

- ☐ Arbeiten Sie hart und sparen Sie jeden Cent, den Sie in einem gut bezahlten Job verdienen.
- ☐ Leben Sie so sparsam wie möglich und investieren Sie Ihre Ersparnisse mit Bedacht.
- ☐ Finden Sie Aktien, bei denen eine Übernahme scheitert. Kaufen Sie, wenn sie ihren Tiefpunkt erreicht haben.
- ☐ Halten Sie diese Aktien langfristig (ich habe einige Aktien von Michaels Stores 18 Jahre lang gehalten).

Kapitel 2: Money-Management

- ☐ In der Einleitung werden die Begriffe „Buy-and-Hold“, „Investor“, „Positionstrader“, „Swing-Trader“ und „Day-Trader“ definiert.

- ☐ Wie viel Geld benötigen Sie für das Trading oder Investieren? Antwort: 2.000 bis 50.000 US-Dollar. Siehe Abschnitt „Trading: Wie viel Geld, Schatz?“.

- ☐ Definitionen zu Ordertypen finden Sie unter „Ordertypen: Lesen Sie das Kleingedruckte!“.

- ☐ Lesen Sie das Kleingedruckte dazu, wie Ihr Broker mit den verschiedenen Ordertypen umgeht. Siehe „Ordertypen: Lesen Sie das Kleingedruckte!“.

- ☐ Passen Sie den Betrag, den Sie für jeden Trade ausgeben, an die Marktbedingungen an. Siehe Tabelle 2.1.

- ☐ Nachdem ein Bärenmarkt begonnen hat, halbieren Sie den Betrag, den Sie für neue Positionen ausgeben, bei jedem Rückgang des S&P 500 Index um 10 Prozentpunkte, gemessen vom Höchststand des Bullenmarkts. Siehe Tabelle 2.2.

- ☐ Passen Sie den Betrag, den Sie für jeden Trade ausgeben, an die Marktbedingungen an, passen Sie den Betrag an die Volatilität der Aktie und des Marktes an und verwenden Sie einen Volatilitätsstopp, um Verluste zu begrenzen. Siehe „Positionsgröße nach Marktbedingungen bestimmen: Bulle oder Bär?“.

- ☐ Die Formel zur Positionsgröße berücksichtigt die Volatilität des Marktes und der Aktien sowie die Marktbedingungen (Bullen- oder

Bärenmarkt). Siehe „Positionsgröße nach Marktbedingungen bestimmen: Bulle oder Bär?“.

- ☐ Halten Sie so viele Positionen, wie Sie bequem verwalten können, und achten Sie dabei auf Diversifizierung. Siehe „Wie viele Aktien sollte man halten?“.
- ☐ Die Anzahl der Positionen in einem Portfolio kann je nach Trading-Stil variieren. Siehe Tabelle 2.3.
- ☐ Beginnen Sie mit einem Kernportfolio aus Aktien und fügen Sie je nach gewähltem Trading-Stil weitere Aktien hinzu. Siehe „Eine besserer Weg? Portfoliozusammensetzung“.
- ☐ Wie lange sollten Sie eine Position halten, um einen Gewinn zu garantieren? Siehe Tabelle 2.4.
- ☐ Meine beste Haltedauer liegt zwischen drei und vier Jahren, aber Ihre kann davon abweichen. Siehe „Haltedauer: Meine Trades“.
- ☐ Bestimmen Sie anhand der Aktien- und Markttrends, wann Sie kaufen, verkaufen oder halten sollten. Siehe Tabelle 2.5.
- ☐ Handeln Sie immer mit dem Trend. Der allgemeine Markt, die Branche und die Aktie sollten alle denselben Trend aufweisen. Siehe „Aktien im Abwärtstrend“.
- ☐ Das Traden mit einer konstanten Positionsgröße kann katastrophale Folgen haben. Siehe Tabelle 2.6.
- ☐ Das Trading mit festen Dollarbeträgen verbessert die Ergebnisse, jedoch nicht wesentlich. Siehe Tabelle 2.7.

- ☐ Eine volatilitätsbasierte Positionsgröße liefert die besten Ergebnisse … bei steigenden Aktienkursen. Siehe Tabelle 2.8.

- ☐ Die Verwendung eines Trailing-Stops schmälert den Gewinn, begrenzt aber die Verluste. Siehe „Testen des schrittweisen Einstiegs (Scaling-in)“, Test 2.

- ☐ Das Anheben eines Stopps auf Einstand ist keine Garantie für Profitabilität. Siehe Test 5.

- ☐ Scaling-in funktioniert nur, wenn die Aktie weiter steigt. Siehe Test 6.

- ☐ Der Erfolg von Averaging Down hängt von der Haltedauer ab. Siehe Tabellen 2.8 und 2.10.

- ☐ Schlussfolgerungen zum Scaling-in und Averaging Down finden Sie unter „Zusammenfassung: Scaling-in und Averaging Down“.

- ☐ Tipps zum Averaging Down entsprechend dem Trading-Stil finden Sie in Tabelle 2.11.

- ☐ Tabelle 2.12 zeigt die Ergebnisse beim Scaling-out.

- ☐ Steigen die Kurse, lässt Scaling-out Geld auf dem Tisch liegen. Fallen die Kurse, führt Scaling-out zu einem größeren Verlust als der Verkauf der gesamten Position auf einmal. Siehe „Zusammenfassung: Scaling-out“.

- ☐ Investieren Sie einen Pauschalbetrag auf einmal. Dollar-Cost-Averaging schneidet schlechter ab. Siehe „Dollar-Cost-Averaging: Gut oder schlecht?“.

- ☐ Vermeiden Sie den Einsatz von Hebeln, es sei denn, Sie sind ein erfahrener Trader. Siehe „Hebelwirkung (Leverage) nutzen: Eine teure Lektion!“ und „Checkliste: Richtlinien für den Einsatz von Leverage“.

- ☐ Eine Checkliste für den Einsatz von Hebeleffekten finden Sie unter „Checkliste: Richtlinien für den Einsatz von Leverage“.

Kapitel 3: Funktionieren Stopps?

- ☐ Wie hoch muss der Gewinn sein, um einen bestimmten Verlust auszugleichen? Siehe Tabelle 3.1.

- ☐ Der Haltezeit-Verlust ist der größte potenzielle Verlust während eines Trades. Siehe „Was ist ein Haltezeit-Verlust?“.

- ☐ Ein mentaler Stopp ist ein Stopp, den Sie im Kopf behalten und nicht bei einem Broker platzieren. Nur erfahrene Trader sollten mentale Stopps verwenden. Siehe „Mentaler Stopp: Nur für Profis!“.

- ☐ Vermeiden Sie es, Stopps dort zu platzieren, wo andere Trader ihre platzieren. Siehe „Minor High oder Low Stop: Eine gute Wahl“.

- ☐ Vermeiden Sie es, Stopps bei runden Zahlen (die auf null enden) zu platzieren. Siehe „Runde Zahlen vermeiden“.

- ☐ Chartmuster stellen gute Stopp-Positionen dar, da sie oft als zukünftige Unterstützungs- und Widerstandsbereiche fungieren. Siehe „Chartmuster-Stopp: Zu kostspielig?“.

- ☐ Messen Sie den Abstand zwischen dem Stopp und dem Kaufpreis, um sicherzustellen, dass er nicht zu groß ist. Siehe „Chartmuster-Stopp: Zu kostspielig?“.

- ☐ Wenn der Preis auf ein neues Hoch steigt, platzieren Sie einen Stopp direkt unter dem vorherigen Minor Low und unter dem gleitenden Durchschnitt bei diesem Minor Low. Siehe „Ausgestoppt durch einen gleitenden Durchschnitt“.

- ☐ Zeichnen Sie ansteigende Trendlinien entlang der Täler und abfallende Trendlinien entlang der Gipfel. Siehe „Die Wahrheit über Trendlinien“.

- ☐ Weitere Tipps zu Trendlinien finden Sie unter „Die Wahrheit über Trendlinien“.

- ☐ Verwenden Sie eine Trendlinie für die Platzierung des Stopps. Ziehen Sie einen Stopp nach oben, wenn der Kurs steigt, unterhalb einer Trendlinie am vorherigen Minor Low. Verengen Sie den Stopp, wenn sich der Kurs seitwärts bewegt und eine Konsolidierungszone bildet. Siehe „Trendlinien-Stopp“.

- ☐ Ein Fibonacci-Stopp ist nützlich für geradlinige Verläufe, bei denen das vorherige Minor Low möglicherweise zu weit vom aktuellen Kurs entfernt ist. Setzen Sie einen Stopp unterhalb des 62-Prozent-Retracements (oder 67 Prozent, siehe unten). Siehe „Fibonacci-Retracement-Stop: Deal oder Flop?“.

- ☐ Setzen Sie einen Stopp ein oder zwei Cent unterhalb des 67-Prozent-Retracements (nicht 62 Prozent) der vorherigen Aufwärtsbewegung. Siehe „Widersprüchliche Ergebnisse bei Fibonacci-Tests“.

- ☐ Fibonacci-Retracements bieten als Wendepunkt keinen Vorteil gegenüber anderen Zahlen. Siehe „Widersprüchliche Ergebnisse bei Fibonacci-Tests".

- ☐ Ein fester prozentualer Trailing-Stop verwendet einen konstanten Prozentsatz unterhalb der *Hochwassermarke* als Stopp-Preis. Siehe „Fester prozentualer Trailing-Stop".

- ☐ Erfahren Sie, wie Sie einen Volatilitätsstopp berechnen. Siehe „Volatilitätsstopp".

- ☐ Ein Volatilitätsstopp verhindert, dass eine Position bei normalen Kursschwankungen ausgestoppt wird. Siehe „Volatilitätsstopp".

- ☐ Ein Chandelier-Stop hängt am Höchstkurs. Siehe „Der Chandelier-Stop lässt Sie hängen".

- ☐ Tabelle 3.4 zeigt die Performance verschiedener Stopptypen.

- ☐ Stopps schmälern den Gewinn mehr, als dass sie das Risiko begrenzen. Siehe „Zusammenfassung der Ergebnisse".

- ☐ Siehe „Average True Range" für Details zur Berechnung der True Range.

- ☐ Siehe „Top-Stop-Exit" für Details zu einem Trailing-Gewinnziel-Stopp.

- ☐ Verwenden Sie einen Volatilitätsstopp, um zu bestimmen, wie nahe ein Stopp gesetzt werden sollte, wie man den Stopp unter einem Minor Low versteckt, wo andere ihn nicht finden können, und wie enge Konsolidierungsbereiche gute Stopp-Positionen ergeben. Siehe „Was ich verwende".

Kapitel 4: Unterstützung und Widerstand

- ☐ Widerstand kann zu Unterstützung werden, die wiederum zu Widerstand werden kann. Siehe „Arten von Unterstützung und Widerstand".

- ☐ Der erste Abschnitt einer gut verlaufenden gemessenen Bewegung entspricht in Zeit und Kursausmaß in etwa dem zweiten Abschnitt. Siehe „Unterstützung und Widerstand bei gemessenen Bewegungen".

- ☐ In einem Bullenmarkt stoppt der Kurs in 35 Prozent der Fälle innerhalb der Korrekturphase einer gemessenen Bewegung. Siehe Tabelle 4.1.

- ☐ In 34 Prozent der Fälle tritt ein Overhead-Widerstand an den Spitzen auf. Siehe „Widerstand an Minor Highs".

- ☐ Hochpunkte mit einem Volumen, das halb so groß ist wie der Durchschnitt, zeigen tendenziell mehr Overhead-Widerstand als solche mit dem 1,5-Fachen des durchschnittlichen Volumens. Siehe „Volumen bei Widerstand an Minor Highs".

- ☐ Täler zeigen in 33 Prozent der Fälle Unterstützung. Siehe „Unterstützung an Minor Lows".

- ☐ Täler mit einem Volumen, das halb so groß ist wie der Durchschnitt, zeigen tendenziell mehr Unterstützung als solche mit dem 1,5-Fachen des durchschnittlichen Volumens. Siehe „Volumen bei Unterstützung an Minor Lows".

- ☐ Tabelle 4.2 zeigt, dass die Unterstützung mit der Zeit stärker wird.

- ☐ Tabelle 4.3 zeigt, dass die Stärke des Overhead-Widerstands im Laufe der Zeit tendenziell konstant bleibt.

- ☐ Kurslücken zeigen in einem Bullenmarkt in 20 Prozent der Fälle Unterstützung und in 25 Prozent der Fälle Widerstand. Siehe „Kurslücken, die Unterstützung und Widerstand zeigen".

- ☐ Die Mitte einer hohen Kerze zeigt nicht häufiger Unterstützung oder Widerstand als andere Teile. Siehe „Mythos: Unterstützung und Widerstand bei hohen Kerzen".

- ☐ Siehe „Horizontale Konsolidierungszonen" für Details zur Bremswirkung dieser Bereiche.

- ☐ In 22 Prozent der Fälle bewegen sich Kurse seitwärts in der Nähe einer runden Zahl. Siehe „Ein weiterer Blick auf runde Zahlen".

- ☐ Der Kurs findet in 69 bis 85 Prozent der Fälle Unterstützung in geradlinigen Kursbewegungen. Siehe „Unterstützung in geradlinigen Kursverläufen".

- ☐ In einer geradlinigen Abwärtsbewegung bildet der Kurs in 69 bis 76 Prozent der Fälle einen zukünftigen Widerstand. Siehe „Widerstand in geradlinigen Kursverläufen".

- ☐ Tabelle 4.4 zeigt eine Zusammenfassung von Unterstützung und Widerstand hinsichtlich technischer Merkmale.

Kapitel 5: 45 Tipps, die jeder Trader kennen sollte

- ☐ Wenn der Kurs in der Nähe eines alten Hochs oder Tiefs stagniert, könnte er sich umkehren. Siehe „1. Den richtigen Zeitpunkt für den Ausstieg finden: Die 2B-Regel".

- ☐ Gescheiterte Formationen schneiden etwas schlechter ab als reguläre Chartmuster. Siehe „2. Gescheiterte Formationen gewinnbringend handeln".

- ☐ Die Aktienperformance verbessert sich, wenn die neue Ausbruchsrichtung mit dem von der Branche und dem allgemeinen Markt gezeigten Preistrend übereinstimmt. Siehe „2. Gescheiterte Formationen gewinnbringend handeln".

- ☐ Fibonacci-Erweiterungen sind nicht genauer als jedes andere Instrument zur Bestimmung eines möglichen Kursumkehrpunkts. Siehe „4. Mythos: Fibonacci-Erweiterungen funktionieren!".

- ☐ Divergenzen deuten auf eine bevorstehende Kurswende hin. Suchen Sie nach Divergenzen entlang der Spitzen in einem Aufwärtstrend und entlang der Täler in einem Abwärtstrend. Siehe „5. Ist die Indikator-Divergenz ein Reinfall?".

- ☐ Achten Sie beim RSI-Indikator auf Divergenzen, wenn er eine überkaufte oder überverkaufte Situation signalisiert (Bereiche, in denen eine Kursumkehr wahrscheinlicher ist), mit zwei Wendepunkten im Abstand von etwa einem Monat bis sechs Wochen. Siehe „5. Ist die Indikator-Divergenz ein Reinfall?".

- ☐ Bullishe Divergenzen schlagen den Markt häufiger nicht, als dass sie funktionieren. Siehe „Test der Divergenz“.

- ☐ Nur die bullishe Divergenz funktioniert, und zwar nur in einem Bullenmarkt. Siehe Tabelle 5.1.

- ☐ Wenn der RSI-Indikator während der Divergenz flach bleibt, verbessert sich die Performance, jedoch nur in einem Bärenmarkt. Siehe Tabelle 5.2.

- ☐ Achten Sie auf kleine M- oder W-förmige Wendungen, die in den überkauften oder überverkauften Bereichen beginnen. Am besten ist es, wenn das rechte Hoch unterhalb – oder das rechte Tief oberhalb – des linken liegt. Siehe „7. Gute Eier: Failure Swings bei Indikatoren“.

- ☐ Verwenden Sie die lineare Skala, um in den Wochen- oder Monatscharts nach Flat Bases zu suchen. Siehe „8. Einstiegsmuster: Flat Base“.

- ☐ Area Gaps treten in Konsolidierungszonen bei hohem Volumen auf, aber der Kurs schließt die Lücke schnell und konsolidiert weiter. Siehe „Area Gaps“.

- ☐ Breakaway Gaps treten auf, wenn der Kurs bei hohem Volumen eine Konsolidierungsregion verlässt. Die Lücke schließt sich nicht schnell. Siehe „Breakaway Gaps“.

- ☐ Continuation Gaps treten nahe der Mitte eines geradlinigen Kursverlaufs auf, oft bei hohem Volumen. Siehe „Continuation Gaps“.

- ☐ Exhaustion Gaps treten am Ende von Trends bei hohem Volumen auf und schließen sich schnell. Siehe „Exhaustion Gaps“.

- ☐ Eine Liste mit Trading-Tipps finden Sie unter „Wie man Kurslücken tradet“.

- ☐ Nach einem Exhaustion Gap kommt es manchmal zu einer heftigen Umkehr. Siehe „Wie man Kurslücken tradet“.

- ☐ Wenn der Markt Ihnen einen Gewinn beschert, bringen Sie ihn zur Bank. Siehe „10. Das Muster, mit dem man nie verliert: Der umgekehrte Dead Cat Bounce“.

- ☐ Wenn die S&P- oder Nasdaq-Futures eine große Bewegung nach oben oder unten machen, ist mit einer entsprechenden Eröffnung des Aktienmarkts zu rechnen. Siehe „11. Wie entwickeln sich die Futures?“.

- ☐ Wenn der Kurs nach einem Sprung nach oben bei einem Tageshoch schließt, platzieren Sie eine Limit-Order, um am nächsten Tag zu einem Preis von 1,38 Prozent über dem Schlusskurs zu verkaufen. Siehe Tabelle 5.3.

- ☐ Bullishe Tails treten bei Minor Lows auf, wenn der Kurs unter die benachbarten Kursbalken fällt, aber nahe dem Höchststand schließt. Sie signalisieren eine Aufwärtsbewegung. Siehe Tabelle 5.4.

- ☐ Bearishe Tails treten bei Minor Highs auf wie ein einsamer Baum auf einem Hügel. Sie deuten auf einen bevorstehenden Rückgang hin. Sie sind nicht so zuverlässig wie bullishe Tails. Siehe Tabelle 5.4.

- ☐ In mindestens 68 Prozent der Fälle erreicht der Kurs am Tag nach einem hohen Kursbalken (doppelte durchschnittliche Höhe eines Monats) kein niedrigeres Tief oder höheres Hoch. Siehe Tabelle 5.5.

- ☐ Nach einem hohen Kursbalken zeigt der Kurs eine leichte Tendenz, am nächsten Tag niedriger zu schließen. Siehe Tabelle 5.5.

- ☐ Verwenden Sie hässliche Doppelböden, um einen Wechsel von Bären- zu Bullenmarkt zu erkennen. Siehe „15. Hässlicher Doppelboden: Ein höherer Boden".

- ☐ Wenn viele Aktien Rohr-Böden aufweisen, achten Sie auf eine Erholung, die zu einem zweiten Tiefpunkt führt. Dieser zweite Tiefpunkt könnte das Ende des Bärenmarkts bedeuten. Siehe „16. Bullishe Chartmuster tauchen auf".

- ☐ Wenn Broker Aktien durchweg herabstufen und nur wenige heraufstufen, könnte das Ende des Bärenmarkts nahe sein. Siehe Tabelle 5.6.

- ☐ Wenn der S&P 500 Index um 50 Prozent gegenüber seinem Höchststand gefallen ist, befindet er sich nahe dem Tiefpunkt. Siehe „18. Sie haben das Gefühl, alles verkaufen zu müssen".

- ☐ Das Volumen steigt an den Tiefpunkten der Bärenmärkte sprunghaft an. Siehe „19. Tiefpunkt bei hohem Volumen".

- ☐ Wenn gute Nachrichten den Markt beflügeln und schlechte Nachrichten kaum Auswirkungen haben, ist mit dem Ende einer Baisse zu rechnen. Siehe „20. Schlechte Nachrichten bewegen nichts, gute Nachrichten beflügeln den Markt".

- ☐ Ein partieller Anstieg sagt einen Ausbruch nach unten voraus. Ein partieller Rückgang sagt einen Ausbruch nach oben voraus. Siehe „21. Früh einsteigen: Partielle Anstiege und Rückgänge".

- ☐ Nach einem Aufwärtsausbruch aus einem Chartmuster erzielt man in der Regel die besten Gewinne in kürzester Zeit, wenn man eine Aktie bis zu drei Musterbreiten lang hält. Siehe Tabelle 5.7.

- ☐ Nach einem Abwärtsausbruch aus einem Chartmuster bringt das Leerverkaufen der Aktie für mehr als zwei Musterbreiten nur wenig zusätzliche Rendite für das damit verbundene Risiko. Siehe Tabelle 5.7.

- ☐ Der Kurs fällt schneller, als er steigt. Siehe „23. Der Kurs fällt schneller, als er steigt".

- ☐ Überlegen Sie sich, wie sich der Kurs in Zukunft entwickeln wird, indem Sie die Kursbewegung um einen Höchst- oder Tiefststand herum spiegeln. Siehe „24. Spiegel für die Trendvorhersage".

- ☐ Spiegeln Sie den vertikalen Abstand über eine Trendlinie, um vorherzusagen, wie weit der Kurs fallen wird. Siehe „25. Trendlinien-Spiegel: Eine weitere Spiegelung".

- ☐ Vermeiden Sie Investitionen in Aktien, die einen Kursberg zeigen. Siehe „26. Vermeiden Sie Kursberge".

- ☐ Im Durchschnitt kann es mehr als fünf Jahre dauern, bis sich der Kurs nach einem Kursberg wieder erholt hat. Siehe „Wie lange dauert es, bis ein Kursberg wieder erklommen ist?".

- ☐ Wenn Sie eine Trading-Entscheidung in Betracht ziehen, was würden Sie Ihren Eltern raten, mit einer ähnlichen Beteiligung zu tun? Siehe „14 Verkaufstipps, die Sie kennen sollten".

- ☐ Verwenden Sie eine Stop-Loss-Order für kurzfristige Trades. Siehe „27. Verwenden Sie Stopps".

- ☐ Bei welchem Kurs wird mir der Markt signalisieren, dass ich einen Fehler mache? Siehe „28. Verkaufen Sie, wenn Sie falschliegen".

- ☐ Wenn eine Aktie eine ungünstige oder unerwartete Entwicklung nimmt, verkaufen Sie sie. Siehe „29. Verkaufen Sie bei unerwarteten Ereignissen".

- ☐ Wenn eine Aktie 20 Prozent von einem Hoch fällt, verkaufen Sie sie. Siehe „30. Verkaufen Sie bei Trendwenden".

- ☐ Verkaufen Sie eine Blue Chip-Aktie, wenn sie 10 Prozent gegenüber ihrem Hoch gefallen ist. Siehe „31. Verkaufen Sie Blue Chips bei einem Rückgang von 10 Prozent".

- ☐ Verstehen Sie Ihre Indikator-Tools, damit Sie ihnen glauben, wenn sie zum Verkauf auffordern. Siehe „32. Der Indikator sagt ‚Verkaufen': Befolgen Sie ihn".

- ☐ Legen Sie Ihre Indikatoren über denselben Kurschart, um zu sehen, ob sie gleichzeitig Signale geben. Entfernen Sie Duplikate. Siehe „32. Der Indikator sagt ‚Verkaufen': Befolgen Sie ihn".

- ☐ Würden Sie mehr Geld verdienen, wenn Sie Ihre Trading-Regeln befolgen würden? Siehe „33. Befolgen Sie Ihre Regeln".

- ☐ Verkaufen Sie, wenn sich ein bearishes Chartmuster als gültig bestätigt. Siehe „34. Verkaufen Sie bei Bestätigung eines bearishen Musters“.

- ☐ Verwenden Sie die Messregel, um zu beurteilen, wie weit sich der Kurs wahrscheinlich bewegen wird. Siehe „35. Verkaufen Sie zum Kursziel“.

- ☐ Rechnen Sie den prognostizierten Anstieg oder Rückgang in einen Prozentsatz um, um zu sehen, ob die Bewegung sinnvoll ist. Siehe „35. Verkaufen Sie zum Kursziel“.

- ☐ Wenn der Kurs unterhalb der Unterstützung schließt, bestimmen Sie, wo der Kurs seinen Rückgang beenden könnte. Befindet sich die Unterstützung in der Nähe, ist mit einem Pullback zu rechnen. Siehe „36. Verkaufen Sie bei Durchbrechen der Unterstützung“.

- ☐ Beobachten Sie das Verhalten von Aktien derselben Branche als Hinweis auf Schwäche oder Stärke. Siehe „37. Verkaufen Sie bei Branchenschwäche“.

- ☐ Achten Sie auf sich verschlechternde Fundamentaldaten, zum Beispiel auf Gemeinkosten, die schneller steigen als Umsatz oder Gewinn. Siehe „38. Schwache Fundamentaldaten“.

- ☐ Verkaufen Sie bei einem Hype. Wenn alle über das neueste Gadget sprechen, ist der Höhepunkt nahe. Verkaufen Sie. Siehe „39. Verkaufen Sie bei einem Hype“.

- ☐ Wenn Sie einen Verkauf in Betracht ziehen, fragen Sie sich: „Was würde Tom tun?“ Siehe „40. Was würde Tom tun?“.

- ☐ Ein 3-Punkt-Kanal gibt einen Hinweis darauf, wohin sich der Kurs entwickeln könnte. Siehe „41. Zeichnen von 3-Punkt-Kanälen".

- ☐ Verwenden Sie Andrews Pitchfork, um Kursentwicklungen zu bestimmen. Siehe „42. Andrews Pitchfork".

- ☐ Throwbacks treten in etwa der Hälfte aller Chartmuster auf und führen dazu, dass die Aktie innerhalb eines Monats zum Ausbruchspreis zurückkehrt. Siehe „43. Vorsicht vor Throwbacks und Pullbacks".

- ☐ Ein Pullback tritt in etwas mehr als der Hälfte der Fälle auf und bringt die Aktie zurück zur Trendlinie der Formation oder zum Ausbruchspreis, bevor sie ihren Abwärtstrend fortsetzt. Siehe „43. Vorsicht vor Throwbacks und Pullbacks".

- ☐ In 75 Prozent der Fälle bildete der Kurs innerhalb weniger Tage um den Scheitelpunkt des Dreiecks ein Hoch oder ein Tief. Siehe „Visueller Test".

- ☐ In 60 Prozent der Fälle änderte der Kurs innerhalb weniger Tage um den Scheitelpunkt des Dreiecks seine Richtung. Siehe „Automatisierter Test".

- ☐ Der durchschnittliche Abstand zwischen Gipfel oder Tal und dem Scheitelpunkt des Dreiecks beträgt 3,6 Tage. Siehe „Mathematischer Test".

- ☐ Das Volumen tendiert dazu, einige Tage vor dem Ausbruch sehr niedrige Werte zu erreichen. Siehe „45. Volumen vor dem Ausbruch".

Kapitel 6: Fehler finden und beheben

☐ Erhöhen Sie die Erfolgschancen und die Profitabilität, indem Sie mit dem Trend handeln. Siehe „Wie verhielt sich der Markt?“.

☐ Entsprach die Trading-Richtung (long in einem Aufwärtsmarkt, short in einem Abwärtsmarkt) der Marktrichtung? Siehe „Wie verhielt sich der Markt?“.

☐ Verwenden Sie einen gleitenden Durchschnitt, um den Markttrend zu bestimmen. Siehe „Wie verhielt sich der Markt?“.

☐ Gibt es einen nahen Overhead-Widerstand, der eine Bewegung begrenzen könnte? Siehe „Wie verhielt sich der Markt?“.

☐ Vergleichen Sie den Trend von Aktien derselben Branche oder verwenden Sie einen ETF/Sektorfonds, der die Branche repräsentiert. Siehe „Trendete die Branche?“.

☐ Vergleichen Sie Ihren Branchen-ETF oder Sektorfonds mit dem allgemeinen Markt und kaufen Sie Branchen, die schneller als der Markt steigen (und eine bessere Relative Stärke aufweisen). Siehe „Trendete die Branche?“.

☐ Verbessern Sie die Profitabilität, indem Sie mit den Markt- und Branchentrends handeln. Siehe „Hebt eine Flut wirklich alle Boote?“.

☐ Der Branchentrend ist wichtiger als der Markttrend. Siehe Tabelle 6.1.

☐ Sind Sie zu früh, zu spät oder genau zum richtigen Zeitpunkt in den Trade eingestiegen? Siehe „Früher Einstieg“.

- ☐ Jagen Sie keiner Aktie hinterher. Wenn Sie nicht innerhalb von 5 Prozent des Breakouts (optimaler Einstiegspreis) kaufen können, dann lassen Sie den Trade aus oder warten Sie auf einen Rücksetzer. Siehe „Später Einstieg“.

- ☐ Einen Trade zu lange zu halten ist schlimmer als zu früh zu verkaufen. Siehe Tabelle 6.2.

- ☐ Verlieben Sie sich niemals in eine Aktie. Siehe „Sind alle Einstiegsbedingungen erfüllt?“.

- ☐ Ist jeder Trade ausreichend kapitalisiert? Siehe „Sind alle Einstiegsbedingungen erfüllt?“.

- ☐ Seien Sie nach einer Reihe von Gewinnen beim Trading vorsichtig. Übermäßiges Selbstvertrauen kann zu großen Verlusten führen. Siehe „Übermäßiges Selbstvertrauen: Meine schlechtesten Trades“.

- ☐ Warten Sie, bis alle Einstiegsbedingungen erfüllt sind, bevor Sie kaufen. Siehe „Übermäßiges Selbstvertrauen: Meine schlechtesten Trades“.

- ☐ Haben Sie jede Position richtig dimensioniert? Siehe „War die Positionsgröße angemessen?“.

- ☐ Wurde ein anfänglicher Stopp verwendet? Siehe „Wurde ein anfänglicher Stopp verwendet?“.

- ☐ War der Stopp richtig positioniert? Siehe „Wurde ein anfänglicher Stopp verwendet?“.

- ☐ Haben Sie den Stopp ignoriert oder entfernt? Siehe „Wurde ein anfänglicher Stopp verwendet?".

- ☐ Haben Sie einen Trailing-Stop verwendet? Siehe „Sind Sie vor dem Stopp ausgestiegen?".

- ☐ War der Trailing-Stop richtig positioniert? Siehe „Sind Sie vor dem Stopp ausgestiegen?".

- ☐ Sind Sie ausgestiegen, bevor der Stopp ausgelöst wurde? Siehe „Sind Sie vor dem Stopp ausgestiegen?".

- ☐ Manchmal ist ein vorzeitiger Verkauf klug, aber lassen Sie es nicht zur Gewohnheit werden. Siehe „Sind Sie vor dem Stopp ausgestiegen?".

- ☐ Ignorieren Sie das Risiko-Ertrags-Verhältnis, wenn Sie den Ertrag nicht genau bestimmen können. Siehe „Wie war das Risiko-Ertrags-Verhältnis?".

- ☐ Verwenden Sie für Trades mit Gewinnzielen ein Risiko-Ertrags-Verhältnis von 3:1 oder 4:1 (oder höher). Siehe „Wie war das Risiko-Ertrags-Verhältnis?".

- ☐ Der Ertrag muss hoch genug sein, um Verlusttrades auszugleichen. Siehe „Wie war das Risiko-Ertrags-Verhältnis?".

- ☐ Erlaubt Ihr Trading-Plan eine Aufstockung (Averaging Up)? Siehe „Haben Sie bei steigenden Kursen nachgekauft?".

- ☐ War es eine profitable Entscheidung, eine Aufstockung (Averaging Up) vorzunehmen? Siehe „Haben Sie bei steigenden Kursen nachgekauft?".

- ☐ Nur Anleger und Positionstrader sollten verbilligen, und das auch nur in seltenen Fällen. Siehe „Haben Sie verbilligt?“.

- ☐ Wenn Sie verbilligen, tun Sie dies nur *einmal* und fügen Sie nicht mehr als 50 Prozent Ihrer ursprünglichen Investition hinzu. Siehe „Haben Sie verbilligt?“.

- ☐ Sell in May and go away. Siehe „Kaufen Sie außerhalb der Saison?“.

- ☐ Sind auf Basis Ihrer Trades bestimmte Monate besser für das Trading geeignet als andere? Siehe „Kaufen Sie außerhalb der Saison?“

- ☐ Verwenden Sie eine Trading-Checkliste, damit wichtige Punkte nicht vergessen werden. Siehe „Trading-Checkliste“.

VISUELLER ANHANG ZU CHARTMUSTERN

Sich verbreiternde Bodenbildungen (Broadening Bottoms)

Ansteigende, umgekehrte Keilformationen

Rechtwinklige, steigende, sich verbreiternde Formationen

Fallende, umgekehrte Keilformationen

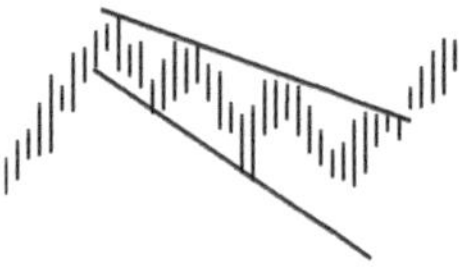

Rechtwinklige, steigende, sich verbreiternde Formationen

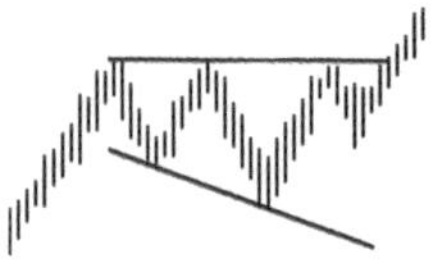

Bump-and-Run Reversal Bottoms

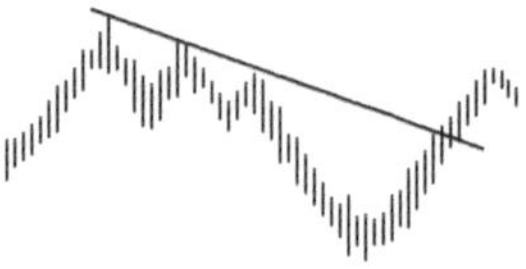

Sich verbreiternde Tops
(Broadening Tops)

Tassen mit Henkel

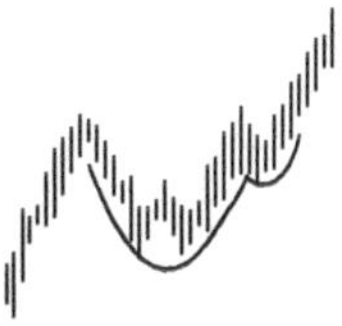

Umgekehrte Tassen mit Henkel

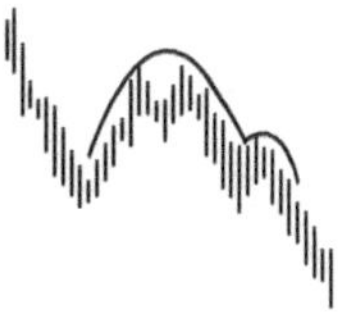

Dead Cat Bounces

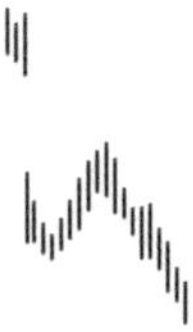

Umgekehrte Dead Cat Bounces

Bump-and-Run Reversal
Tops

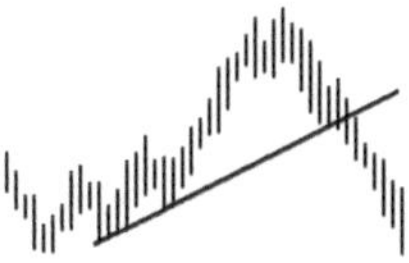

Doppelböden, Adam & Adam

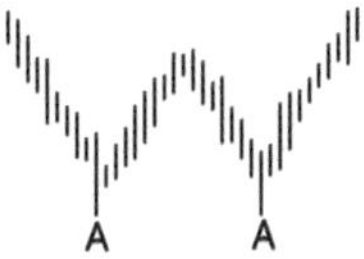

Doppelböden, Adam & Eva

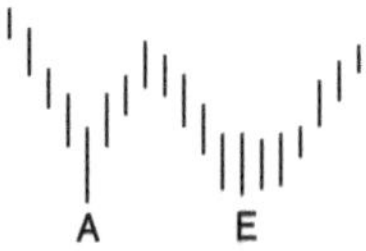

Doppelböden, Eva & Adam

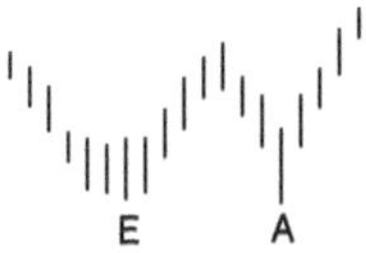

Doppelböden, Eva & Eva

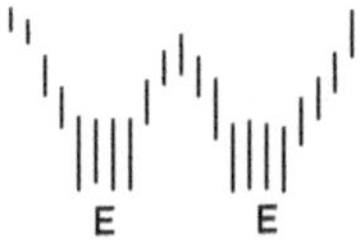

Diamanten-Bodenbildungen

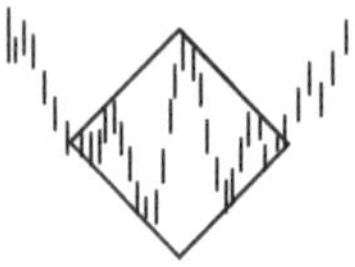

Diamanten-Tops

Doppel-Tops, Eva & Eva

Flaggen

Hohe und enge Flaggen

Doppel-Tops, Adam & Adam

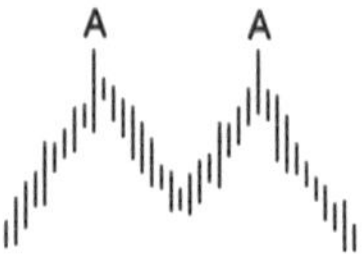

Doppel-Tops, Adam & Eva

Doppel-Tops, Eva & Adam

Schulter-Kopf-Schulter-Tops

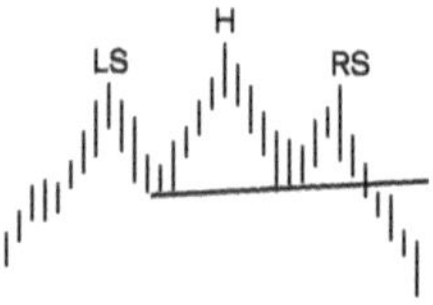

Komplexe
Schulter-Kopf-Schulter-Tops

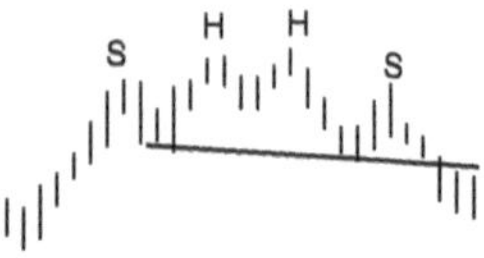

Kurslücken (Gaps)

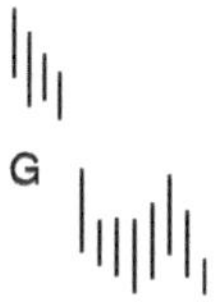

Schulter-Kopf-Schulter-Böden

Komplexe Schulter-Kopf-Schulter-Böden

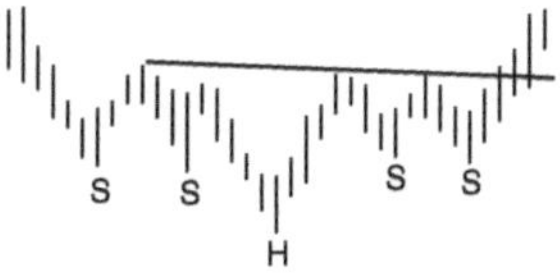

Inseln, Long

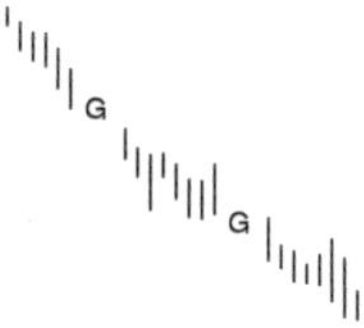

Gemessene Abwärtsbewegungen (Measured Moves Down)

Horn-Böden (Horn Bottoms)

Horn-Tops (Horn Tops)

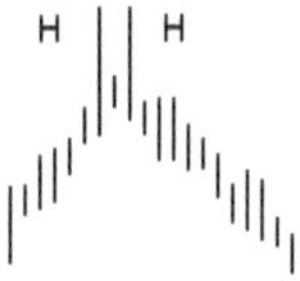

Insel-Umkehrungen, Böden

Insel-Umkehrungen, Tops

Rechteck-Böden

Gemessene Aufwärtsbewegungen (Measured Moves Up)

Wimpel

Rohr-Böden (Pipe Bottoms)

Rohr-Tops (Pipe Tops)

Drei fallende Gipfel

Rechteck-Tops

Runde Böden (Untertassen-Böden, Rounding Bottoms)

Runde Tops (Rounding Tops)

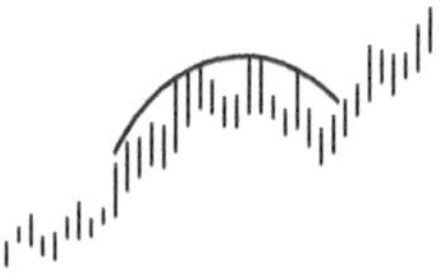

Steigende Muschelformationen

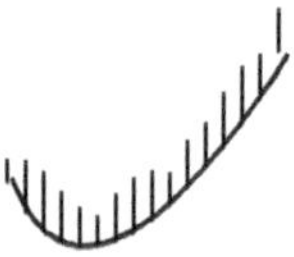

Steigende und umgekehrte Muschelformationen

Drei ansteigende Täler

Steigende Dreiecke

Fallende Dreiecke

Symmetrische Dreiecke

Fallende Keilformationen

Fallende Muschelformationen

Fallende und umgekehrte Muschelformationen

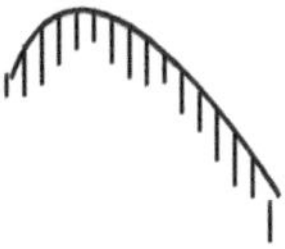

Dreifach-Böden

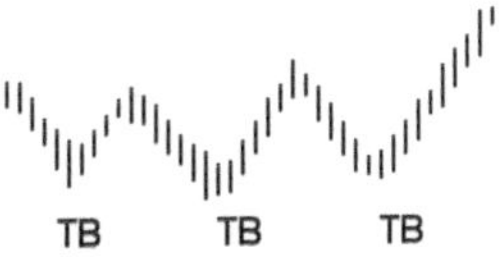

Dreifach-Tops

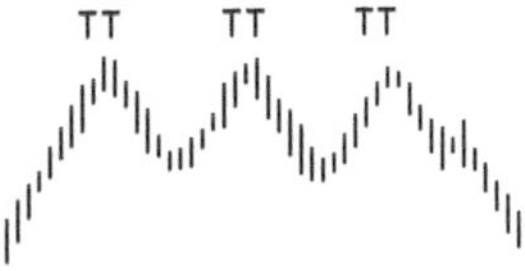

Steigende Keilformationen

LITERATURVERZEICHNIS

Active Trader Staff, „Intraday Swing Extremes", *Active Trader* 12, Nr. 5 (Mai 2011).

Bandy, Howard, „Scaling Out as an Exit Technique", *Active Trader* 10, Nr. 9 (September 2009).

Bandy, Howard, „Scaling In as an Entry Technique", *Active Trader* 10, Nr. 10 (Oktober 2009).

Bulkowski, Thomas, „A Trend Channel Trade", *Technical Analysis of Stocks & Commodities* 14, Nr. 4 (April 1996).

Bulkowski, Thomas, *Encyclopedia of Candlestick Charts*. Hoboken, NJ: John Wiley & Sons, 2008.

Bulkowski, Thomas, *Encyclopedia of Chart Patterns*, 2nd ed. Hoboken, NJ: John Wiley & Sons, 2005.

Bulkowski, Thomas, *Getting Started in Chart Patterns*. Hoboken, NJ: John Wiley & Sons, 2006.

Bulkowski, Thomas, *Trading Classic Chart Patterns*. Hoboken, NJ: John Wiley & Sons, 2002.

Bulkowski, Thomas, *Visual Guide to Chart Patterns*. Hoboken, NJ: John Wiley & Sons, 2013.

De Bondt, Werner F. M. und Richard H. Thaler, „Further Evidence on Investor Overreaction and Stock Market Seasonality", *Journal of Finance 42*, Nr. 3 (Juli 1987).

Desai, H. und P. Jain, „Long-Run Common Stock Returns Following Stock Splits and Reverse Splits", *Journal of Business* (1997).

Fama, Eugene F. und Kenneth R. French, „The Cross-Section of Expected Stock Returns", *Journal of Finance* 47, Nr. 2 (Juni 1992).

Fama, Eugene F., Lawrence Fisher, Michael C. Jensen und Richard Roll, „The Adjustment of Stock Prices to New Information", *International Economic Review* 10 (Februar 1969).

Farley, Alan S., *The Master Swing Trader*, New York: McGraw-Hill, 2001.

Fischer, Robert und Jens Fischer, *Candlesticks, Fibonacci, and Chart Pattern Trading Tools*, Hoboken, NJ: John Wiley & Sons, 2003.

Fosback, Norman G., *Stock Market Logic: A Sophisticated Approach to Profits on Wall Street*, Fort Lauderdale, FL: The Institute for Econometric Research, 1976.

Frost, A. J. und Robert R. Prechter Jr., *Elliott Wave Principle: Key to Market Behavior*, Chichester, England: John Wiley & Sons, 1999.

Garcia de Andoain, Carlos und Frank W. Bacon, „The Impact of Stock Split Announcements on Stock Price: A Test of Market Efficiency", *Proceedings of ASBBS* 16, Nr. 1 (2009).

Glass, Gary S., „Extensive Insider Accumulation as an Indicator of Near Term Stock Price Performance", PhD diss., Ohio State University, 1966.

Grinblatt, Mark S., Ronald W. Masulis und Sheridan Titman, „The Valuation Effects of Stock Splits and Stock Dividends", *Journal of Financial Economics* (1984).

Guppy, Daryl, „Matching Money Management with Trade Risk", *Technical Analysis of Stocks & Commodities* 16, Nr. 5 (Mai 1998).

Guppy, Daryl, „Exploiting Positions with Money Management", *Technical Analysis of Stocks & Commodities* 17, Nr. 9 (September 1999).

Hall, Alvin D., *Getting Started in Stocks*, 3. Auflage, New York: John Wiley & Sons, 1997.

How to Invest in Common Stocks. The Complete Guide to Using The Value Line Investment Survey, New York: Value Line Publishing, Inc., 2007.

Ikenberry, David, G. Rankine und E. K. Stice, „What Do Stock Splits Really Signal?", *Journal of Financial and Qualitative Analysis* (1996).

Investopedia.com, „Keep Your Eyes on the ROE", www.investopedia.com/articles/fundamental/03/100103.asp.

Jaenisch, Ron, „The Andrews Line", *Technical Analysis of Stocks & Commodities* 14, Nr. 10 (Oktober 1996).

Kaplan, Peter, „Finding the Value in Losses", *Stocks, Futures and Options*, September 2006.

Kaufman, Perry J., *A Short Course in Technical Trading*. Hoboken, NJ: John Wiley & Sons, 2003.

Knapp, Volker, „Top Stop Exit", *Active Trader* 9, Nr. 9 (September 2008).

Knapp, Volker, „Insider Buying", *Active Trader* 9, Nr. 10 (Oktober 2008).

Knapp, Volker, „Insider Selling", *Active Trader* 9, Nr. 11 (November 2008).

Lakonishok, Josef, Andrei Shleifer und Robert W. Vishny, „Contrarian Investment, Extrapolation, and Risk“, *Journal of Finance* 49, Nr. 5 (Dezember 1994).

Landry, Dave, „Trading Trend Transitions“, *Active Trader* 11, Nr. 12 (Dezember 2010).

Lynch, Peter und John Rothchild. *One Up on Wall Street: How to Use What You Already Know to Make Money in the Market.* New York: Penguin Books, 1990.

Mamis, Justin und Robert Mamis. *When to Sell: Inside Strategies for Stock-Market Profits.* New York: Cornerstone Library, 1977.

Martell, Terrence F. und Gwendolyn P. Webb, „The Performance of Stocks that Are Reverse Split“, New York: Baruch College/The City University of New York, 2005.

McClure, Ben, „Keep Your Eyes on the ROE“, www.Investopedia.com/articles/fundamental/03/100103.asp.

Nicholson, S. Francis, „Price-Earnings Ratios“, *Financial Analysts Journal 16*, Nr. 4 (Juli–August 1960).

Nilsson, Peter, „Money Management Matrix“, *Technical Analysis of Stocks & Commodities* 24, Nr. 13 (Dezember 2006).

O'Hare, Patrick, „Looking for Bottoms in Individual Stocks“, *Stocks, Futures & Options* 3, Nr. 5 (Mai 2004).

O'Higgins, Michael und John Downes. *Beating the Dow.* New York: HarperCollins, 1992.

O'Shaughnessy, James. *What Works on Wall Street.* New York: McGraw-Hill, 1997.

Patel, Pankaj N., Souheang Yao und Heath Barefoot, „High Yield, Low Payout“, *Credit Suisse*, August 2006.

Pugliese, Fausto, „Daytrading Rule 1: No Overnights“, *Technical Analysis of Stocks & Commodities* 30, Nr. 7 (Juni 2012).

Rogoff, Donald T., „The Forecasting Properties of Insider Transactions“, PhD diss., Michigan State University, 1964.

Sperandeo, Victor mit Sullivan Brown, *Trader Vic — Methods of a Wall Street Master.* New York: John Wiley & Sons, 1991, 1993.

Stowell, Joseph, „Teacher, Trader Still Teaching: Joseph Stowell“, *Technical Analysis of Stocks & Commodities* 13, Nr. 7 (Juli 1995).

Subach, Daniel, „Stock Analysis and Investing for the Small Investor“, *Technical Analysis of Stocks & Commodities* 24, Nr. 13 (Dezember 2006).

Tweedy, Browne Company LLC, „What Has Worked in Investing: Studies of Investment Approaches and Characteristics Associated with Exceptional Returns“, Revised 2009.

Vakkur, Mark, „The Basics of Managing Money“, *Technical Analysis of Stocks & Commodities* 15, Nr. 9 (September 1997).

Vakkur, Mark, „New Tricks with the Dogs of the Dow“, *Technical Analysis of Stocks & Commodities* 15, Nr. 12 (Dezember 1997).

Vince, Ralph, *The Handbook of Portfolio Mathematics: Formulas for Optimal Allocation & Leverage*, Hoboken, NJ: John Wiley & Sons, 2007.

Weinstein, Sam, *Stan Weinstein's Secrets for Profiting in Bull and Bear Markets*, New York: McGraw-Hill, 1988.

Wisdom, Gabriel, *Wisdom on Value Investing*, Hoboken, NJ: John Wiley & Sons, 2009.

Weitere interessante Websites

www.Activetradermag.com — Website des Magazins *Active Trader*.

www.ThePatternSite.com — Website von Mr. Bulkowski.

www.traders.com — Website des Magazins *Technical Analysis of Stocks & Commodities*.

www.Yahoo.finance.com — eine allgemeine Finanz-Website.

ÜBER DEN AUTOR

Thomas Bulkowski ist ein erfolgreicher Investor mit mehr als 30 Jahren Erfahrung im Aktienhandel. Er ist außerdem Autor der folgenden Titel von John Wiley & Sons:

- *Visual Guide to Chart Patterns*
- *Getting Started in Chart Patterns*
- *Trading Classic Chart Patterns*
- *Encyclopedia of Candlestick Charts*
- *Encyclopedia of Chart Patterns, Second Edition*
- *Evolution of a Trader: Fundamental Analysis and Position Trading*
- *Evolution of a Trader: Swing and Day Trading.*

Bulkowski schreibt regelmäßig Beiträge für die Zeitschriften *Active Trader* und *Technical Analysis of Stocks & Commodities*. Bevor er mit seinen Investitionen genug verdiente, um sich im Alter von 36 Jahren aus seinem Hauptberuf zurückzuziehen, war Bulkowski Hardware-

Entwicklungsingenieur bei Raytheon und leitender Software-Ingenieur bei der Tandy Corporation.

Seine Website und seinen Blog finden Sie unter www.thepatternsite.com. Dort können Sie über 500 Artikel und die neuesten Forschungsergebnisse zu Chartmustern, Candlesticks, Ereignismustern und anderen Investmentthemen kostenlos und ohne Registrierung lesen.